Bert Hellinger
Liebe und Schicksal

BERT HELLINGER

Liebe und Schicksal

Was Paare aneinander wachsen lässt

Kösel

Druck und Bindung: Kösel, Kempten
Umschlag: Kaselow Design, München
Umschlagmotiv: Mauritius/Superstock
ISBN 3-466-30620-5

Gedruckt auf umweltfreundlich hergestelltem Werkdruckpapier
(säurefrei und chlorfrei gebleicht)

Inhalt

VORWORT 9

Liebe auf den ersten und Liebe auf den zweiten Blick 11

ERSTES PAAR: »ICH LASSE DICH ZIEHEN MIT LIEBE« 13

ZWEITES PAAR: DIE ACHTUNG 15
Die Vorsicht in der Paartherapie 15

DRITTES PAAR: »JETZT BLEIBE ICH« 17
Verstrickungen und das persönliche und kollektive Gewissen 24
»Ich folge dir nach« 24
Geschichte: Der größere Glaube 26
»Lieber ich als du« 28
Das kollektive unbewusste Gewissen 28
Sühne stellvertretend für andere und für persönliche Schuld 29
Das persönliche Gewissen und das Bedürfnis nach Ausgleich und Sühne 30

VIERTES PAAR: DER WIDERSTAND UND SEINE LÖSUNG 32
Meditation: Das Nehmen des Lebens 34

DER WIDERSTAND UND SEINE LÖSUNG *(Fortsetzung)* 36
Helfen im Einklang 37

DER WIDERSTAND UND SEINE LÖSUNG *(Fortsetzung)* 38
Kindererziehung und Gewissen 39

FÜNFTES PAAR: DIE TRAUER UM EIN KIND 45
Abrahams Schoß 48

SECHSTES PAAR: PAPAS TOCHTER 50
Männer und Frauen 54
Die doppelte Verschiebung 55
Sehen und Hören 57

SIEBTES PAAR: DAS GEHEIMNIS 58
Die Treue 59
Das Familien-Stellen 64

DAS GEHEIMNIS *(Fortsetzung)* 66
Die Rangfolge 67
Der Himmel 78

ACHTES PAAR: GEBEN UND NEHMEN IN DER PAARBEZIEHUNG 80
Liebe, die bindet, und Liebe, die löst 82

NEUNTES PAAR: ABGETRIEBENE ZWILLINGE 85

ABGETRIEBENE ZWILLINGE *(Fortsetzung)* 96

ABGETRIEBENE ZWILLINGE *(Fortsetzung)* 98

ZEHNTES PAAR: DAS HINDERNIS 99
Geschichte: Die Wünsche 100

ELFTES PAAR: VERSCHIEBUNGEN 102
Die Unterbrechung 119
Neugierde 120
Männlich und weiblich 120
Paare ohne Kinder 121

ELFTES PAAR *(Fortsetzung)*: DIE AHNEN 122

ZWÖLFTES PAAR: OHNE MUTTER KEIN MANN 150
Der Unterschied 153

ELFTES PAAR *(Fortsetzung)*: »ICH ENTLASSE DICH MIT LIEBE« 157

DREIZEHNTES PAAR: »ICH TRAGE MEIN SCHICKSAL ALLEINE« 165
Die große Liebe 166

GLEICHGESCHLECHTLICHE LIEBE ALS SCHICKSAL 168
Homosexualität 179
Der Friede 182
Seele und Geist 184
Nachwirkungen der Arbeit 185

VIERZEHNTES PAAR: DER ABSCHIED 186
Trennungen 192

KURZTHERAPIEN 194

FÜNFTES PAAR *(Fortsetzung)*: DAS SCHICKSAL 194

SECHSTES PAAR *(Fortsetzung)*: DER RÜCKZUG, DIE TOCHTER 197

FÜNFZEHNTES PAAR: DER VERZICHT 202

EINZELARBEIT: DAS SCHRECKLICHE 204
Erinnern und Vergessen 210

EINZELARBEIT: DIE ANGST 211

FRAGEN 213
Die Heirat 213
Die andere Dimension 213
Das Stillehalten 217

KRIEG ZWISCHEN DEN VÖLKERN – KRIEG IN DER EHE: JAPAN UND DIE USA 219

ANHANG: DIE ANDERE LIEBE – WAS ÜBER UNS HINAUSFÜHRT 239
Die eine Liebe 239
Die Bindung 240
Die andere Liebe 241
Mann und Frau 242
Die unterschiedlichen Familien 243
Der Weg 244
Verstrickungen 245
Die Reinigung 247
Was über uns hinausführt 247

VERÖFFENTLICHUNGEN VON UND MIT BERT HELLINGER 251

Vorwort

Die Liebe eines Paares, zuerst beschwingt durch Sehnsucht, Hoffnung, Innigkeit und Lust, wird bald vom Schicksal in den Dienst genommen und weit über die Grenzen des Anfangs ins Größere und Reichere gezwungen und geführt.

Dieses Buch nimmt den Leser mit auf diesen Weg der anderen, der größeren Liebe, die sich am Schicksal bewährt. Es dokumentiert einen Kurs für Paare in Rom im Mai 2002 und, darüber hinaus, die Arbeit mit einer Frau in Washington im August 2002, bei deren Aufstellung sich herausstellte, dass ihr Vater bei der Entwicklung der Atombombe eine gewisse Rolle gespielt hatte und dass ihr Mann Japaner war. So wiederholte sich in dieser Ehe der Konflikt zwischen ihren Heimatländern, ohne dass es ihnen bewusst war.

Die Liebe übersteht eine solche schicksalhafte Verstrickung nur, wenn diese bewusst wird und wenn die Liebenden wie in diesem Beispiel über sich hinaus auch auf jene Täter und Opfer schauen, die sich als Menschen noch nicht mit Achtung angeschaut und versöhnt haben. Erst wenn ihre Liebe als Paar auch die Täter und Opfer vor ihnen erreicht und wenn das Vergangene, das ihre Liebe als Paar vorher gefährdet hatte, nun in ihrer Liebe versöhnend zueinander findet, wird deren Schicksal in ihrer Liebe aufgehoben.

Zum Schicksal, das in die Liebe zwischen Mann und Frau hereinwirkt, gehört also oft die Verstrickung des einen oder anderen Partners in Ereignisse in seiner Herkunftsfamilie, die manchmal weit zurückliegen. Sie kommen in der Arbeit mit dem Familien-Stellen ans Licht, können angeschaut, anerkannt und nachträglich in Ordnung gebracht werden. So werden sie für die späteren Generationen entschärft und die Liebenden finden zueinander in anderer und neuer Weise.

Andere Schicksale, welche die Liebe auf die Probe stellen und die Partner, wenn sie sich ihnen stellen, aneinander wachsen lassen, sind persönlicher Natur. Dazu gehören ungelöste Bindungen an frühere Partner oder an die Herkunftsfamilie und eine persönliche Schuld oder Krankheit.

Zu diesen Schicksalen gehört manchmal auch die Einsicht, dass die Liebe fordert, den Partner freizugeben, zum Beispiel wenn ein persönliches Schicksal ihm nicht zugemutet werden darf oder wenn sein Schicksal ihn unabwendbar in eine andere Richtung führt. Dann sagt der eine dem anderen nicht nur: »Ich liebe dich.« Er sagt ihm auch: »Ich liebe dich – und das, was mich und dich führt.« Das Schicksal kann daher ein Paar sowohl zusammen- als auch auseinander führen. Dennoch kann hier die Liebe bleiben, ja an ihm noch wachsen.

Dies ist also ein Buch, das über die üblichen Vorstellungen von Liebe zwischen Mann und Frau hinausführt. Doch gerade dadurch, dass wir sie vielschichtig verwoben mit dem menschlichen Schicksal erfahren, wird sie für uns kostbar. Wir erleben sie, wenn sie gelingt, als Gnade.

Bert Hellinger

LIEBE AUF DEN ERSTEN UND LIEBE AUF DEN ZWEITEN BLICK

HELLINGER Wir versammeln uns hier im »Domus Pacis«. Das ist ein Haus des Friedens und ich möchte zu Beginn etwas sagen über Frieden.

Die ganze Arbeit, die mit dem Familien-Stellen zusammenhängt und sich aus ihm entwickelt, ist eine Arbeit auf Frieden hin. Was heißt hier Frieden? Frieden heißt, dass das, was sich entgegensteht, sich einigt im Hinblick auf etwas Größeres. Das heißt auch, dass beim Frieden die Unterschiede erhalten bleiben. Sie werden nicht vermischt oder eingeebnet. Nein, das, was sich entgegensteht, wird anerkannt als unterschiedlich und dennoch vor etwas Größerem als gleichberechtigt. Das beginnt ganz nahe.

Das Thema dieses Kurses heißt »Liebe auf den zweiten Blick«. Liebe auf den zweiten Blick heißt, dass etwas, das unterschiedlich ist, bestehen bleiben darf, ohne dass es einen Eingriff gibt in die Seele und in das Schicksal des Partners. Deswegen ist der Friede, der daraus entsteht, immer verbunden mit einem Verzicht. Frieden entsteht also durch Verzicht.

Wenn ein Mann und eine Frau sich begegnen und sie schauen sich in die Augen, sind angezogen voneinander, lieben sich als Mann und Frau und wollen sich verbinden für ein Leben in Gemeinschaft, dann sind sie zuerst verliebt. Verliebt heißt, genau genommen: Ich sehe den anderen nicht. Ich bin angezogen von einem Bild, von einer Sehnsucht in meiner Seele. Dieses Bild und diese Sehnsucht gelten zutiefst der Mutter. Es ist die Sehnsucht nach Verschmelzung mit der Mutter. Das gilt sowohl für den Mann wie für die Frau. In dieser Verschmelzung gibt man sich auf, sozusagen, aber mit dem Gefühl, aufgefangen zu werden von einer gewaltigen Kraft, in der man vergeht – und das ist die Mutter und das, was wir mit dem Bild und dem Gefühl mit der Mutter verbinden.

Diese Sehnsucht ist zugleich Sehnsucht nach dem Tod. In dieser Sehnsucht nach Verschmelzung geben wir etwas auf vom Leben. Deswegen ist es auch nicht verwunderlich, dass manche, die so ineinander verliebt sind, zusammen sterben wollen. Das gehört hier zusammen. Aber: Es ist keine Liebe.

Liebe ist anders. Liebe sieht den anderen, wie er oder sie ist, völlig anders als die Mutter zum Beispiel. Sie sieht, dass der andere unverwechselbar ist und dass man ihn nicht ändern kann oder darf. Indem ich dem anderen so gegenübertrete und ihn so sehe, erkenne ich auch mich als unverwechselbar und einzigartig. Und ich lasse mich vom anderen so anblicken. Wenn wir beide uns so anblicken, bleiben wir, wie wir sind. Wir anerkennen, dass wir verschieden sind, dass wir aus verschiedenen Familien kommen und vielleicht ein verschiedenes Schicksal haben. So einander zuzustimmen – das macht stark. Und doch ist es zugleich ein Verzicht. Aus diesem Verzicht entsteht zwischen den beiden Frieden.

Wenn das anerkannt ist, gibt es im Grunde keine Auseinandersetzung mehr, keinen Ehekrach. Die Auseinandersetzung in der Ehe und in einer Partnerschaft resultiert immer im Auflösen der ursprünglichen Sehnsucht nach der Mutter. Deswegen werden wir in einer solchen Auseinandersetzung bescheidener und am Ende milde. In diesem Sinne werden wir hier mit Paarbeziehungen arbeiten.

ERSTES PAAR:

»Ich lasse dich ziehen mit Liebe«

HELLINGER *zum ersten Paar* Ihr seid ein Paar? Setzt euch mal neben mich.

Hellinger betrachtet sie beide lange.

HELLINGER *zur Gruppe* Wenn wir sie anschauen, wem geht es gut in dieser Beziehung und wem geht es schlecht?
zum Paar Nichts sagen, ich sage es nur, um euren Blick zu schärfen.
nach einer Weile Macht die Augen zu.

Der Mann und die Frau schließen die Augen.

HELLINGER *nach einer Weile zur Frau* Schau den Mann an und sag ihm: »Ich gehe.«
FRAU Ich gehe. *Sie sieht ihn nicht an.*
HELLINGER Schau ihn an.

Beide schauen sich an. Die Frau lächelt und dreht sich weg. Dann schauen sie sich lange und ernst an.

HELLINGER Ich stelle dem Mann eine Frage. Wenn du sie anschaust und du prüfst jetzt bei dir: Was macht sie stark und was macht sie schwach: Wenn sie geht oder wenn sie bleibt? Du brauchst es nicht zu sagen, ich frage nur, damit du das in deiner Seele überprüfst.

nach längerer Zeit zum Mann Sag ihr: »Ich lasse dich ziehen mit Liebe.«
MANN Ich lasse dich ziehen mit Liebe.
HELLINGER Sag es ernst und schau sie dabei an.
MANN Ich lasse dich ziehen mit Liebe.

Beide schauen sich lange an.

HELLINGER Jetzt könnt ihr für euch testen: Was macht ihn größer – was macht ihn kleiner? Wenn er sagt: »Ich lasse dich ziehen«, oder wenn er sagt: »Bitte bleibe«? Wann folgt er seinem Schicksal? Wann folgt sie ihrem Schicksal? Ich lasse es da, ohne dass ihr etwas sagen müsst. Ich frage es nur, damit ihr in eurer Seele Klarheit gewinnt, was immer ihr dann in Wirklichkeit macht. Okay?
MANN Ja.
HELLINGER Alles Gute euch.

zur Gruppe Ich erinnere mich, im vorigen Jahr habe ich über die Liebe einen Satz gesagt, der sehr bedeutsam war. Der Mann und die Frau schauen sich an und sagen: »Ich liebe dich.« Dann schauen sie sich weiter an und sagen: »Ich liebe dich und das, was mich und dich führt.« Das ist die andere Ebene, die Ebene der großen Liebe. Diese Liebe ist nie in Gefahr, was immer sich zwischen dem Paar später auch ereignet.

Ich habe hier noch etwas gezeigt, den Respekt, mit dem ich mit einem Paar arbeite. Ihre Geheimnisse bleiben völlig gewahrt. Kein Eingriff von außen in die Seele. Nur mitgehen mit den Bewegungen der Seele, die sich zeigen, wenn man achtsam ist. Damit ist für dieses Paar alles offen.

Beide schauen sich an und lächeln.

HELLINGER Sie haben es uns jetzt schön gezeigt.

ZWEITES PAAR:
DIE ACHTUNG

HELLINGER Wer von euch hat Mut, mit mir zu arbeiten? Ihr? Okay.
zum Paar Ich wundere mich, warum ihr zu mir kommt.
MANN Man hat uns gesagt, ihr braucht hier Paare, die sich für die Arbeit melden, und da haben wir uns vorgeschlagen. Das ist eine Großzügigkeit. *Die Frau lacht.*
HELLINGER *zum Paar* Nein, ihr braucht keine Arbeit, euch geht es gut. Das kann man sofort sehen.
zur Gruppe In einer Paarbeziehung ist es wichtig, dass ein Paar nichts nach außen trägt, was es selbst lösen kann und muss. Überlegt mal, wenn ich jetzt mit ihnen arbeite – fördert das ihre Beziehung?
zum Paar Ich habe zu große Achtung vor euch. Okay? Das war's.

Nach einem kurzen Zögern gehen die beiden.

DIE VORSICHT IN DER PAARTHERAPIE

HELLINGER *zur Gruppe* Ich weigere mich, in der Regel, mit einem Paar zu arbeiten, weil ich viel zu große Achtung vor ihnen habe und weil ich fürchte, wenn ich mit ihnen arbeite, trete ich zwischen sie. Wenn Partner zu einem Therapeuten gehen und über ihre Paarbeziehung reden, entwickelt sich oft eine Dreiecksbeziehung. Das ist sehr gefährlich.

Was ich in der Regel mit Paaren mache, ist: Ich behandle

das Problem am Telefon. Ich will sie nicht einmal sehen. Dann ruft mich der Mann an und ich sage ihm etwas. Er darf es aber seiner Frau nicht sagen. Dann ruft die Frau an und ich sage ihr etwas, vielleicht etwas völlig anderes als dem Mann. Sie darf es dem Mann aber nicht sagen. Dann lasse ich den Dingen ihren Lauf. Ich will nie wissen, wie es ausgegangen ist. Beide haben eine Orientierung, und die Lösung bleibt ganz beim Paar. Deswegen arbeite ich hier so vorsichtig.

DRITTES PAAR:

»Jetzt bleibe ich«

HELLINGER Gut, nächstes Paar.
zur Gruppe Bei diesem Paar sind wir auf einer völlig anderen Ebene. Hier ist es ernst. Sehr ernst. Das kann man sofort sehen.
nach einer kurzen Pause zum Paar Aber ich tue mein Bestes, für euch beide. War jemand von euch vorher in einer anderen festen Beziehung?
FRAU Nein.
MANN Ja.
HELLINGER Was heißt das, verheiratet oder verlobt?
MANN Nein, ich war jung, ich war nicht erwachsen.
HELLINGER Kinder aus einer anderen Beziehung?
MANN Nein.
HELLINGER Wie lange seid ihr schon verheiratet?
MANN 19 Jahre.
HELLINGER Habt ihr Kinder?
FRAU Ja, zwei.
HELLINGER Wie alt?
FRAU 14 und 11.
HELLINGER *zur Frau* Ich arbeite zuerst mit deiner Herkunftsfamilie. Was ist da passiert?
FRAU Mein Vater ist gestorben, als ich acht Jahre alt war. Mein Bruder ist gestorben, als er fünf Jahre alt war.
HELLINGER Das genügt mir schon.
zur Gruppe Ich fange mit zwei Personen an: mit ihrem Vater und ihr.

Ich möchte euch erklären, wie ich vorgehe. Ich stelle eine Frage. Die Frage ist sehr präzise, nämlich: Was ist passiert?

Ich frage nicht nach Persönlichem, sondern nach einem Ereignis. Denn wie sich jemand entwickelt, hängt zusammen mit Ereignissen dieser Art. Ich höre zu, was sie sagt, und dann spüre ich: Hat das Kraft oder nicht? Dass ihr Vater starb, als sie acht Jahre alt war, ist sehr bedeutsam. Das hat Kraft. Deswegen arbeite ich damit zuerst.
zum Paar Eure Kinder, sind das Jungen oder Mädchen?
FRAU Jungen.

Hellinger wählt einen Stellvertreter für den Vater und stellt die Frau ihm gegenüber.

BILD 1

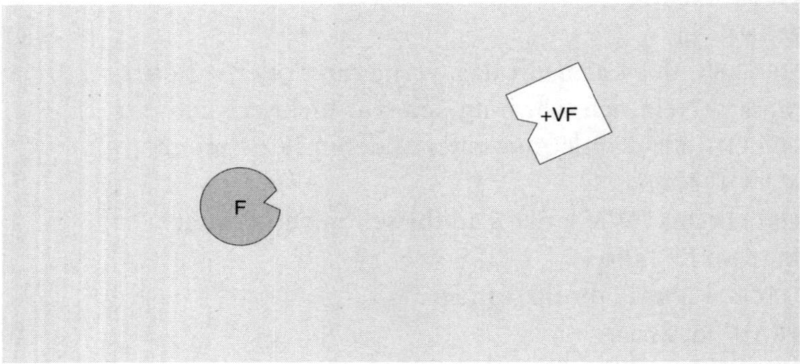

F **Frau**
+VF Vater der Frau, starb, als sie acht Jahre alt war

Als Hellinger sieht, dass der Vater seine Tochter nicht anschaut, stellt er eine Frau dorthin, wo er hinschaut.

HELLINGER *zur Gruppe* Ihr seht: Er schaut die Tochter überhaupt nicht an. Er schaut auf jemand anders. Und er wagt auch da nicht hinzuschauen. Es kann sein, dass er auf eine Tote schaut.

zur Frau Weißt du, wo er hinschaut?
FRAU Nein.

Der Vater will aber auch diese Frau nicht anschauen, sondern schaut auf den Boden. Daraufhin lässt Hellinger die andere Frau sich vor ihn mit dem Rücken auf den Boden legen.

BILD 2

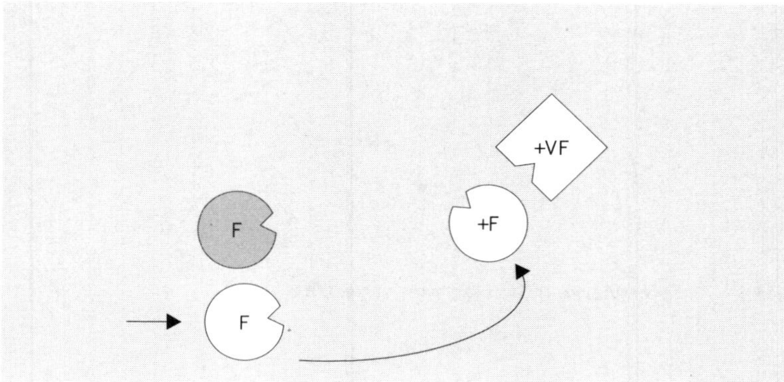

+F Tote Frau, nicht klar, wen sie vertritt

FRAU Vielleicht schaut er auf meinen Bruder, der gestorben ist.
HELLINGER Nein, wir sehen bereits, dass etwas anderes bedeutsam ist.

Der Vater schaut auf die Frau am Boden. Die tote Frau hat die Arme verschränkt und das Gesicht von ihm abgewandt. Der Vater der Frau neigt erst den Kopf und kniet sich dann langsam vor die tote Frau. Hellinger wählt einen weiteren Stellvertreter.

HELLINGER *zum Stellvertreter* Leg dich auf den Boden neben sie – und schau zu ihr hinüber.

BILD 3

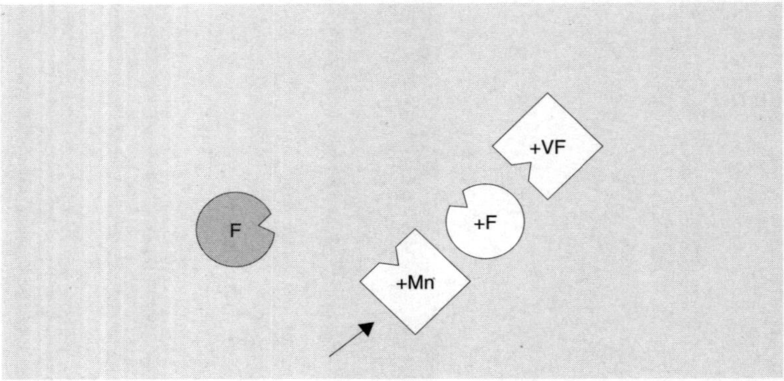

+Mn Toter Mann, nicht klar, wen er vertritt

Die tote Frau bewegt sich näher zum toten Mann. Beide legen die Arme umeinander.

HELLINGER *zum Vater der Frau* Steh auf.

Der Vater steht auf und stellt sich vor seine Tochter. Beide umarmen sich innig.

BILD 4

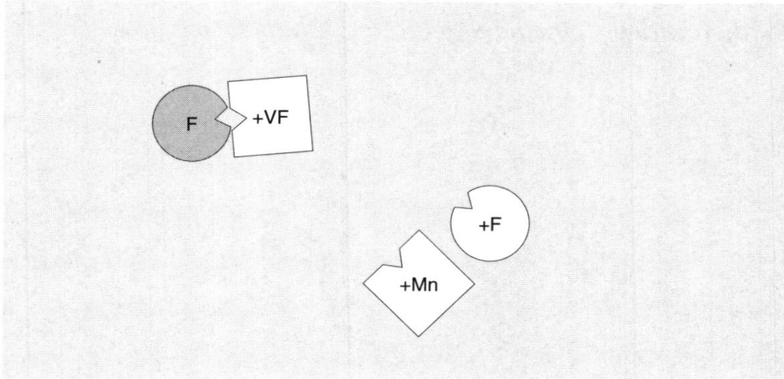

Hellinger stellt nun den Mann der Frau neben sie und ihren Vater, wählt zwei Stellvertreter für die Kinder und stellt sie den Eltern gegenüber.

BILD 5

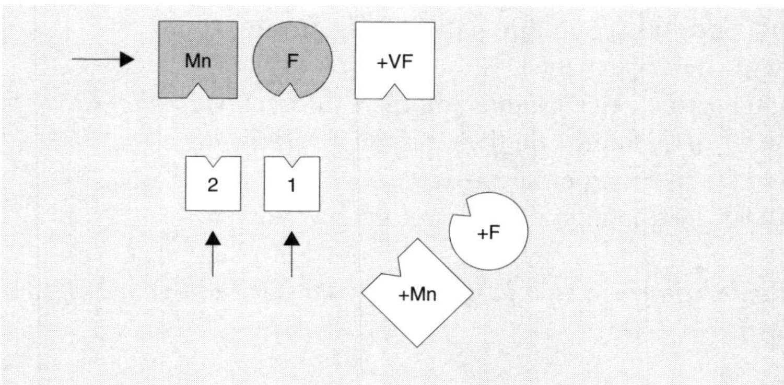

Mn	**Mann**
1	Erstes Kind, Sohn
2	Zweites Kind, Sohn

HELLINGER *zum Paar* Jetzt schaut ihr zwei euch erst mal an.

Beide wenden sich einander zu und schauen sich an.

BILD 6

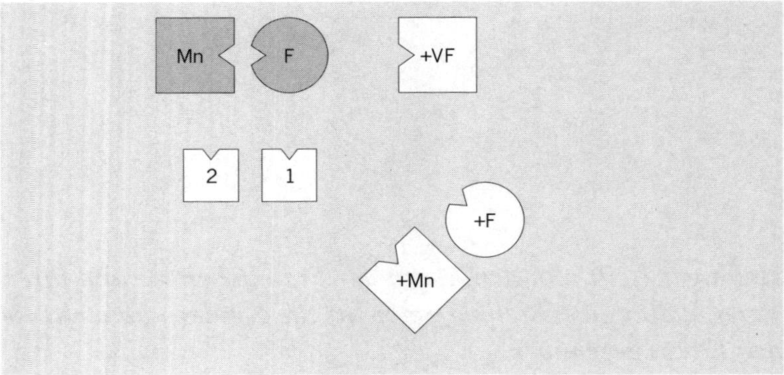

HELLINGER *zur Frau* Sag deinem Mann: »Jetzt bleibe ich.«
FRAU Jetzt bleibe ich.
HELLINGER Schau ihm dabei in die Augen.
FRAU Jetzt bleibe ich.
HELLINGER »Jetzt kannst du dich auf mich verlassen.«
FRAU Jetzt kannst du dich auf mich verlassen.
HELLINGER Sag es langsam.
FRAU Jetzt kannst du dich auf mich verlassen.

Beide umarmen sich lange. Der Vater der Frau geht langsam zurück.

HELLINGER *zur Frau* Jetzt schau die Kinder an und sag ihnen: »Jetzt bleibe ich.«
FRAU Jetzt bleibe ich.
HELLINGER *zum ersten Kind* Wie geht es dir?

ERSTES KIND Als sie vorhin gesagt hat: »Ich bleibe«, habe ich mich geerdet gefühlt. Ich habe gefühlt, dass die Beine geerdeter sind. Schon als sie es ihm sagte, war ein Unterschied, da hat sich etwas geändert.
HELLINGER *zum zweiten Kind* Bei dir?
ZWEITES KIND Vorher hatte ich das Gefühl, dass ich nur in Beziehung zu meinem Vater stehe. Jetzt, wo sie sich umarmt haben, habe ich das Gefühl, dass ich zwei Eltern habe.
HELLINGER Okay, das war's.

zur Gruppe Ich werde mein Vorgehen erklären: Der erste Eindruck, den ich von ihr hatte, war: Sie will gehen, und zwar im Sinne von sterben.
FRAU Bewusst nicht.
HELLINGER Als sie dann gesagt hatte, dass ihr Vater starb, als sie acht Jahre alt war, wollte ich prüfen, ob sie ihrem Vater nachfolgen will in den Tod. Das ist sehr häufig in so einer Situation.
zur Frau Kannst du das verstehen?
FRAU Ja.
HELLINGER Genau.
zur Gruppe Deswegen habe ich den Vater aufgestellt und sie ihm gegenüber. Er hat aber weggeschaut. Das heißt, er wurde aus dem Leben weggezogen von jemand anderem. Deswegen habe ich dort jemanden hingelegt. Ich weiß aber nicht, wer es ist, vielleicht war es seine Mutter.
zur Frau Weißt du etwas davon?
FRAU Die Mutter ist nach dem Sohn gestorben.
HELLINGER Ist noch jemand anderer in der Familie gestorben, vorher, zum Beispiel die Mutter der Mutter?
FRAU Ja, die Mutter der Mutter.
HELLINGER Ja, wie?
FRAU Ich weiß es nicht, weil ich keine Verwandten habe, die es mir sagen können. Die sind alle gestorben.
HELLINGER Okay, wir müssen es auch nicht wissen. Es war

ganz klar: Sein Herz wurde zu jemand Totem hingezogen, das konnte man sehen. Er hatte eine Sehnsucht zu sterben. Dann hat aber die tote Frau sich umgedreht zu jemand anderem. Also: Diese Frau wollte sterben, und der Vater hat gesagt: an deiner Stelle. Als sie sich dann weggedreht hat, war es nicht mehr notwendig, dass er es an ihrer Stelle tut. Deswegen habe ich ihn da herausgenommen und ihn seiner Tochter gegenübergestellt. Also, ihr Vater wurde durch diese Aufstellung aus der Verstrickung in ein fremdes Schicksal befreit.
zur Frau Jetzt konnte er dich sehen und du konntest ihn sehen. Jetzt ist es nicht mehr notwendig, dass du ihm nachfolgst. Deswegen warst auch du davon befreit. Danach konnte ich mit der Gegenwartsfamilie arbeiten. Das schöne Ergebnis hast du ja gesehen. Es wird auch euren Kindern jetzt gut gehen. Okay, das war's.

VERSTRICKUNGEN UND DAS PERSÖNLICHE UND KOLLEKTIVE GEWISSEN

HELLINGER Ich möchte etwas sagen über Verstrickungen. In den Familien entstehen die meisten Probleme, die mit Selbstmord oder Todessehnsucht zusammenhängen oder mit schweren lebensbedrohlichen Krankheiten oder mit Unfallhäufigkeit, aus etwa drei verschiedenen Grundbewegungen der Seele.

»ICH FOLGE DIR NACH«

Die erste ist: Jemand sagt: »Ich folge dir nach«, und zwar: »Ich folge dir nach in den Tod.« Diese Dynamik sehen wir sehr oft, wenn einer der Eltern früh starb. Dann sagt das Kind: »Ich folge dir nach, mit Liebe.« Aber wieso kann ein Kind so etwas sagen? Im Kind – und natürlich auch in jedem Erwachsenen noch – gibt es ein tiefes Bedürfnis, dazuzugehören um jeden Preis. Diese Sehnsucht kommt aus dem Gewissen.

Das Gewissen, das wir spüren, verbindet uns mit unserer Familie. Die Hauptfunktion des Gewissens ist, uns mit unserer Familie zu verbinden. Wir fühlen das Gewissen durch zwei unterschiedliche Gefühle. Das eine Gefühl ist Schuld und das andere ist Unschuld. Wir können auch sagen: Gutes Gewissen, das ist Unschuld, und schlechtes Gewissen, das ist Schuld.

Wann haben wir ein schlechtes Gewissen? Immer dann, wenn wir etwas tun, was unsere Zugehörigkeit zu unserer Familie gefährdet. Und wann haben wir ein gutes Gewissen? Wenn wir uns so verhalten, dass wir uns sicher sein können, wir dürfen dazugehören. Alle Ehrungen, die jemand bekommt, zum Beispiel wenn er einen Orden bekommt oder sonst eine Auszeichnung, bedeuten im Grunde nichts anderes als: Du hast ein besonderes Recht, dazuzugehören. Deswegen ist das Hochgefühl bei einer Auszeichnung nichts anderes als gutes Gewissen und Unschuld. Weil das schlechte Gewissen sich so unangenehm anfühlt, treibt es uns an, unser Verhalten zu ändern, damit wir wieder dazugehören dürfen.

Jedes Kind fühlt sich zutiefst mit seiner Familie verbunden. Es will alles tun, damit es dazugehört, selbst wenn es dafür sein Leben opfert. In diesem Zusammenhang ist der Tod für ein Kind nichts Schlimmes. Noch etwas ist damit verbunden: Das Kind denkt magisch. Das heißt, es hat die Vorstellung, dass es durch bestimmte Handlungen für den anderen etwas bewirkt, vor allem, wenn es für den anderen etwas leidet. Deswegen haben Kinder die Vorstellung, wenn sie für ihre Eltern etwas Schweres auf sich nehmen, geht es den Eltern besser. Das Kind denkt zum Beispiel: »Wenn ich krank werde, wird meine Mutter gesund.« Dann stimmt es zu, krank zu werden, und fühlt sich dabei unschuldig. Die Unschuld ist für das Kind das wichtigste Gefühl überhaupt.

Damit ist noch eine andere Vorstellung verbunden. Wenn das Kind der Mutter nachfolgen will in den Tod und wenn es wirklich stirbt, meint es, dass das seiner Mutter gut tut. Diese Sehnsucht nach dem Tod gründet also in einer tiefer Liebe. Deswegen kann man da in der Regel auch nicht eingreifen. Die Sehnsucht ist zu groß.

Wenn das Kind aus dieser Sehnsucht befreit werden soll, muss es bereit sein, ein schlechtes Gewissen zu haben. Es muss verzichten auf die kindliche Vorstellung, dass es durch sein Leiden jemanden erlösen kann. Sich davon zu verabschieden fällt schwer, denn durch die christlichen Vorstellungen wird diese kindliche Vorstellung unterstützt und verstärkt. Der christliche Glaube beruht ja auf der Vorstellung, dass jemand durch sein Opfer andere erlösen kann. Um sich aus dem Bann dieser Vorstellung zu befreien, braucht es die Kraft und die Bereitschaft, sich einem größeren Gott anzuvertrauen.

Was das heißt, erläutere ich in einer Geschichte. Dann könnt ihr vielleicht erfassen, welcher Glaube hier dem Einzelnen abverlangt wird. Die Geschichte heißt:

DER GRÖSSERE GLAUBE

Einem Mann träumte in der Nacht, er habe die Stimme Gottes gehört, die ihm sagte: »Steh auf, nimm deinen Sohn, deinen einzigen geliebten, führe ihn auf den Berg, den ich dir zeigen werde, und bringe ihn mir dort zum Schlachtopfer dar.«

Am Morgen stand der Mann auf, schaute seinen Sohn an, seinen einzigen geliebten, schaute seine Frau an, die Mutter des Kindes, schaute seinen Gott an. Er nahm das Kind, führte es auf den Berg, baute einen Altar und zog das Messer, um seinen Sohn zu schlachten. In dem Augenblick hörte er noch eine andere Stimme und er schlachtete, statt seines Sohnes, ein Schaf.

Wie schaut der Sohn den Vater an?
Wie der Vater den Sohn?
Wie die Frau den Mann?

Wie der Mann die Frau?
Wie schauen sie Gott an?
Und wie schaut Gott, wenn es ihn gibt, sie an?

Einem anderen Mann träumte in der Nacht, er habe die Stimme Gottes gehört, die ihm sagte: »Steh auf, nimm deinen Sohn, deinen einzigen geliebten, führe ihn auf den Berg, den ich dir zeigen werde, und bringe ihn mir dort zum Schlachtopfer dar.«

Am Morgen stand der Mann auf, schaute seinen Sohn an, seinen einzigen geliebten, schaute seine Frau an, die Mutter des Kindes, schaute seinen Gott an. Er sagte ihm ins Angesicht: »Ich tue das nicht.«

Wie schaut der Sohn den Vater an?
Wie der Vater den Sohn?
Wie die Frau den Mann?
Wie der Mann die Frau?
Wie schauen sie Gott an?
Und wie schaut Gott, wenn es ihn gibt, sie an?

Das ist der Übergang aus den Fesseln des Gewissens in die wahre Größe. Was das verlangt, konnten wir aus dieser Geschichte erspüren.

Ich werde jetzt noch etwas mehr erklären über die Grunddynamiken, die zu Verstrickungen in Familien führen. Zuerst habe ich etwas gesagt über »Ich folge dir nach«. Dieser Satz kommt aus einer Bewegung des Gewissens. Diese Bewegung wird unterstützt durch das Gefühl der Unschuld und durch die magische Vorstellung, dass man durch den eigenen Tod mit jemandem verbunden werden kann. Dass der andere sich vielleicht sogar darüber freut und dass man ihn durch den eigenen Tod oder durch die eigene Krankheit vielleicht erlöst. Das ist also die erste wichtige Bewegung des Gewissens, die zu Verstrickungen führt.

»LIEBER ICH ALS DU«

Die zweite Dynamik ist, dass jemand innerlich sagt: »Ich tue es an deiner Stelle.« Wir konnten das hier in der Aufstellung sehen. Der Vater fühlte die Sehnsucht, jemandem nachzufolgen. Daraufhin hat seine Tochter innerlich gesagt: »Ich tue es an deiner Stelle.« Es ist sehr häufig in Familien, dass ein Kind meint, es könne und dürfe etwas für einen anderen übernehmen. Dabei geht es immer um Schlimmes wie Krankheit und Tod. Beim Glück sagt niemand: »Ich tue es an deiner Stelle.« Immer nur, wo etwas Schlimmes eine Rolle spielt. Das also ist diese zweite Dynamik.

DAS KOLLEKTIVE UNBEWUSSTE GEWISSEN

Damit ist noch etwas ganz Wichtiges verbunden: Es gibt nämlich nicht nur das Gewissen, das wir fühlen, es gibt auch ein unbewusstes Gewissen. Wir erschließen die Ordnungen, denen dieses Gewissen folgt, an der Wirkung, wenn man gegen sie verstößt.

In diesem Zusammenhang ist ein Punkt wichtig: Dieses unbewusste Gewissen ist ein kollektives Gewissen. Das heißt, mehrere Personen sind gleichzeitig durch dieses Gewissen gesteuert. Es gibt Verstrickungen, die von diesem Gewissen abhängen, nur innerhalb dieser Gruppe. Dieses Gewissen setzt vor allem zwei Ordnungen in der Familie durch.

Die erste ist: Dieses Gewissen duldet nicht, dass jemand aus dieser Gruppe ausgeschlossen wird. Für dieses Gewissen haben alle, die zu dieser Gruppe gehören, das gleiche Recht dazuzugehören. Wenn daher jemand ausgestoßen wird, zum Beispiel aus moralischen Gründen, oder wenn jemand vergessen wird, wie häufig ein tot geborenes Kind, dann wird unter dem Druck dieses kollektiven Gewissens später ein anderes Mitglied dieser Familie gezwungen, die ausgeschlossene Person zu vertreten, ohne dass sie sich dessen bewusst ist. Dann fühlt diese Person wie diese ausgeschlossene, verhält sich wie diese ausgeschlossene – und stirbt vielleicht wie diese ausgeschlossene Person.

In meinem Buch »Anerkennen, was ist« bringe ich ein eindrucksvolles Beispiel über die Wirkungsweise dieses Gewissens. In einer Familie haben sich über mehrere Generationen Männer im Alter von 27 Jahren am 31. Dezember umgebracht, alle unter dem Zwang dieses kollektiven Gewissens. Sie haben jemanden vertreten, der heimlich mit 27 Jahren am 31. Dezember ermordet worden war. Mit solcher Kraft wirkt dieses unbewusste kollektive Gewissen.

Dieses Gewissen setzt noch eine zweite grundlegende Ordnung durch. Gemäß dieser Ordnung sind die Früheren größer und die Späteren sind kleiner. Niemand, der kleiner ist, der also später geboren ist, darf sich in die Angelegenheit eines Früheren einmischen. Wenn ein Kind also seinem Vater sagt: »Ich tue es an deiner Stelle«, dann mischt es sich in das Schicksal seines Vaters ein. Das unbewusste, kollektive Gewissen bestraft diese Einmischung mit Scheitern und Untergang. Ein solches Bemühen ist daher immer umsonst.

Jetzt möchte ich noch etwas zu dieser Familie sagen: Natürlich merken die Söhne, dass die Mutter gehen will. Deswegen hat auch von denen sicherlich einer schon heimlich gesagt: »Mama, ich tue es an deiner Stelle.«

zu diesem Paar Deswegen habe ich hier auch für eure Kinder gearbeitet.

Das ist also die zweite Dynamik.

SÜHNE STELLVERTRETEND FÜR ANDERE UND FÜR PERSÖNLICHE SCHULD

In dem Zusammenhang muss man auch sehen: Wenn jemand in der Familie Schuld auf sich geladen hat, ein Vater oder eine Mutter zum Beispiel, dann sagt ein Kind häufig: »Ich sühne es an deiner Stelle.« Es nimmt dann die Folgen eines Verbrechens auf sich und die wirklichen Schuldigen sind frei. Sie spüren ihre Schuld nicht mehr, merkwürdigerweise. In einer Familienaufstellung kann man das lösen, indem man die Schuldigen ihren Opfern gegenüberstellt.

Vor kurzem war in einer Gruppe ein Mann, der sagte, dass er im Gefängnis war wegen Mitgliedschaft in einer terroristischen Vereinigung. Er gehörte zur RAF, war aber nicht direkt in Attentate verwickelt. Ich habe ihm gesagt, er solle sich all die Opfer der RAF vorstellen – alle, die umgebracht wurden –, sich ihnen gegenüberstellen und sie anschauen. Das hatte er noch nie gemacht. Aber offensichtlich haben es seine Kinder schon für ihn gemacht. Dieses Bild hat ihn zur Besinnung gebracht und er hat sich dafür bedankt. Das wäre ein Beispiel dafür.

Noch eines möchte ich hier erwähnen: Die Todessehnsucht und das Auf-sich-Nehmen von schwerer Krankheit oder Unfallhäufigkeit haben oft auch etwas zu tun mit dem Bedürfnis nach Sühne für persönliche Schuld.

DAS PERSÖNLICHE GEWISSEN UND DAS BEDÜRFNIS NACH AUSGLEICH UND SÜHNE

In dem Zusammenhang möchte ich zusätzlich noch etwas sagen, über das persönliche Gewissen, das wir fühlen. Neben dem Bedürfnis nach Zugehörigkeit wacht dieses Gewissen noch über ein anderes Bedürfnis, nämlich das Bedürfnis nach Ausgleich.

Wenn mir jemand etwas schenkt, fühle ich mich ihm gegenüber in Schuld. Dann habe ich das Bedürfnis, die Schuld loszuwerden, indem auch ich ihm etwas Gutes tue. Wenn ich ihm etwas Gleichwertiges zurückgegeben habe, fühle ich mich wieder unschuldig und frei. In diesem Bereich ist das eine schöne Sache.

Jetzt stellt euch vor, jemand hat einen anderen umgebracht oder er hat bei einem Autounfall jemanden überfahren, der dabei starb. Auch er fühlt das Bedürfnis nach Ausgleich. Und was machen jetzt viele? Sie fügen sich auch ein Leid zu, werden zum Beispiel krank oder bringen sich um. Dann meinen sie, sie hätten es damit ausgeglichen und seien damit die Schuld los. Sind sie die Schuld los? Nein, überhaupt nicht.

Hier passiert das Gleiche, was wir auch bei der Dynamik »Ich folge dir nach« gesehen haben. Das Kind, das dieses Gefühl hat: »Ich folge dir nach«, und der, der sühnen will für eine persönliche Schuld, schauen dem anderen nicht in die Augen. Wenn jemand einen umgebracht hat und er schaut ihn dann an und sagt: »Jetzt bringe auch ich mich um, um zu sühnen«, wie muss es diesem Opfer dabei gehen? Geht es ihm besser? Geht es ihm schlechter? Dadurch, dass es selber starb, soll jetzt noch ein anderer sterben?

Hier ist etwas völlig anderes gefordert. Die Lösung wäre: Er schaut dem Opfer ins Auge und sagt: »Ich habe es getan. Jetzt tut es mir Leid. Ich weiß, ich kann es nie mehr gutmachen. Ich stehe daher zu dieser Schuld und ihren Folgen.« Was passiert mit ihm in dem Augenblick? Er hat Kraft. Unschuldige haben keine Kraft. Nur Schuldige, die zu ihrer Schuld stehen, haben Kraft. Welche Kraft? Die Kraft, etwas besonders Gutes zu tun, zu dem andere keine Kraft haben. Sie können dann etwas für andere auf sich nehmen, wozu andere zu schwach sind. Wenn sie dem Opfer sagen: »Aus der Kraft, die aus meiner Schuld kommt, und im Andenken an dich tue ich etwas Großes«, dann ist das Opfer versöhnt. Weil sein Opfer anderen zugute kommt und letztlich dem Leben dient.

Ich glaube, ich habe das Wesentliche darüber gesagt. Jetzt mache ich weiter mit der Arbeit.

VIERTES PAAR:

Der Widerstand und seine Lösung

HELLINGER Wer von euch möchte arbeiten? Ihr zwei? *Die Frau stimmt zu.* Will der Mann auch? – Okay, gut.

Hellinger sieht das Paar lange an. Die Frau wird nervös und beginnt zu zittern.

HELLINGER *zur Gruppe* Seht ihr das Zittern? Kann das etwas mit der Paarbeziehung zu tun haben? Nein. Es ist etwas anderes. Das ist eine Verstrickung.
zur Frau Ich lasse dich noch ein bisschen zittern. Lasse es zu.

Die Frau beginnt zu weinen. Hellinger nimmt sie in den Arm. Sie schluchzt immer stärker.

HELLINGER *zur Frau* Ohne Ton tief atmen, langsam atmen. Langsam, ohne Ton atmen. Leg die Arme um mich.

Sie legt den Arm um Hellinger. Beide umarmen sich lange. Hellinger lässt die Frau dann los.

HELLINGER *zur Frau* Schau mich an. Was ist passiert, als du klein warst?

Die Frau versucht etwas zu sagen, zu gestikulieren.

HELLINGER Nein, bleib zuerst in Kontakt mit deiner Seele. Vergiss alles, was du sonst über deine Probleme denkst.

nach einer kleinen Pause zur Gruppe Was man häufig beobachten kann: Wenn jemand über seine Probleme spricht, dann betet er eine alte Litanei herunter, immer die gleiche. Mit dieser Litanei hält er sein Problem aufrecht. Die Litanei ist immer daneben, deswegen will ich sie gar nicht hören. Ich habe einen einfachen Trick, mit dem ich das unterbreche.

Erstens lasse ich sie gar nicht reden. Zweitens mache ich ihnen den Vorschlag, das Wesentliche in drei Sätzen zu sagen. Wenn jemand über seine Gefühle spricht, ist das unwesentlich. Wenn jemand über eine andere Person spricht, was sie getan hat oder wie sie sich verhalten hat, ist das auch unwesentlich. Wichtig ist: Was ist passiert? Auf die Ereignisse kommt es an.
zur Frau Also drei Sätze. Überlege sie dir gut, ich gebe dir Zeit.

Die Frau scheint nicht zu verstehen.

HELLINGER *zur Gruppe* Sie sagt, sie hat nicht verstanden, was ich gesagt habe. Natürlich hat sie es verstanden. Aber: Sie will unschuldig bleiben. Das heißt, würde sie jetzt das, was passiert ist, wirklich lösen, verlöre sie ihre Unschuld. Und sie würde noch etwas verlieren – und das ist sehr schwer aufzugeben: Sie würde Macht verlieren. Ich bin mir nicht sicher, ob sie bereit ist dazu.
nach einer Weile Das Zittern hat Eindruck gemacht.
wieder nach einer Weile Es ist nicht möglich, dass ich jetzt mit ihr arbeite.

Als die Frau etwas sagen will, schüttelt Hellinger den Kopf.

HELLINGER *zur Gruppe* Merkt ihr den Machtkampf?
zur Frau Mach die Augen zu.

Sie schließt die Augen. Hellinger sieht sie lange an.

HELLINGER *zur Gruppe* Ich will euch noch etwas sagen: Ein solches Verhalten gibt es nur, wenn persönliche Schuld verleugnet wird.

Die Frau öffnet die Augen und sieht Hellinger an.

HELLINGER Mach die Augen zu.

Sie schließt wieder die Augen.

MEDITATION: DAS NEHMEN DES LEBENS

HELLINGER *nach einer längeren Pause zur Gruppe* Ich mache mit euch eine Meditation.

Ein Kind steht vor seinen Eltern, kniet sich vor sie hin, schaut zu ihnen hinauf, öffnet weit die Arme und sagt: »Danke.« – Und es sieht hinter seinen Eltern deren Eltern, und hinter ihnen deren Eltern, und hinter ihnen deren Eltern – und weiter zurück die zahllosen Ahnen. Durch alle fließt das Leben ungetrübt – als Ganzes. Jeder von ihnen hat es genommen, ohne etwas weglassen zu können, ohne etwas hinzuzufügen. Und jeder hat es weitergegeben, ohne etwas weglassen zu können, ohne etwas hinzufügen zu können.

Es spielt überhaupt keine Rolle, wie die Einzelnen waren. Im Nehmen und Weitergeben des Lebens waren sie alle vollkommen und gut. Wie immer sie waren, hatte auf die Weitergabe des Lebens keinen Einfluss. Das Wesentliche war bei allen gleich.

Und so schaut das Kind auf seine Eltern, öffnet die Arme weit und nimmt das Leben, wie es von weit her durch alle diese Generationen zu seinen Eltern kam, und durch seine Eltern zu ihm – als Ganzes. Und es sagt zu ihnen: »Ja.«

Doch hinter allen diesen Ahnen wirkt etwas Verborgenes: der Urgrund, aus dem alles Leben entstand. Und dann verneigt sich dieses Kind vor den Eltern, vor seinen Großeltern, vor seinen Urgroßeltern, vor allen diesen Ahnen – und am Ende vor diesem Urgrund. Und so bleibt es.

Neben diesem Kind steht ein anderes Kind, kniet sich vor seine Eltern, verneigt sich tief mit weit geöffneten Armen und sagt: »Ja.« Und daneben ein anderes Kind, und noch ein anderes Kind. Sie kommen aus verschiedenen Ländern, verschiedenen Kulturen, verschiedenen Rassen, verschiedenen Religionen. Sie alle sagen auf die gleiche Weise: »Ja.«

So sind sie alle vor ihren Eltern klein – und zugleich allen anderen Menschen gleich. Vor allem sind sie vor dem Urgrund des Lebens alle klein und gleich.

Ich stelle mir vor: Auch Jesus kniet vor seinen Eltern mit weit geöffneten Armen und sagt: »Ja.« Und Buddha, dessen Mutter ja bei seiner Geburt starb, kniet vor seinen Eltern mit weit geöffneten Armen, schaut auf alle seine Ahnen, verneigt sich vor ihnen und dem Urgrund und sagt: »Ja.« Und Mohammed kniet vor seinen Eltern, seinen Ahnen, mit weit geöffneten Armen, verneigt sich tief vor ihnen und dem Urgrund und sagt: »Ja.« Vor ihren Eltern sind auch sie, wie wir, klein und allen Menschen gleich.

Dann erhebt sich dieses Kind, lehnt sich mit dem Rücken an seine Eltern und schaut auf seine Kinder, seine Enkel, seine Urenkel, die vielen Generationen, die noch kommen, fühlt sich eins mit allen denen, die das Leben genommen haben und weitergeben. Auch jene, die keine Kinder haben, nehmen das Leben und geben es auf ihre Weise weiter. Sie dienen dem Leben auf ihre besondere Art. Und so werden alle Kleinen groß.

Daneben steht ein anderes Kind, schaut auf seine Eltern und sagt: »Ihr seid nicht die Richtigen für mich. Ihr habt alles falsch gemacht. Ihr schuldet mir eine Menge.« Was geschieht? Armes Kind! Wer liebt jemanden, der seine Eltern ablehnt? Und wen kann der lieben?

Der Widerstand und seine Lösung

(Fortsetzung)

HELLINGER *nach der Mittagspause zum Paar aus der letzten Aufstellung* Jetzt komme ich wieder zu euch.
zur Frau Wie geht es dir inzwischen?
FRAU Es geht.
HELLINGER *zum Mann* Und dir?
MANN Es geht.
HELLINGER Braucht ihr noch etwas von mir?
FRAU Ja.
HELLINGER Was?
FRAU Ich möchte »Ich« sein.
HELLINGER Wenn du »Ich« bist – was ist aus dir geworden? Bist du mehr oder weniger?
FRAU Weder weniger noch mehr.
HELLINGER Ich kann mit dir nicht arbeiten. Du kannst nicht einmal zuhören, geschweige denn dich einfühlen in das, was wesentlich ist.
zur Gruppe Macht mal für euch den Test. Wenn ihr wirklich »Ich« geworden seid, jeder für sich, ist er mehr geworden oder weniger? Weniger. Und er ist einsam geworden, schwach. Und er wird von anderen Menschen gemieden. Man nennt das Selbstverwirklichung. Genauer genommen ist es eine Ichverwirklichung. Sie trennt uns von anderen Menschen. Sie trennt Eltern von ihren Kindern, und Kinder von ihren Eltern. Und sie trennt Partner voneinander.
zum Paar Ich glaube, ich muss mit euch erst noch warten, ihr seid noch nicht so weit. – Okay, da lasse ich es.

HELFEN IM EINKLANG

HELLINGER *zur Gruppe* Sehr oft, wenn jemand mit Paaren arbeitet oder mit Klienten, kommen sie zu ihm und sagen: »Nur du kannst mir helfen.« Was passiert in dem Augenblick? Sie werden von ihrer eigenen Seele abgeschnitten. Sie verlegen die Lösung nach außen. Nicht, dass wir auch von anderen Menschen sehr viel erfahren. Es ist aber ein großer Unterschied, ob ich sage: »Ich will es von dir«, oder ob ich, indem ich in Einklang bin mit etwas Größerem, mit jemandem in Verbindung komme, der auch in Verbindung ist mit etwas Größerem. Aus dem Einklang mit etwas Größerem, von beiden, dem, der sucht, und dem, der sich zur Verfügung stellt, kann etwas gelingen.

Das Ergebnis ist dann nicht abhängig von einer Person, von der ich etwas fordere. Es wird geschenkt von Kräften, die wir nicht durchschauen. Nur wenn ich sehe, dass der Klient bereit ist, in den Einklang mit Größerem zu treten, und wenn er mir erlaubt, in Einklang mit Größerem zu bleiben, kann und darf ich helfen.

Zwei Tage später

Der Widerstand und seine Lösung

(Fortsetzung)

HELLINGER Wir machen weiter. Mit welchem Paar ist noch etwas nachzuarbeiten?
zu einem Paar, mit dem am ersten Tag gearbeitet wurde Mit euch? Ich habe vergessen, um was es ging.
FRAU Wir sind nicht zur Sache gekommen.
HELLINGER Was war es noch mal?
FRAU Es ging um unsere Partnerschaft.
HELLINGER *zur Frau* Was war bei dir noch? Ich habe dir etwas gesagt, was habe ich dir gesagt?
FRAU Du könntest im Moment mit mir nicht arbeiten.
HELLINGER Und warum?
MANN Vorher hast du gesagt, es sei eine Verstrickung, das habe mit der Partnerschaft nichts zu tun.
HELLINGER Du warst so hartnäckig, dickköpfig?
FRAU Ich war hochmütig und du hast mich gefragt, ob ich größer oder kleiner sein möchte. Und dann habe ich gesagt: »Weder noch«, aber heute sage ich: »Ich möchte kleiner sein.«
HELLINGER Kleiner vor wem?
FRAU Vor meinen Eltern und meinen Großeltern.
HELLINGER Wie geht es dem Mann dabei?
MANN Ich bin bewegt.
HELLINGER Okay, ich mache eine ganz einfache Übung.
zum Mann Hattest du ein besonderes Anliegen für die Paarbeziehung?

MANN In unserer Beziehung, glaube ich, sind die schwerste Hypothek die Konflikte, die bei der Kindererziehung entstanden sind.

KINDERERZIEHUNG UND GEWISSEN

HELLINGER Bevor ich mit euch weitermache, sage ich etwas über die Kindererziehung. Die Kindererziehung hat etwas zu tun mit dem Gewissen. Die Frau kommt aus einer besonderen Familie, in der ganz bestimmte Dinge Gültigkeit haben. Der Mann kommt aus einer anderen Familie, in der andere Dinge Gültigkeit haben. Wenn jemand einen Partner heiratet, heiratet er auch immer die Familie mit.

Ein Mann und eine Frau sind im Grunde völlig voneinander verschieden, verschieden, wie sie denken und wie sie fühlen usw. Obwohl sie so verschieden sind, sind sie zwei gültige Ausgaben des Menschseins – und zwar gleichermaßen gültig, gleich-gültig.

Auch die Familie der Frau ist von der Familie des Mannes völlig verschieden. Die Frau meint dann in der Regel, ihre Familie sei besser, und der Mann meint auch, seine Familie sei besser und das, was in seiner Familie gilt, sei besser. Wenn sie nun Kinder haben und die Kinder sollen erzogen werden, dann sagt die Frau, sie müssen so erzogen werden, wie es in ihrer Familie gilt, und der Mann sagt, eigentlich müssten sie erzogen werden, wie es in seiner Familie gilt. Wenn die Frau zugibt, dass das, was in seiner Familie gilt, gleichermaßen gültig ist wie das, was in ihrer Familie gilt, hat sie ein schlechtes Gewissen. Sie würde abweichen von den Regeln ihrer Familie. Das Gleiche gilt für ihn. Wenn er davon abweicht, was in seiner Familie gilt, hat auch er ein schlechtes Gewissen.

Wenn jetzt die Eltern einen Streit haben, was die richtige Erziehung ist, wie geht es dann den Kindern? Wenn die Kinder dem folgen, was die Mutter will, haben sie ein schlechtes Gewissen gegenüber dem Vater. Wenn sie dem folgen, was der Vater will, haben sie ein schlechtes Gewissen gegenüber der Mutter. Arme Kinder. Was ist hier die Lösung?

HELLINGER *zur Frau* Schau mal den Mann an. Sag ihm: »Ich liebe dich, so wie du bist.«
FRAU Ich liebe dich, so wie du bist.
HELLINGER »Und ich liebe deine Familie, so wie sie ist.«
als die Frau wegsehen will Schau ihn an dabei.
FRAU Und ich liebe deine Familie, so wie sie ist.
HELLINGER *zum Mann* Du sagst ihr das Gleiche: »Ich liebe dich, so wie du bist.«
MANN Ich liebe dich, so wie du bist.
HELLINGER »Und ich liebe deine Familie, so wie sie ist.«
MANN Und ich liebe deine Familie, so wie sie ist.

Beide sehen sich an. Der Mann lächelt.

HELLINGER *zum Paar* Nur wenn wir auch die Familie des Partners achten und lieben, ist die Liebe tief. Das gehört zur Liebe auf den zweiten Blick.
zur Frau Jetzt stellst du dir deine Kinder vor. Wie viele Kinder habt ihr?
FRAU Zwei.
HELLINGER *zum Paar* Stellt euch vor, sie stehen da vorne.
zur Frau Sag ihnen: »In euch liebe ich auch euren Vater.«
FRAU In euch liebe ich auch euren Vater.
HELLINGER »Wie er ist.«
FRAU Wie er ist.
HELLINGER »Und in euch liebe ich auch seine Familie, wie sie ist.«
FRAU Und in euch liebe ich auch seine Familie, wie sie ist.
HELLINGER »Und ich freue mich, wenn ihr werdet wie euer Vater.«

FRAU Und ich freue mich, wenn ihr werdet wie euer Vater.
HELLINGER *zum Mann* Und du sagst das Gleiche: »In euch liebe ich auch eure Mutter, wie sie ist.«
MANN In euch liebe ich auch eure Mutter, wie sie ist.
HELLINGER »Und in euch liebe ich auch ihre Familie, wie sie ist.«
MANN Und in euch liebe ich auch ihre Familie, wie sie ist.
HELLINGER »Und ich freue mich, wenn ihr werdet wie eure Mutter.«
MANN Und ich freue mich, wenn ihr werdet wie eure Mutter.
HELLINGER *zum Paar* Jetzt schaut euch noch mal an.

Die beiden sehen sich an und umarmen sich.

HELLINGER Den Kindern geht es jetzt gut.
zur Frau Jetzt mache ich aber noch die versprochene Übung mit dir. Wir brauchen deine Eltern und Großeltern.

Hellinger wählt Stellvertreter für die Eltern und Großeltern der Frau und stellt sie hinter der Frau auf.

BILD 1

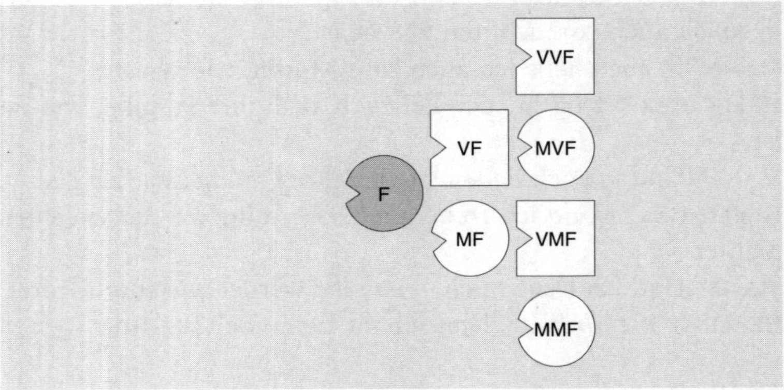

F	**Frau**
VF	Vater der Frau
MF	Mutter der Frau
VVF	Vater des Vaters der Frau
MVF	Mutter des Vaters der Frau
VMF	Vater der Mutter der Frau
MMF	Mutter der Mutter der Frau

HELLINGER *zur Frau* Jetzt drehst du dich um.

Die Frau dreht sich um, sieht ihre Eltern und Großeltern an und umarmt dann alle sehr lange.

BILD 2

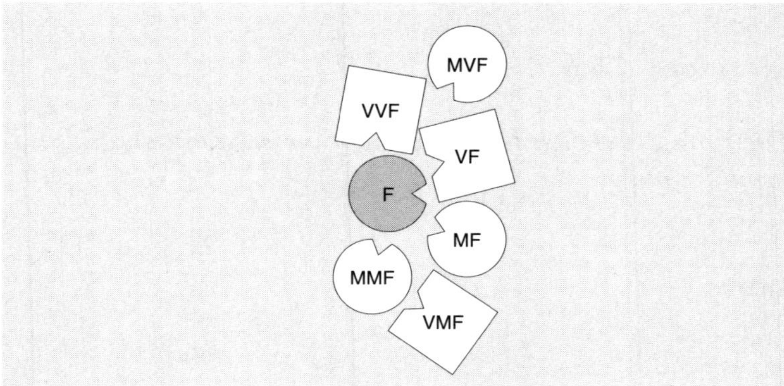

Hellinger stellt jetzt den Mann der Frau davor.

BILD 3

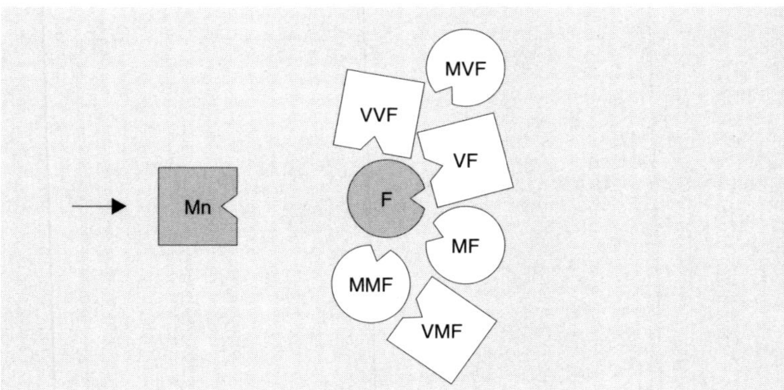

Mn **Mann**

HELLINGER *zur Frau* Okay, jetzt drehst du dich um.

Die Frau versucht sich zu lösen, schafft es aber nicht und umarmt ihre Vorfahren nochmals innig. Gelächter im Publikum.

HELLINGER Okay, dreh dich um.

Die Frau dreht sich jetzt um, lacht ihren Mann an und umarmt ihn innig.

BILD 4

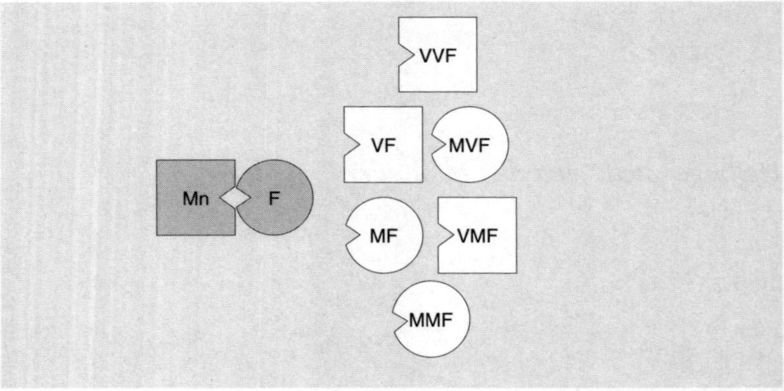

HELLINGER Okay, das war's.

FÜNFTES PAAR:

DIE TRAUER UM EIN KIND

HELLINGER *zu einer Frau im Rollstuhl wegen multipler Sklerose* Was ist mit dir?
FRAU Ich möchte in Einklang kommen mit diesem Größeren, von dem du gesprochen hast, und wieder so sein, wie ich war.
HELLINGER Was heißt: Wieder so sein, wie ich war?
FRAU Zu gehen, selbstständig zu sein, bei den Kindern sein zu können. Die Arbeit interessiert mich nicht mehr.
HELLINGER Bist du zusammen mit deinem Partner hier?
FRAU Ja, er ist mein Mann.

Mann und Frau lächeln sich an.

HELLINGER Habt ihr Kinder?
FRAU Ja.
HELLINGER Wie viele?
FRAU Es wären vier, aber einer ist gestorben.
HELLINGER Wie alt war er?
FRAU 17 Tage.
HELLINGER An was?
FRAU Man weiß nicht, an was.
HELLINGER Okay, das genügt mir.
zur Frau Mach die Augen zu. *Sie schließt die Augen.* War das Kind ein Junge oder ein Mädchen?
FRAU Ein Junge.

Hellinger wählt einen Stellvertreter für das tote Kind und lässt dieses sich vor die Frau auf den Boden setzen.

BILD 1

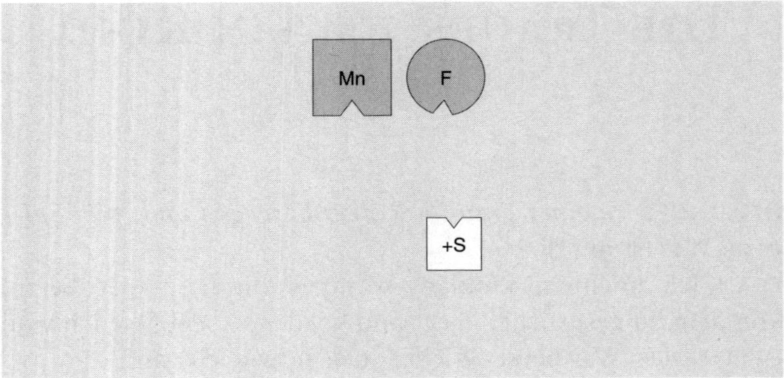

F **Frau**
Mn **Mann**
+S Sohn, mit 17 Tagen gestorben

Das tote Kind schaut zu seiner Mutter, diese jedoch lässt die Augen geschlossen. Auch der Vater schaut nicht zu seinem toten Kind. Hellinger lässt das Kind jetzt knien. Das Kind bewegt sich langsam auf die Mutter im Rollstuhl zu, schaut mal zu ihr, dann wieder zu Boden. Die Frau bewegt sich mit dem Rollstuhl auf das Kind zu. Sie streichelt sein Gesicht und seine Haare. Der Vater schaut die beiden nicht an. Das Kind hält sich an den Ellbogen fest, schaut zu Boden und weint.

BILD 2

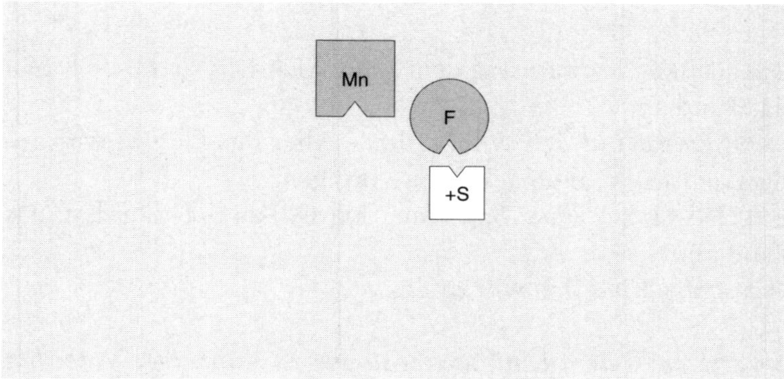

Der Vater geht jetzt zum Kind und geht neben ihm in die Hocke. Die Frau wirkt unschlüssig, ob sie das Kind weiter streicheln soll oder nicht. Sie hört damit auf und legt die Hände in den Schoß. Der Vater legt die Hand auf die Schulter des Kindes, streichelt es aber nicht.

Hellinger führt das Kind näher zur Mutter und legt den Kopf des Kindes in ihren Schoß.

BILD 3

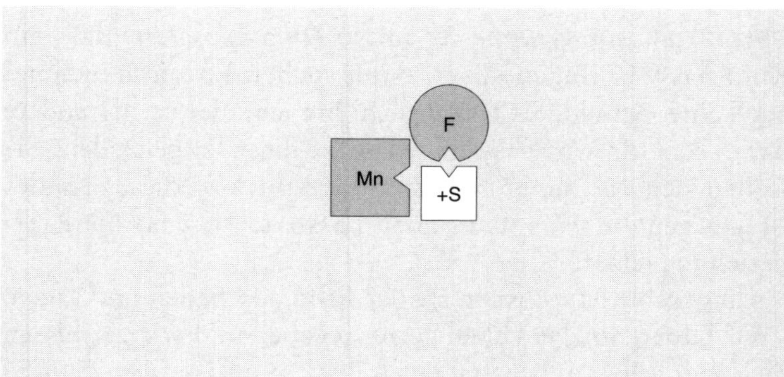

Die Frau streichelt dem Kind wieder vorsichtig über den Kopf, der Vater lässt seine Hand ruhig liegen.

HELLINGER *zur Frau* Sag dem Kind: »Ich will zu dir.« – Schau das Kind an.
FRAU *zum Kind* Ich will zu dir. – Aber das Gefühl war anders, ich wollte ihn nach Hause bringen.
HELLINGER *zur Frau* Sag ihm: »Ich will zu dir.« – Schau das Kind an.
FRAU *zum Kind* Ich will zu dir.

Sie streichelt dem Kind weiter über den Kopf. Der Vater hat seine Hand inzwischen vom Kind weggenommen und sieht das Kind nicht an.

HELLINGER *nach langer Zeit* Um dieses Kind wurde nicht getrauert. Auch jetzt wird noch nicht um das Kind getrauert. Man sieht es an der Reaktion des Kindes. Es ist noch nicht aufgenommen, weder von der Mutter noch vom Vater.
wieder nach langer Zeit Ich unterbreche es hier.

ABRAHAMS SCHOß

HELLINGER *zur Gruppe* Wenn so etwas passiert, dass ein Kind nach 17 Tagen stirbt, dann suchen Eltern manchmal nach einer Schuld. Sie fragen sich: Bin ich oder ist der andere daran schuld? Was passiert, wenn sie diese Frage stellen? Sie stellen sich vor, sie hätten über das Schicksal dieses Kindes Macht gehabt. Was dann noch passiert, ist, dass die Paarbeziehung leidet.

Umgekehrt ist es, wenn sie das Kind anschauen und sagen: »Wir haben dir das Leben gerne gegeben und wir vermissen dich jetzt sehr. Du behältst einen Platz in unseren Herzen und in unserer Familie. Auch wenn du tot bist, gehörst du zu uns.«

In vielen alten Kirchen gibt es ein Bild von Abraham. Er hat ein weites Gewand und in diesem Gewand sind viele kleine Kinder. Sie sitzen in Abrahams Schoß. Das ist ein schönes Bild: Man legt das früh gestorbene Kind in Abrahams Schoß.

Auch wo es Abtreibungen gab, legt man das Kind in Abrahams Schoß. Es wird etwas Größerem anvertraut.

zum Paar Okay? Gut. Es kann sein, dass ich noch mal auf euch zurückkomme. Aber jetzt lasse ich es.
zur Gruppe In so einem Fall kann man manchmal sehen, dass einer der Eltern, vor allem die Mutter, dem Kind nachfolgen will. Dann wird sie vielleicht krank. Stellt euch vor, wie es dann dem Kind geht. Hat es Frieden? Es gibt ein schönes anderes Bild: Das Kind will die Krankheit der Mutter, mit deren Hilfe sie ihm nachfolgen will, an sich ziehen. Dann kann die Mutter die Krankheit zum Kind entlassen. Anschließend nimmt sie das Kind an ihre Seite und schaut mit ihm gesund auf ihre anderen Kinder.
zur Frau Mach die Augen zu. Tief atmen mit offenem Mund.

Die Frau geht in eine tiefe Sammlung. Hellinger neigt ihren Kopf leicht nach vorne und lässt sie ihre Hände nach oben öffnen.

HELLINGER *nach langer Zeit* Da lasse ich es jetzt.
zur Gruppe Ich lasse sie so und mache weiter mit der anderen Arbeit.

Die Frau bleibt in ihrer tiefen Sammlung, während Hellinger beginnt, mit dem nächsten Paar zu arbeiten.

(Fortsetzung auf Seite 194 unter »Das Schicksal«)

SECHSTES PAAR:

PAPAS TOCHTER

HELLINGER *zum nächsten Paar* Wer von euch möchte?
zum Mann Setz dich neben mich.
zur Frau Und du setz dich neben ihn.
HELLINGER *zum Mann* Hast du es schwer mit deiner Frau?
MANN Es ist nicht langweilig. *Er lacht.*
HELLINGER *zur Gruppe* Er hat das sehr dezent ausgedrückt.
zum Paar Um was geht es denn?
FRAU Das Herz schlägt stark und ich bin aufgeregt.
HELLINGER Um was geht es?
FRAU Ich weiß es nicht genau, ich habe Angst.
HELLINGER Du? Ich hätte Angst vor dir. *Sie lachen.*
zum Paar Wechselt mal die Positionen. *Die Frau sitzt jetzt direkt neben Hellinger, der Mann neben ihr.*
zur Gruppe Ich habe eine kühne Hypothese: Sie ist Papas Tochter. Papas Töchter haben keine Achtung vor Männern.

Hellinger wählt einen Stellvertreter für den Vater der Frau und stellt die Frau selbst ins Bild, ihm gegenüber.

BILD 1

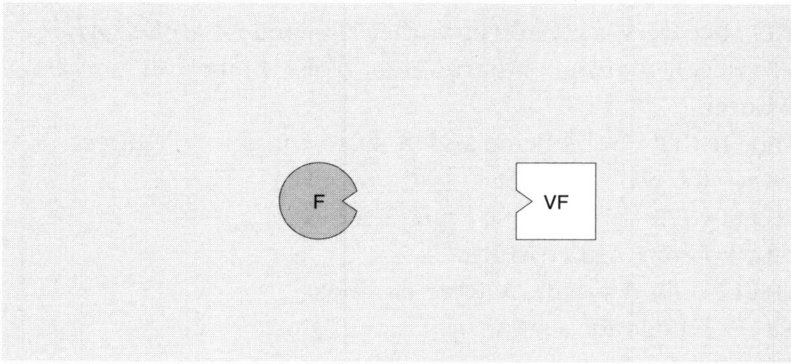

F **Frau**
VF Vater der Frau

Die Frau bewegt sich immer weiter von ihrem Vater weg. Hellinger stellt eine Frau als Stellvertreterin für die Mutter ins Bild.

BILD 2

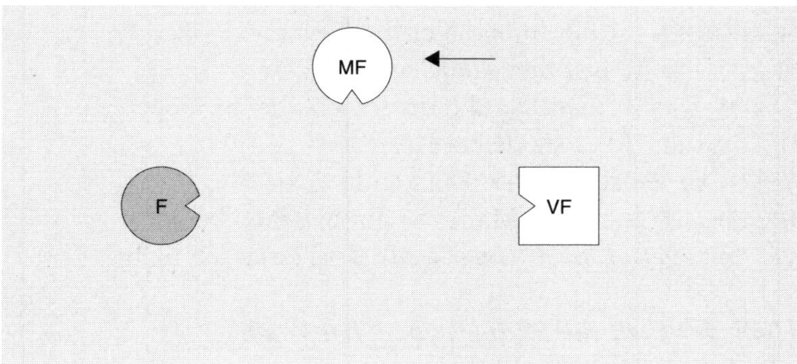

MF Mutter der Frau

HELLINGER *zur Frau* War dein Vater vorher mal verheiratet?
FRAU Nein.
HELLINGER Oder hatte er vorher eine andere große Liebe?
FRAU Ich glaube, er hatte eine große Liebe nur zu seiner Mutter.
HELLINGER Gab es eine andere Frau vor deiner Mutter?
FRAU Ich weiß es nicht.
HELLINGER Ist ihm eine Frau böse?
FRAU Nach meiner Mutter?
HELLINGER Ist deine Mutter ihm böse?
FRAU Ich glaube schon.
HELLINGER Warum?
FRAU Weil er nie da war.
HELLINGER Sag deinem Vater: »Auf mich ist Verlass.«
FRAU Auf mich ist Verlass.
HELLINGER »Ich bin immer für dich da.«
FRAU Ich bin immer für dich da.
HELLINGER »Ich mache es besser.«
FRAU Ich mache es besser.
HELLINGER Sag deiner Mutter: »Ich bin die bessere Frau.«
FRAU Ich bin die bessere Frau.
HELLINGER »Hier bin ich die Große.«
FRAU Hier bin ich die Große.
HELLINGER »Und du bist hier die Kleine.«
FRAU Und du bist hier die Kleine.
VATER Das ist nicht glaubhaft. Ich glaube ihr nicht.
HELLINGER Aber sie denkt es.
VATER *zu seiner Tochter* Denkst du das?
HELLINGER Sag ihr: »Mama ist ein bisschen besser.«
VATER *zögernd, nach einer Weile* Das kann ich nicht.

Hellinger stellt die Mutter neben den Vater.

BILD 3

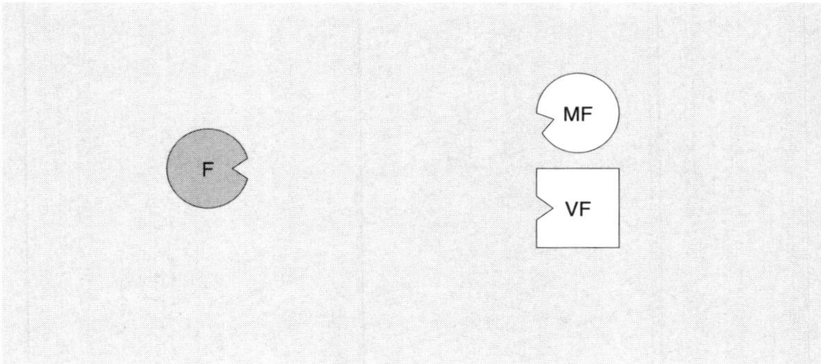

Als sie dort steht, legen beide von hinten die Arme umeinander.

HELLINGER *zum Vater* Sag deiner Tochter: »Hier bleibst du das Kind.«
VATER Hier bleibst du das Kind.
HELLINGER *zur Mutter* Wie geht es dir?
MUTTER Ein wenig traurig, ich habe sie gern, es tut mir Leid.
HELLINGER *zur Frau* Was sagst du jetzt dazu?
FRAU Es geht mir besser.

Hellinger stellt den Mann der Frau vor sie ins Bild.

BILD 4

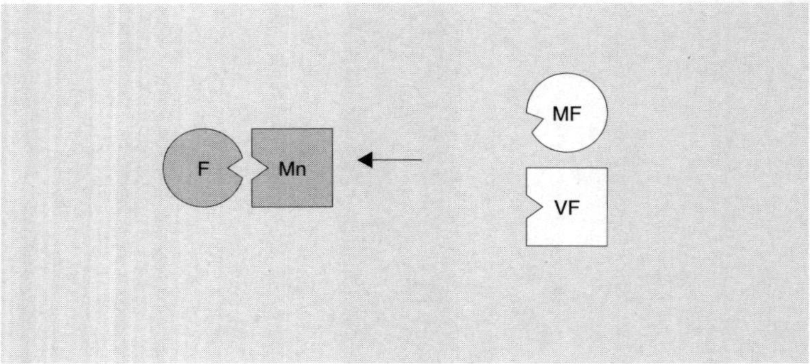

Mn **Mann der Frau**

Als der Mann vor ihr steht, gehen sie aufeinander zu und umarmen sich innig.

HELLINGER Ich glaube, wir haben es. Das war's.

(Fortsetzung auf Seite 197 unter »Der Rückzug, die Tochter«)

MÄNNER UND FRAUEN

HELLINGER *zur Gruppe* Ich habe etwas Wichtiges herausgefunden über Paarbeziehungen: Der Mann lernt die Achtung vor Frauen von seinem Vater, und die Frau lernt die Achtung vor Männern von ihrer Mutter. Vaters Tochter, eine Tochter also, die mehr Beziehung hat zu ihrem Vater als zu ihrer Mutter, hat keine Achtung vor Männern.

Ich habe dazu noch Überlegungen angestellt. Von C.G. Jung gibt es die Beobachtung, dass es in der Seele der Männer einen weiblichen Anteil gibt. Er nennt diesen bei Männern die

Anima. Es gibt auch die Beobachtung, dass es in der Seele der Frauen einen männlichen Anteil gibt. Diesen nennt er den *Animus*.

Vaters Tochter hat einen verstärkten Anteil des Animus in ihrer Seele. Sie ist weniger Frau. Sie ist aber, habe ich mir sagen lassen, etwas schöner. Sie bringt es leicht zur Geliebten – aber nicht zur Frau. Wenn eine Frau Mutters Tochter ist, hat sie Achtung vor Männern. Deswegen fühlt sich auf Dauer der Mann nur wohl bei einer Frau, die Mutters Tochter ist.

Und umgekehrt: Mutters Sohn bringt es zum Jüngling, aber nicht zum Mann. Er hat viele Freundinnen, aber keine Frau. Casanova ist Mutters Sohn. Jeder Macho ist Mutters Sohn. Alle Helden kämpfen für ihre Mutter. Sie sind Mutters Söhne. Deswegen sind sie im Kampf so unbesonnen. Wer sein Leben leichtfertig aufs Spiel setzt – ist Mutters Sohn. Vaters Söhne sind klug. – So weit über Männer und Frauen.

DIE DOPPELTE VERSCHIEBUNG

Was häufig passiert in Paarbeziehungen, ist, dass der Mann und die Frau miteinander reden, sich aber nicht verstehen. Dann wiederholen sie das Gleiche – es bringt aber nichts. Sie können über bestimmte Dinge nicht miteinander reden. Ist dann der eine von den beiden böse? Nein. Vielleicht sind sie verstrickt.

Hier möchte ich auf etwas hinweisen, auf das man besonders achten muss. Es gibt so etwas wie eine doppelte Verschiebung. Ich will erklären, was das bedeutet, und bringe dazu ein Beispiel:

Zu einem Kurs kam ein Paar. Sie hatten viele Kinder. Er war ein sehr netter Mann, wirklich ein netter Mann, aber die Frau verhielt sich seltsam. Sie ist am Abend mit dem Auto verschwunden. Am nächsten Morgen kam sie zurück, stellte sich in der Gruppe vor ihren Mann und sagte: »Ich komme von meinem Freund.« Er war wirklich ein lieber Mann, doch wenn sie ihn gesehen hat, war sie wie aus dem Häuschen. Sie konnte ihn nicht wirklich sehen und es war ganz klar: Was sie fühlte, hatte mit dem Mann nichts zu tun. Das war wie Schattenboxen. Die wirklichen Personen, um die es ging, waren nicht anwesend.

Dann haben wir nachgeforscht und Folgendes kam ans Licht: Ihr Vater hat im Sommer Frau und Kinder aufs Land geschickt. Er selbst blieb in der Stadt mit seiner Freundin. Doch manchmal kam er mit seiner Freundin seine Frau und die Kinder besuchen – und die Frau hat beide freundlich bedient.

So etwas gibt es. Solche Frauen werden später heilig gesprochen. Aber die Wirkung ist schlimm für die Kinder. Ihr könnt euch vorstellen, was die Frau gegenüber ihrem Mann gefühlt hat. Dieses Gefühl, das sie zwar hatte, aber nicht gezeigt hat, wurde von ihrer Tochter übernommen. Sie bringt es zum Ausdruck. Das ist eine Verschiebung des Gefühls im Subjekt, von der Mutter auf die Tochter. Aber diese unterdrückte Wut der Mutter äußert die Tochter nicht gegenüber ihrem Vater. Nein, sie verschiebt sie auf ihren Mann. Jetzt bekommt ihr Mann ab, was ihr Vater hätte abbekommen sollen. Das ist die Verschiebung im Objekt, vom Vater auf den Mann. Man kann da in der Regel nichts machen. Die Frau versteht nicht, was los ist, sie ist verstrickt. Der Mann versteht nicht, was los ist – und er duldet heldenhaft.

Aber jetzt hat er natürlich gegenüber seiner Frau auch böse Gefühle, und sein Sohn wird sie später zum Ausdruck bringen. Aber nicht gegenüber seiner Mutter, sondern gegenüber seiner Frau. So setzt sich die doppelte Verschiebung fort.

Also: Wenn ein Paar immer wieder in die gleichen Konfliktsituationen kommt, wo man nicht verstehen kann, warum sie so miteinander umgehen, wo das für Außenstehende wie verrückt erscheint, dann handelt es sich meistens um eine doppelte Verschiebung. Dann kann man ihnen vielleicht erklären, was eine doppelte Verschiebung ist, und ihnen geht plötzlich ein Licht auf. Dann kann, um auf mein Beispiel zurückzukommen, die Tochter dieses Gefühl und dieses Problem bei ihrer Mutter lassen und ihren Mann anschauen, bis sie ihn wirklich sieht, und sagen: »Ich liebe dich.« Ganz einfach.

SEHEN UND HÖREN

Soll ich noch etwas über Kommunikationsschwierigkeiten in einer Paarbeziehung sagen? Eine Kleinigkeit noch: Mann und Frau reden miteinander und sie sagt: »Kannst du das nicht sehen?« Und er sagt zu ihr: »Kannst du das nicht hören?« Sie sind verschieden organisiert. Dem einen ist es wichtig, dass etwas gesehen wird, und dem anderen ist wichtig, dass etwas gehört wird. Sie meinen dann vielleicht, der andere sei böse, weil er nicht versteht. Die Lösung ist: Wer darauf drängt, dass der Partner sieht, lernt hören, und wer darauf besteht, dass der Partner hört, lernt sehen. Damit lassen sich viele Schwierigkeiten in der Paarkommunikation beheben.

Hier lasse ich es mal und fahre weiter mit der konkreten Arbeit.

SIEBTES PAAR:

DAS GEHEIMNIS

HELLINGER Welches Paar möchte jetzt mit mir arbeiten? – Ihr? Okay.
zur Gruppe, als sich einige wundern, dass die Frau sich rechts neben den Mann setzt Ich arbeite mit beiden, deswegen spielt es keine Rolle, wer wo sitzt, ob rechts oder links. Ich möchte aber etwas sagen über rechts oder links. Wenn in einer Familienaufstellung die Frau den Mann links von sich stellt, fühlt sich der Mann frei. Er braucht sich nicht so sehr um die Familie zu kümmern. Wenn sie ihn rechts stellt, fühlt sich der Mann verantwortlich. Er ist eingebunden. Dazu gibt es aber viele Ausnahmen. Vielleicht sehen wir das im Laufe dieses Kurses. Dann werde ich erklären, warum, damit ihr auch die Ausnahmen versteht.

Hellinger sieht die beiden lange an.

HELLINGER *zur Gruppe* Ihm geht es schlecht.

Aus dem Publikum kommt ein Einwurf. Der Mann lächelt.

HELLINGER *zur Gruppe* Es ist wichtig, dass ihr mit größter Achtung dabeibleibt, sonst zieht er sich zurück – mit Recht. Dann werde ich mit ihm privat alleine arbeiten, sodass niemand von euch ihn stören kann.
zum Mann Ich arbeite erst mal mit ihr.
zur Frau Komm du hier herüber.

Die Frau setzt sich neben Hellinger, schließt die Augen und ist regungslos.

HELLINGER *zur Frau* Stirbst du?
FRAU Nein.
HELLINGER Ich habe fast gedacht, du stirbst.
FRAU Ich habe den Herzschlag verlangsamt.
HELLINGER Ich habe mir sagen lassen, bei der Liebe schlägt das Herz etwas schneller.

Die Frau nickt.

FRAU Das ist wahr.
HELLINGER Willst du ihn noch?
FRAU Ja.
HELLINGER Ich bin mir nicht so sicher.
FRAU Vielleicht ich auch nicht.
HELLINGER *zur Gruppe* Man hat es an ihrem Lachen gesehen, sie mag ihn nicht mehr. Darum geht es dem Mann schlecht.

DIE TREUE

HELLINGER Ich möchte etwas sagen über die Treue: Verdient sie seine Treue?
FRAU Soll ich antworten?
HELLINGER Nein. Es war zum Testen, damit du ein Gespür dafür bekommst. Treue gibt es nicht mit Bezug auf eine Person, in dem Sinn, dass eine Person vom anderen Treue fordern kann. Treue gibt es nur mit Bezug auf etwas Größeres. Wenn im Einklang mit etwas Größerem beide einander treu sind, dann ist die Treue sicher. Sie kann dann geschenkt werden ohne Vorbehalt. Wenn jemand sagt: »Du musst mir treu

sein«, setzt er oder sie sich anstelle von etwas Größerem – und damit zieht sie den anderen weg vom Einklang mit etwas Größerem. Dann muss der andere dem Größeren gegenüber untreu werden.

HELLINGER *schaut die Frau an* Was soll ich jetzt machen?
FRAU Was soll ich machen?
HELLINGER Ich habe gefragt: Was soll ich machen? Kann ich überhaupt etwas machen? Darf ich überhaupt etwas machen?
FRAU Ja. *Sie lächelt.*
HELLINGER *zur Gruppe* Ihr Lachen hat sie verraten. Das »Ja« kam nicht aus der Tiefe. Ich achte auf diese kleinen Signale. Dann sieht man, ob etwas in Übereinstimmung ist oder nicht. Ist der Gesichtsausdruck oder die Bewegung übereinstimmend mit dem, was gesagt wird, oder widersprechen sie sich? Manche sagen: »Ich habe es doch gesagt, warum glaubst du mir nicht?« Der andere sagt: »Ja, ich habe gehört, was du sagst – und habe etwas anderes gesehen.«
HELLINGER Jetzt wechselt mal wieder die Plätze.
zum Mann Wie geht es dir?
MANN Jetzt habe ich ein wenig Schnupfen.
HELLINGER Und sonst?
MANN Ich möchte die Probleme lösen, ich brauche das.
HELLINGER Wie lange habt ihr schon versucht, das Problem zu lösen?
MANN Seit wir uns kennen.
HELLINGER Hast du eine Freundin?
MANN Nein.
HELLINGER Solltest du haben.

Lachen im Publikum

MANN Was meinst du damit?
HELLINGER Das würde das Problem lösen. Wir werden es uns mal anschauen.

Hellinger wählt einen Stellvertreter für den Mann, eine Stellvertreterin für die Frau und eine für die potenzielle Freundin.

BILD 1

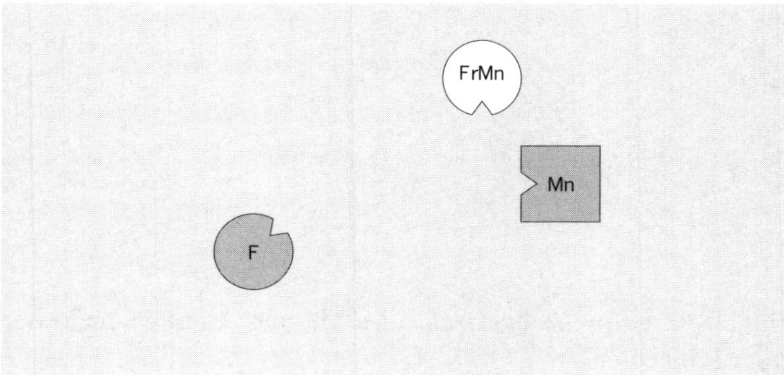

F	**Frau**
Mn	**Mann**
FrMn	Potenzielle Freundin des Mannes

Die Stellvertreterin der Frau steht wacklig und bewegt sich leicht rückwärts. Hellinger stellt den Stellvertreter des Mannes neben die potenzielle Freundin.

BILD 2

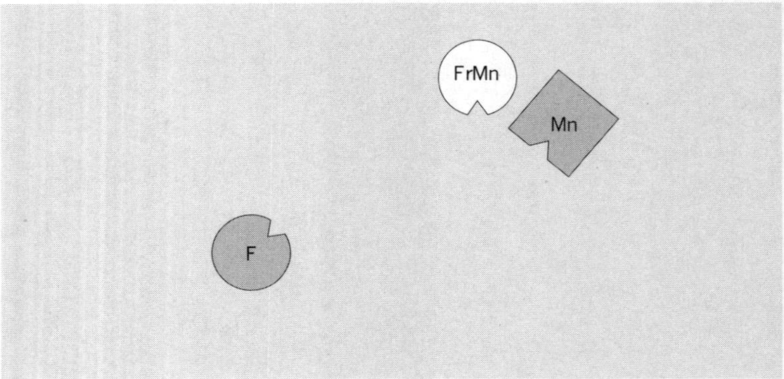

HELLINGER *zum Stellvertreter des Mannes* Geht es dir besser oder schlechter?
MANN Schlechter.
HELLINGER *zur Stellvertreterin der Frau* Geht es dir jetzt besser oder schlechter?
FRAU Viel schlechter, mir ist fast zum Kotzen. Ich kann fast nicht stehen.

Die Frau geht leicht in die Knie.

HELLINGER *zur Stellvertreterin der Frau* Geh mit deiner Bewegung.

Die Stellvertreterin der Frau kniet sich hin, kauert sich auf den Boden. Der Stellvertreter des Mannes wendet sich erst ab und schaut auf den Boden. Dann geht er auf sie zu, kniet sich neben sie und nimmt sie in den Arm.

BILD 3

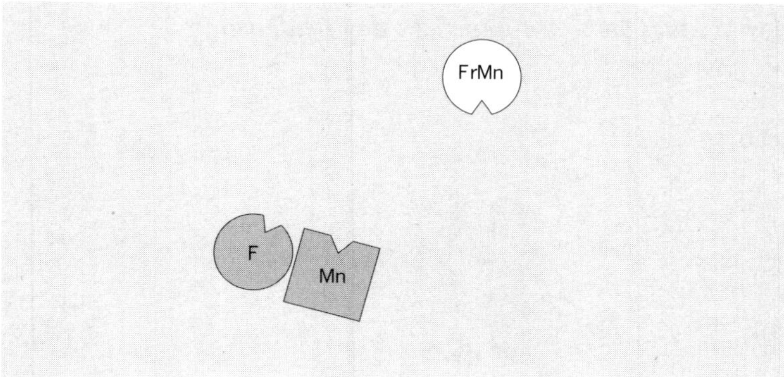

Hellinger wählt einen weiteren Stellvertreter und lässt ihn sich auf den Rücken vor das Paar legen.

BILD 4

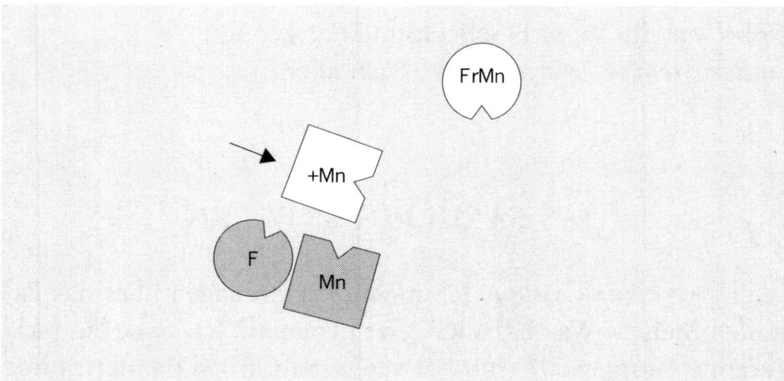

+Mn Toter Mann, nicht klar, wen er vertritt

Die Stellvertreterin der Frau bewegt sich auf den toten Mann zu, legt sich neben ihn und streichelt ihn. Der Stellvertreter des Mannes steht auf und sieht den beiden zu.

BILD 5

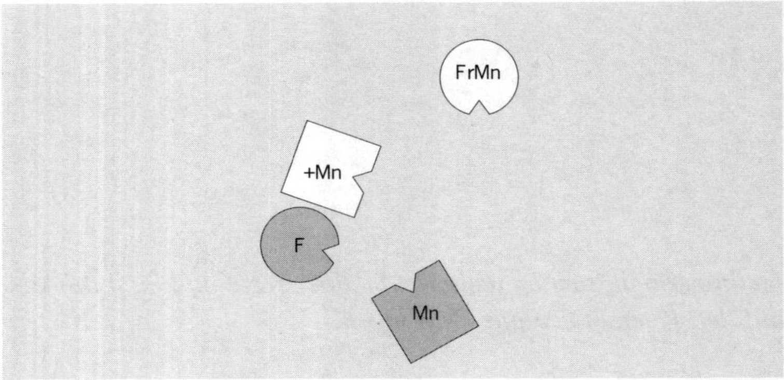

HELLINGER Da lasse ich es.
zum Paar Ihr wisst Bescheid, und das genügt.
zu den Stellvertretern Danke euch allen.

DAS FAMILIEN-STELLEN

HELLINGER *zur Gruppe* Ich möchte etwas sagen über das Familien-Stellen. Was habe ich jetzt gemacht? Ich habe ein paar Personen aufgestellt – und etwas ist mit ihnen passiert, ohne dass ich selbst etwas gemacht habe. Also, die Stellvertreter hier waren plötzlich mit etwas in Verbindung, von dem sie nichts wissen. Rein über das Gefühl sind sie mit etwas Verborgenem in Verbindung gekommen. So kommt über das Gefühl, das die Stellvertreter zeigen, etwas ans Licht, was vorher verborgen war oder was man nicht wahrhaben wollte oder was man aus der eigenen Seele verbannt hat. Es kommt ans Licht und dadurch, dass es am Licht ist, wirkt es. Also das Familien-Stellen wirkt durch die ans Licht gebrachte Wirklichkeit. Sobald sie am Licht ist, darf man nichts mehr tun. Das genügt völlig.

Stellt euch vor, ich würde jetzt nachfragen – oder noch schlimmer, einige von euch würden nachher fragen, was da los ist –, wie schlimm wäre das für deren Seele. Nein, das Bild, das da ist, wirkt genau dadurch, dass man es stehen lässt, ohne etwas zu sagen, ohne etwas zu fragen. Dann arbeitet die Seele selbst. Sie weiß mehr als jeder Therapeut und jeder Außenstehende. Deswegen ist diese Arbeit sehr demütig. Sie steht im Dienst von etwas, ohne dass irgendjemand sagen kann: »Ich habe es gemacht.«

zum Paar Es ist gut, wenn ihr nicht darüber redet, es einfach so lasst und wartet, bis die Seele mit euch etwas macht. Sie macht das von ganz alleine, ihr braucht euch nicht bemühen. Okay? Ich wünsche euch alles Gute.

Zwei Tage später

Das Geheimnis

(Fortsetzung)

HELLINGER *zu diesem Paar* Ich mache jetzt weiter mit euch. Wann haben wir gearbeitet?

FRAU Vorgestern.

HELLINGER *zur Frau* Um was ging es da?

FRAU Über die Probleme, die mit dieser Beziehung zusammenhängen. Ich würde gerne über die alte Beziehung mit dem Vater meines Sohnes arbeiten. Diese Beziehung hat sich nie geschlossen.

HELLINGER Du warst vorher verheiratet?

FRAU Wir haben nie geheiratet, aber wir waren zusammen.

HELLINGER Ihr habt einen Sohn?

FRAU Ja.

HELLINGER *zum Mann* Warst du auch vorher verheiratet?

MANN Nein.

HELLINGER Kinder?

MANN Nein.

HELLINGER *zur Gruppe* Ich stelle das als Modell auf, damit ihr sehen könnt, wie so eine Beziehung in Ordnung gebracht wird. Es kann sein, dass das daneben ist, dass etwas anderes hereinspielt. Aber es ist gut, wenn man weiß, wie so etwas in der Regel gelingt.

FRAU Kann ich noch etwas sagen? Ich habe meinen Vater vor 22 Jahren verloren.

HELLINGER Nein, das lenkt ab. Ich arbeite immer mit dem Minimum. Was nicht zum Minimum gehört, macht es nicht größer, sondern kleiner.

Hellinger wählt Stellvertreter für den ersten Mann, den Sohn, die Frau und den jetzigen Mann und stellt sie auf.

BILD 1

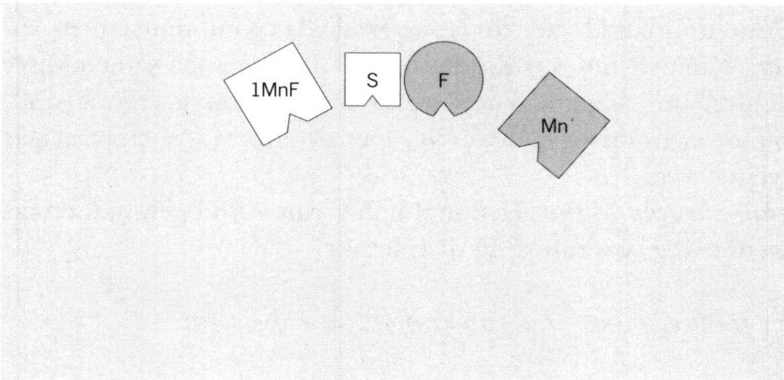

F	**Frau**
Mn	**Mann**
1MnF	Erster Mann der Frau, Vater des Sohnes
S	Sohn

HELLINGER *zur Frau* Habt ihr gemeinsame Kinder?
FRAU Nein.

DIE RANGFOLGE

HELLINGER *zur Gruppe* Was hier zum Ausdruck kommt, ist eine Grundordnung. Bei dieser Grundordnung gilt: Was vorher da war, hat Vorrang vor dem, was später kommt. Also, zuerst kam der erste Mann, deswegen steht er hier rechts an der ersten Stelle. Dann kommt die Frau an zweiter Stelle. Als

Drittes kommt das Kind, und da sie getrennt sind, steht das Kind zwischen ihnen. Dann kommt der nächste Mann. Er kommt an letzter Stelle, obwohl er jetzt der Partner ist. Von der Beziehung her ist es wahrscheinlich die engste Beziehung, dennoch ist das die Ordnung.

Das hat jetzt Folgerungen. Zum Beispiel kommt für die Frau in ihrem Herzen an erster Stelle das Kind mit seinem Vater. Wenn sie auf das Kind schaut, muss sie auch seinen Vater achten und lieben. Auch wenn sie als Paar getrennt sind, bleibt er immer gegenwärtig. Der zweite Mann steht etwas weiter weg.

zum zweiten Mann Geh mal näher ran – und geh mal etwas weiter weg, wo fühlst du dich besser?

Er fühlt sich besser, wenn er nicht so nahe steht.

zur Gruppe Der zweite Mann traut sich nicht, ganz nahe an eine Frau heranzugehen, die vorher schon eine feste Bindung hatte. Daran kann man sehen, dass die erste Bindung noch besteht und dass der zweite Mann sie respektiert.

Für die Frau kommt die Liebe zu ihrem Kind zuerst – dann erst kommt der Mann. Würde der Mann jetzt sagen: »Ich bin doch der Mann, ich komme zuerst und dann kannst du dich immer noch um das Kind sorgen«, ist die Ordnung gestört. Er muss anerkennen, dass für sie das Kind zuerst kommt.

Es gibt noch eine andere Schlussfolgerung: Er darf keine Verantwortung übernehmen für dieses Kind. Nur sie und der Vater des Kindes sind für dieses Kind verantwortlich. Deswegen sagt er dann dem Sohn: »Ich bin nur der Mann deiner Mutter. Für dich verantwortlich sind deine Mutter und dein Vater. Ich halte mich da heraus.« Dann ist der Sohn freundlich. Sonst vertritt er seinen Vater und kämpft gegen den Mann der Mutter und macht ihnen das Leben schwer. Sobald die Rangfolge anerkannt ist, kann er das dulden. Habe ich das verdeutlicht?

Umgekehrt: Wenn ein Paar heiratet und es gab keine früheren festen Bindungen und sie haben Kinder, dann kommt an erster Stelle immer der Partner und an zweiter Stelle kommen die Kinder. Oft ist es aber in einer Beziehung so: Wenn das Paar Kinder hat, kommen für sie die Kinder an erster Stelle und sie vergessen die Paarbeziehung. Aber sie schöpfen die Kraft, die das Eltern-Sein von ihnen fordert, zum großen Teil aus ihrer Paarbeziehung. Wenn diese in gewisser Weise zuerst kommt, dann gelingt die Kindererziehung besser.

Manchmal verhalten sich die Kinder, als kämen sie an erster Stelle, dann sagt man ihnen ganz ruhig: »Hier seid ihr die Kleinen.« Die Eltern übernehmen dann die Führung. Das ist das Modell.

Der erste Mann hat schon seit längerer Zeit die Hand auf den Bauch gelegt.

HELLINGER *zum ersten Mann* Wie geht es dir?
ERSTER MANN Ich habe Magenschmerzen, ich möchte die Augen schließen und mich hinlegen.
HELLINGER Tu es.

Der erste Mann legt sich vor den anderen mit geschlossenen Augen auf den Bauch, mit dem Kopf von den anderen weg.

BILD 2

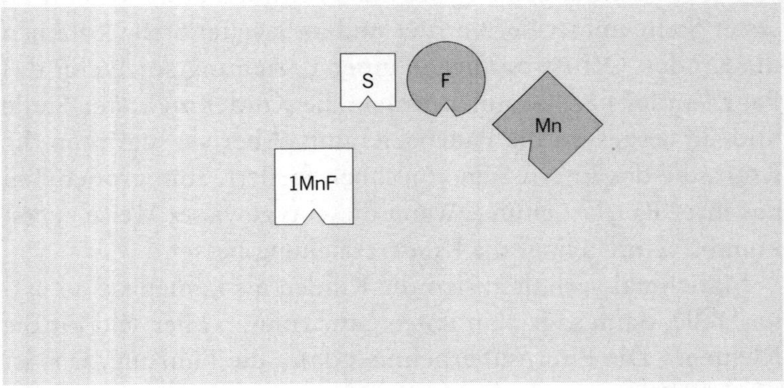

Der Sohn und die Frau werden unruhig. Nach kurzer Zeit geht die Frau zu ihrem ersten Mann, kniet sich hin, legt sich dann auf ihn und hält ihn fest.

BILD 3

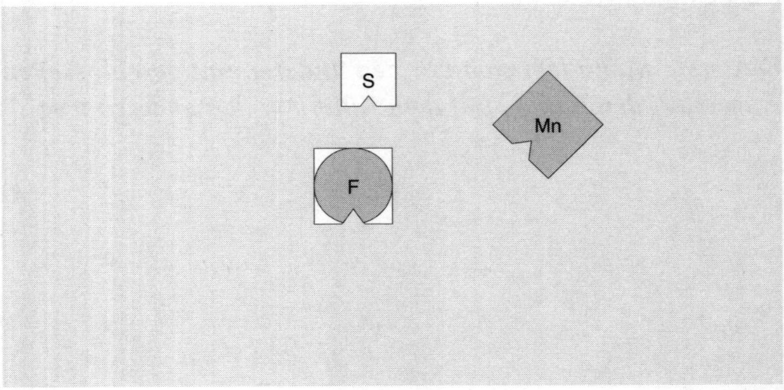

Der Sohn ist unschlüssig, ob er zu beiden gehen oder an seinem Platz bleiben soll. Unruhig bewegt er sich immer wieder

mal nach vorne, mal zurück. Er sieht abwechselnd auf seine Eltern und seinen Stiefvater. Nach einiger Zeit steht die Frau wieder auf und stellt sich neben den Sohn.

BILD 4

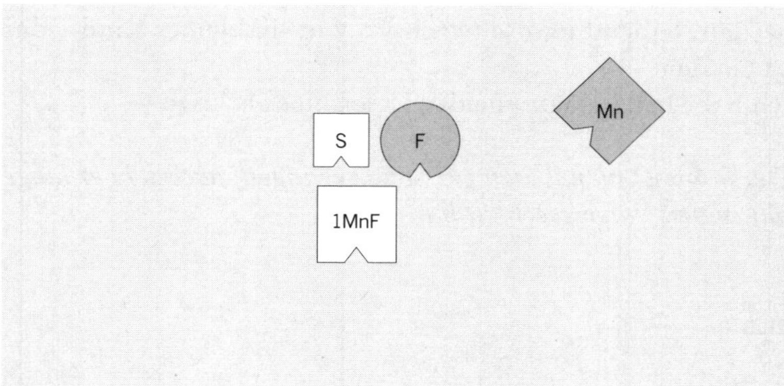

HELLINGER *zur Frau* Was ist mit dem ersten Mann passiert?
FRAU Ich hatte mich entschlossen, dass wir uns trennen. Es waren immer Konflikte da, vor allem wegen dem Sohn.
HELLINGER Was macht der erste Mann jetzt, wie geht es ihm in Wirklichkeit?
FRAU Es geht ihm schlecht und er denkt, es ist besser zu sterben.
HELLINGER Ja, das denkt er auch, das kann man hier sehen. Das hat aber nichts mit dir zu tun.
FRAU Das ist nicht wahr.
HELLINGER *zur Gruppe* Ich will euch etwas sagen: Niemand bringt sich wegen seines Partners um. Das ist ganz wichtig. Was immer darüber gesagt wird, dazu hat die Partnerbeziehung nicht genügend Kraft. Wenn, dann hat es etwas mit der Herkunftsfamilie zu tun oder mit persönlicher Schuld. Wenn ihr mit Paaren zu tun habt, wo einer droht, sich umzubrin-

gen, ist es nie wegen des anderen Partners. Der andere Partner sagt ihm dann – und das mache ich jetzt mit dir: »Ich lasse dich ziehen, wohin es dich zieht.«

FRAU Ich fühle, dass er mir noch gehört.

HELLINGER Sag ihm: »Ich lasse dich ziehen, wohin es dich zieht.«

als die Frau nichts sagen will, zur Gruppe Wie sie sich hier verhält, leidend und schwach, so wie ein kleines Kind – das ist einfach.

Ich habe mal gesagt: »Leiden ist leichter als lösen.«

Der Sohn ist inzwischen zur Seite gegangen, nachdem er lange auf seinen Vater geschaut hat.

BILD 5

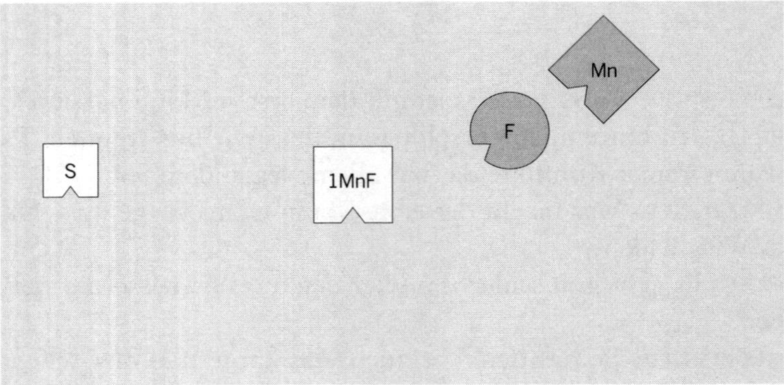

HELLINGER *zur Frau* Jetzt stellst du dich mal gerade hin und richtest dich innerlich auf.

Die Frau steht jetzt wieder neben ihrem zweiten Mann.

HELLINGER *zur Frau* Lass die Augen auf. Gerade hinstellen –

und jetzt schaust du zum ersten Mann und sagst ihm: »Ich lasse dich ziehen, wohin es dich zieht.«

FRAU Ich lasse dich ziehen, wohin es dich zieht.

HELLINGER Lass die Augen dabei auf.

FRAU Ich lasse dich ziehen, wohin es dich zieht.

HELLINGER »Ich achte dein Schicksal.«

FRAU Ich achte dein Schicksal.

HELLINGER »Und ich achte meines.«

FRAU Und ich achte meines.

HELLINGER *zum ersten Mann* Wie geht es dir jetzt?

ERSTER MANN Jetzt bin ich ruhiger, im Frieden.

HELLINGER Genau.

zum Sohn Jetzt kommst du hierher.

Hellinger stellt den Sohn vor den Vater.

BILD 6

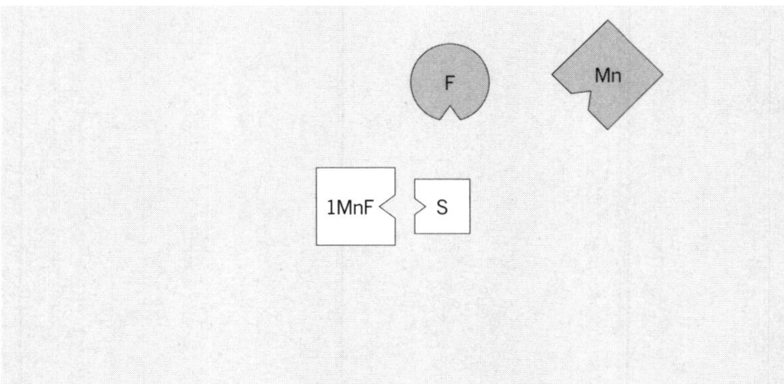

HELLINGER *zur Gruppe* Der Sohn ist natürlich in Gefahr, dass er seinem Vater nachfolgt, dass auch er sterben will.

zum ersten Mann Schau deinen Sohn an und sag: »Ich vertraue dich deiner Mutter an – mit Liebe.«

Der erste Mann hat sich inzwischen etwas aufgerichtet.

ERSTER MANN Ich vertraue dich deiner Mutter an – mit Liebe.
HELLINGER »Auch wenn ich gehe, ich freue mich, wenn du bleibst.«
ERSTER MANN Auch wenn ich gehe, ich freue mich, wenn du bleibst.
HELLINGER *zum Sohn* Geh zu ihm.
zum ersten Mann Steh auf.

Der erste Mann steht auf. Vater und Sohn umarmen sich innig.

HELLINGER *zum ersten Mann* Und jetzt führe deinen Sohn zu seiner Mutter.

Der erste Mann führt seinen Sohn zu dessen Mutter. Der Sohn stellt sich neben sie.

BILD 7

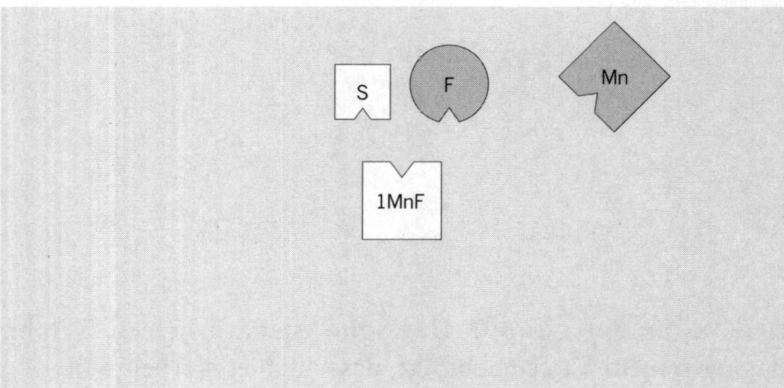

HELLINGER *zum ersten Mann* Sag ihr: »Ich vertraue ihn dir an – mit Liebe.«
ERSTER MANN Ich vertraue ihn dir an – mit Liebe.
HELLINGER *zum Sohn* Wie geht es dir?
SOHN *zögert* Ich habe Wut, er ist so schwach, ich möchte nicht so sein wie er.
HELLINGER Knie dich vor deinen Vater, verneige dich bis auf den Boden, die Handflächen nach oben.

Der Sohn kniet sich vor seinen Vater hin.

BILD 8

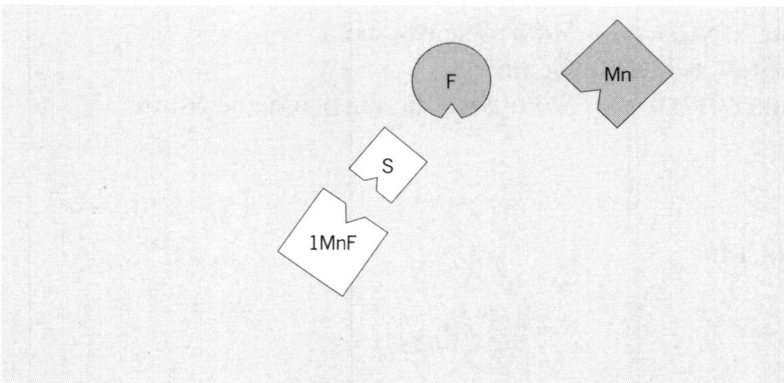

HELLINGER *zur Gruppe* Für den Sohn ist es leichter zu sterben als zu leben. Wenn er stirbt, fühlt er sich unschuldig und groß. Wenn er lebt, fühlt er sich schuldig und klein. Das ist Verstrickung.
zum Sohn Okay, steh auf.
zum ersten Mann Jetzt drehst du dich um.

Der Sohn steht auf und stellt sich hinter seinen Vater.

BILD 9

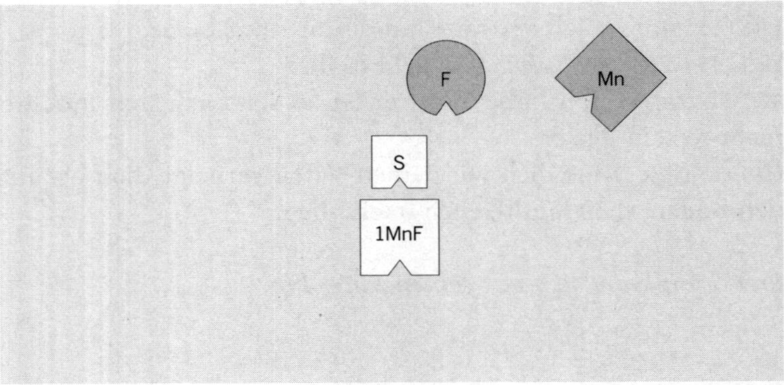

HELLINGER *zum Sohn* Wie ist das?
SOHN Schlechte Gefühle.
HELLINGER *zum Sohn* Stell dich neben deine Mutter.

BILD 10

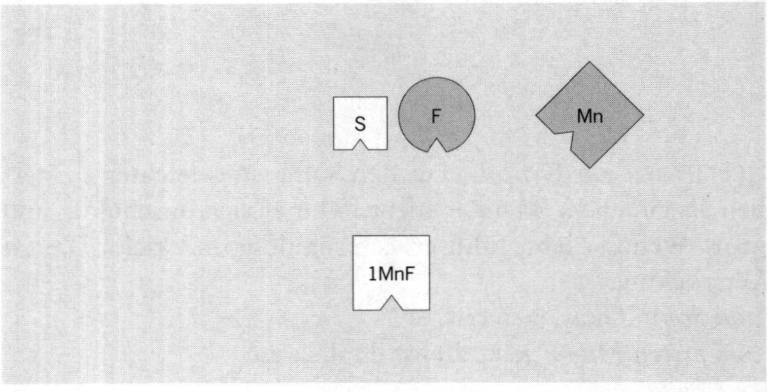

SOHN Ich fühle mich schuldig, weil ich schlechte Gefühle habe.

HELLINGER *zum Sohn* Ist es hier besser oder schlechter?

SOHN Besser.

HELLINGER *zur Frau* Schau ihn an und sag ihm: »Ich halte dich fest.«

FRAU Ich halte dich fest.

HELLINGER »Mit Liebe zu deinem Vater.«

FRAU Mit Liebe zu deinem Vater.

HELLINGER *zur Frau und ihrem zweiten Mann* Jetzt schaut ihr euch an.

Beide schauen sich an. Hellinger lässt den Sohn sich vor seine Mutter stellen. Der erste Mann ist inzwischen weiter weg gegangen.

BILD 11

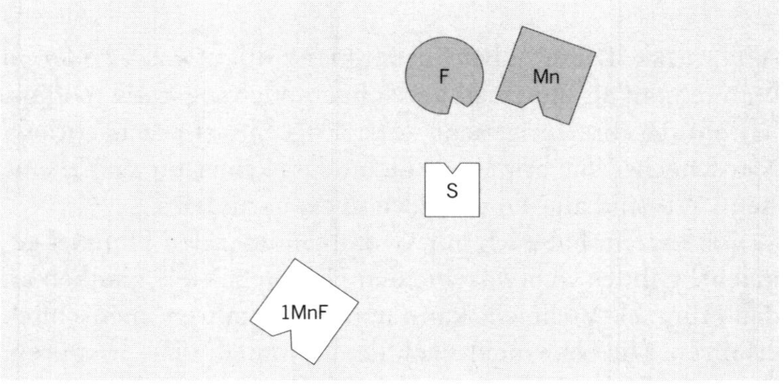

HELLINGER *zur Frau* Schau den Mann an. Sag ihm: »Bitte, halte mich, dass ich bleibe.« Schau ihn dabei an. Anschauen, in die Augen schauen.

FRAU Bitte, halte mich, dass ich bleibe.

HELLINGER »Bitte.«
FRAU Bitte.

Beide halten sich jetzt an den Händen fest. Der Sohn hat sich vor ihnen verneigt.

HELLINGER Okay, das war's.
zur Gruppe Stellt euch mal vor: Wenn man ins Kino geht und die Filme über Paarbeziehungen anschaut, oder im Fernsehen, und dann diese Talkshows über Liebe – wie lächerlich! Wie weit weg von der Tiefe! Hier lernen wir die Ehrfurcht vor den Schicksalen, unserem eigenen und dem der anderen. Wenn ich ein Paar sehe, so wie hier, dann sehe ich immer viel mehr als ein Paar. Ich sehe hinter ihnen das mächtige Schicksal. Und ich verneige mich davor.

DER HIMMEL

HELLINGER Diese Arbeit im Einklang mit etwas Größerem könnte man als spirituell bezeichnen oder sogar als religiös. Ich bin da vorsichtig, sehr vorsichtig. Sie ist etwas zutiefst Menschliches. Sie bringt ans Licht, dass keiner für sich alleine steht. Wir sind alle eingebunden in etwas anderes.

Vor kurzem habe ich mir Gedanken über den Himmel gemacht. Gibt es so etwas wie den Himmel? Viele glauben an den Himmel. Vielleicht kann man ihn erfahren, menschlich erfahren. Die Sehnsucht nach dem Himmel, die wir spüren, findet vielleicht hier auf der Erde ihr Ziel.

Was passiert, wenn wir uns der Sehnsucht nach dem Himmel anvertrauen? Wir hören in die Ferne, weit weg. Wir lauschen in die Ferne, ob wir vielleicht etwas wahrnehmen. In diesem Lauschen sind wir ganz gesammelt. Wir nehmen etwas wahr – ohne Worte, und wir schauen vielleicht – nicht auf das Nahe – in die Weite, weit und fern zugleich, setzen uns etwas aus, das fern und weit ist.

Wir sehen nicht genau, und doch sind wir in diesem Sehen und in diesem Hören offen für etwas Großes. Wir gehen weg von uns selbst und sind mit etwas Größerem, Verborgenem in Einklang.

Es gibt ein Wort für dieses Größere, in dem das voll gefühlt wird. Das Wort heißt: Das Nicht. Ich will das erläutern.

Alles, was ist, ist umgeben von Nicht. Das Sein ist begrenzt – gegenüber was? Einem Nicht. Das Nicht ist unendlich. Verglichen mit dem Sein ist es unendlich.

Uns diesem Nicht auszusetzen, macht uns dem Nicht ähnlich. Das heißt, es macht uns weit und auf gewisse Weise unendlich. Sich dem Nicht auszusetzen, indem man weit hinhört und weit hinschaut und ins Gefühl das Ganze mit einbezieht, indem man sich dem Nicht so nähert – das erfüllt. In dieser Bewegung erfahren wir Himmel.

Wenn jetzt mehrere gleichzeitig diese Erfahrung machen, sind sie miteinander verbunden in dieser Erfahrung. Dann ist diese Erfahrung nicht einzeln, sondern sie verbindet viele in einer Haltung. Dann werden sie alle gemeinsam mit dem Himmel und miteinander verbunden. Deswegen erreichen wir diesen Himmel, wenn wir uns in der Gegenwart aller Menschen bewegen.

Es gibt in manchen religiösen und spirituellen Bewegungen die Vorstellung vom Wandel in der Gegenwart Gottes. Stellt euch vor oder fühlt, was das in der Seele bewirkt. Und zum Vergleich stellt euch vor, in gleicher Weise wandelt ihr in der Gegenwart der Menschen, mit der gleichen Bewegung von weit hinhören, weit hinschauen, weit hinfühlen. Was ist dem Göttlichen, wenn es das gibt, am nächsten? Was ist dem Himmel am nächsten?

ACHTES PAAR:

Geben und Nehmen in der Paarbeziehung

HELLINGER Ich mache noch eine Arbeit. Ist da noch ein Paar, das mit mir arbeiten will? Ihr? Okay.
zum Paar Ihr seid ja ganz aufgeregt.
MANN Ja, ein wenig.
HELLINGER Ich lasse mir die volle Zeit für euch. Macht es euch hier gemütlich. Entspannen und gemütlich hinsetzen, genau.
zum Mann Mach die Augen zu.

Beide schließen die Augen.

HELLINGER Stell dir vor, du lehnst dich an deine Eltern an – und spürst hinter ihnen ihre Eltern und die vielen Ahnen. Und dann richtest du dich innerlich auf – und schaust zu deiner Frau.

Er öffnet die Augen und sieht seine Frau an.

HELLINGER Sag ihr: »Bitte.«
MANN Bitte.
HELLINGER Sag es ganz ruhig aus der Tiefe.
MANN Bitte.

Beide sehen sich an.

HELLINGER *zur Frau* Verneig dich vor ihm.

Die Frau sieht ihren Mann an und verneigt sich tief.

HELLINGER Jetzt mach es noch einmal, ganz leicht mit dem Kopf.

Die Frau neigt den Kopf leicht. Sie richtet sich auf und beide sehen sich an.

HELLINGER *zur Gruppe* Wenn ihr euch das anschaut: Wer von den beiden gibt mehr – und wer nimmt mehr?
nach einer Weile zum Paar Wer von euch gibt mehr?
FRAU Ich spüre, dass ich mehr gebe.
HELLINGER Nein, der Mann gibt mehr – bei weitem.

Der Ausgleich von Geben und Nehmen ist die Grundlage jeder Paarbeziehung. Man könnte hier auch fragen: Wer fordert mehr? Wer mehr fordert, gibt weniger. Dann ist in so einer Beziehung der nächste Schritt, dass es wieder zum Ausgleich kommt von Geben und Nehmen.

Ich gebe noch ein Bild dazu: Wenn der eine begehrt und der andere gewährt, dann ist der, der begehrt, in einer untergeordneten Position, und der, der gewährt, erhebt sich über den anderen. Nur wenn beide gleichermaßen begehren und gleichermaßen gewähren, ist das Begehren sicher.
nach einer Weile zum Paar Ich habe euch etwas zu bedenken gegeben. Okay?

zur Gruppe Ich möchte in dem Zusammenhang noch etwas sagen: Derjenige, der mehr nimmt, als er gibt, geht aus der Beziehung weg. Immer der, der nicht ausgleichen kann oder nicht ausgeglichen hat, geht aus der Beziehung weg.

Ein einfaches Beispiel: Ein Mann hat sein Studium noch nicht fertig. Er heiratet eine Frau, und die Frau bezahlt ihm das Studium. Sobald er mit dem Studium fertig ist, verlässt er die Frau. Er muss sie verlassen, er kann nämlich nicht mehr ausgleichen.

Ein anderes Beispiel: Jemand heiratet einen Behinderten – aus Liebe, aus Mitleid. Wer gibt mehr? Wer nimmt mehr? Wer will aus der Beziehung weg? Der Behinderte will weg, weil er nicht ausgleichen kann.

Man darf nur so heiraten, dass der Ausgleich möglich ist. Wenn jemand den Partner überschüttet, kann der andere nicht zurückgeben. Und der, der so viel bekommt, geht. Deswegen darf man nur so viel geben, wie der andere willig und fähig ist zurückzugeben. Damit wird dem eigenen Geben eine Grenze gesetzt.

LIEBE, DIE BINDET, UND LIEBE, DIE LÖST

HELLINGER Worüber soll ich jetzt reden? Natürlich über die Liebe. Wenn sich ein Mann und eine Frau treffen, dann merkt der Mann, dass ihm etwas fehlt, und die Frau merkt, dass ihr etwas fehlt. Was ist schließlich ein Mann ohne Frau, und was ist eine Frau ohne einen Mann? Der Mann ist bezogen auf eine Frau, und die Frau ist bezogen auf einen Mann. Indem sie sich verbinden, bekommt jeder das, was ihm fehlt. Der Mann bekommt die Frau und die Frau bekommt den Mann. Das zuzugeben, dass dem Mann die Frau fehlt, und für die Frau zuzugeben, dass ihr der Mann fehlt – ist demütig. Das fällt nicht leicht. Jeder anerkennt dabei seine Grenzen.

Manche wollen dem entfliehen, zum Beispiel dadurch, dass der Mann versucht, in sich das Weibliche zu entwickeln, und dass die Frau versucht, in sich das Männliche zu entwickeln. Wenn sie das gemacht haben, braucht der Mann keine Frau mehr und die Frau braucht keinen Mann mehr. Dann werden sie Singles.

Die Paarbeziehung gelingt, wenn beide zugeben, dass ihnen der andere fehlt. Dass sie den anderen zu ihrer Vervollkommnung brauchen. Wenn sie sich gegenseitig das gewähren, was dem anderen fehlt, dann werden sie in der Paarbeziehung auf besondere Weise ganz.

Die Paarbeziehung findet ihre Erfüllung im sexuellen Vollzug. Der sexuelle Vollzug ist das, worauf die Paarbeziehung hinsteuert. Das, was Mann und Frau zueinander treibt, nennen wir manchmal abschätzig Trieb. Manche setzen das in Gegensatz zum Geistigen. Doch was ist größer? Das Geistige oder der sexuelle Vollzug? Was ist mehr im Einklang mit dem Wesentlichen der Welt? Was hat größere Folgen? Was nimmt uns mehr in die Pflicht? An was wachsen wir mehr als an diesem Vollzug und seinen Folgen?

Etwas ist noch verbunden mit diesem Vollzug: Durch den sexuellen Vollzug entsteht eine Bindung. Das Paar kommt nicht mehr auseinander. Man kann also damit nicht so umgehen, als sei es etwas Beliebiges. Es hat auf jeden Fall weit tragende Folgen.

Was Bindung bedeutet und wie tief sie geht, können wir ablesen an den Wirkungen, wenn ein Paar sich trennt. Der Schmerz, der damit verbunden ist, und das Gefühl der Schuld, das damit verbunden ist, zeigen, wie tief die Bindung geht. Man kann sich also nicht trennen, ohne dass man die Bindung anerkennt.

Wir können zum Beispiel beobachten: Wenn ein Paar sich trennt und sie sich mit anderen Partnern verbinden und sie sich wieder trennen, dann sind bei der zweiten Trennung der Schmerz und das Gefühl der Schuld geringer als bei der Trennung der ersten Beziehung. Bei der dritten Trennung sind der Schmerz und das Gefühl der Schuld noch geringer, und nach einiger Zeit spielt es keine Rolle mehr. Das muss man wissen.

Wie sich das auswirkt in den späteren Beziehungen, kann man daran ablesen, dass in einer zweiten Beziehung unweigerlich ein Kind aus der neuen Beziehung den Partner aus der ersten Beziehung vertritt. Es hat die Gefühle dieses Partners und bringt sie zum Ausdruck. Man kann es aber lösen –

wenn man die erste Bindung anerkennt. Sonst hat das merkwürdige Folgen.

Sehr oft, wenn die erste Frau – ich gehe mal von ihr aus in diesem Beispiel – dem Mann böse ist, dann verschiebt sie dieses Böse-Sein auf ein Kind von ihm. Dieses Böse-Sein wirkt auf dieses Kind wie ein Fluch. Da kann man zum Beispiel sehen, dass ein solches Kind manchmal Neurodermitis bekommt. Merkwürdigerweise, wenn die Versöhnung mit der ersten Frau gelingt, verschwindet manchmal die Neurodermitis. Also, man kann mit früheren Beziehungen nicht spielen. Sie wirken weiter.

Aber es gibt eine Lösung, wenn sich beide bei der Trennung achten. Das gelingt nicht immer und dann muss man die Folgen tragen. Leichtfertige Trennungen werden manchmal erlebt wie ein schweres Verbrechen – und zwar von einem Kind. Wenn es eine leichtfertige Trennung gibt, wenn zum Beispiel der eine Partner sagt: »Ich entwickle mich jetzt selbst, was mit dir ist, kümmert mich nicht«, wenn er wirklich leichtfertig weggeht, ohne Schmerz, dann stirbt manchmal ein Kind. Oder es bringt sich um.

Also, wo immer es um Liebe geht und um Paarbeziehung, geht es am Ende um Letztes.

NEUNTES PAAR:

ABGETRIEBENE ZWILLINGE

HELLINGER Ich mache jetzt weiter mit dem nächsten Paar. Wer möchte? Ihr?
als beide lächeln Na, so schlecht geht es euch aber nicht.
MANN Jetzt nicht, aber es gibt Momente, und deswegen sind wir auch da, die die ganze Beziehung vergiften.
HELLINGER *zur Frau* Was sagst du dazu?
FRAU Ja, einverstanden.
HELLINGER Habt ihr Kinder?
MANN Zwei.
HELLINGER Jungen, Mädchen?
MANN Zwei Buben.
HELLINGER Wir stellen das einfach mal auf: Mann, Frau und zwei Kinder. Die Frau darf aussuchen.
FRAU *sieht unsicher in die Runde* Es ist schwer zu wählen.
HELLINGER *zur Frau* Okay, setz dich wieder hin. Ich mache das, das ist leichter.

Hellinger wählt Stellvertreter für den Mann, die Frau und die beiden Kinder.

HELLINGER *zum Mann* Und du stellst es jetzt auf.

Der Mann stellt alle wahllos in eine Reihe.

HELLINGER *zum Mann* Sammle dich zuerst – und dann machst du es noch einmal. Fasse jeden bei der Schulter, und dann stellst du ihn an den Platz, der richtig ist.

Der Mann stellt die Familie nochmals auf.

BILD 1A

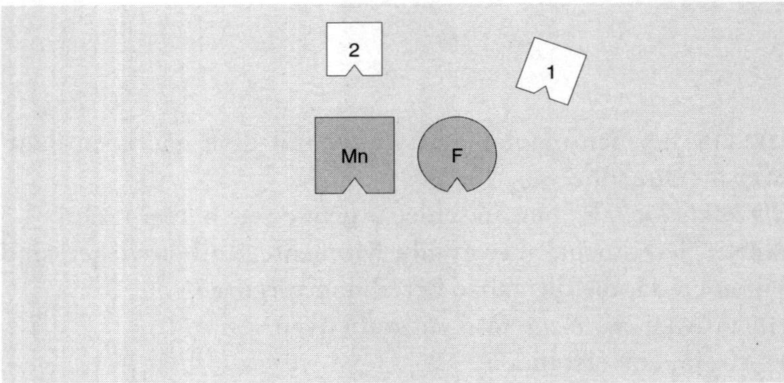

F	**Frau**
Mn	**Mann**
1	Erstes Kind, Sohn
2	Zweites Kind, Sohn

HELLINGER *zur Frau* Jetzt kannst du es aufstellen, wie du es machen würdest.

Die Frau sieht die Stellvertreter lange an.

HELLINGER *zur Frau* Geh mal außen rum, langsam – und dann spürst du, wo du etwas verändern willst.

Die Frau stellt das Bild um.

BILD 1B

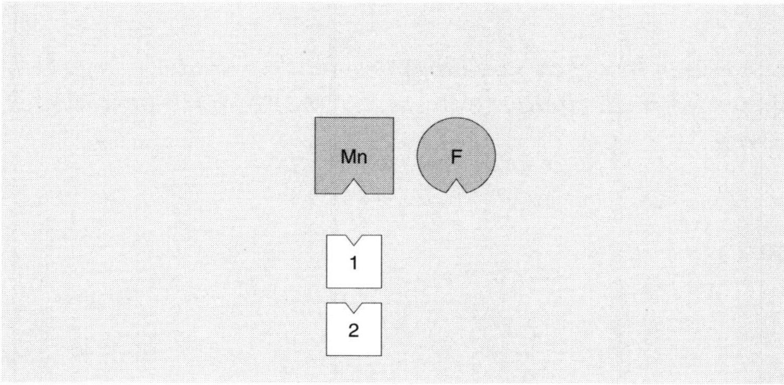

Der Stellvertreter des Mannes fühlt sich unwohl. Er dreht sich weg.

BILD 2

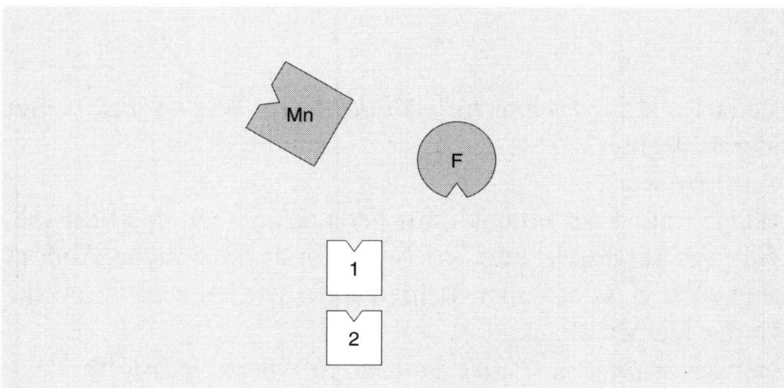

Die Kinder bewegen sich leicht nach vorne.

HELLINGER Die Kinder sollen stehen bleiben. Bleibt so stehen, wie es war.

Die Eltern bewegen sich langsam von den Kindern weg. Hellinger führt die Stellvertreterin der Mutter noch weiter nach vorne.

BILD 3

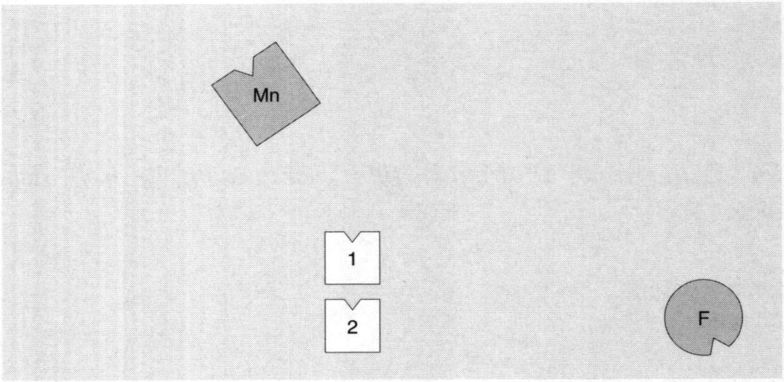

HELLINGER *zur Stellvertreterin der Frau* Wie ist das, besser oder schlechter?
FRAU Besser.
HELLINGER Erst habe ich mir gedacht, als ich das Bild sah, wie er es aufgestellt hat: So etwas gibt es doch nicht. Aber es zeigt sich, dass es so ist: Beide Eltern wollen weg – und die Kinder bleiben allein.
nach einer längeren Pause zum Mann Was ist passiert?

Der Mann schweigt.

HELLINGER *zur Frau* Was ist passiert?
FRAU Ich weiß nicht, was passiert ist. Ich weiß nur, dass

da sehr viel Leid ist, vielleicht kommt das aus meiner Familie.
HELLINGER Wechselt mal den Platz. Es kommt etwas aus beiden Familien.
zur Frau Aber was ist in deiner?
FRAU Du willst Fakten?
HELLINGER Ja klar, was sonst. *Die Frau lacht.*
FRAU Meine Eltern sind getrennt. Noch etwas Wichtiges: Die Mutter meiner Mutter ist im Kindbett gestorben, als sie meine Mutter und ihre Zwillingsschwester zur Welt brachte. Und noch etwas: Meine Mutter, als sie schwanger war, hat eine Krankheit gehabt.
HELLINGER Welche Krankheit?
FRAU Das ist eine Vergiftung des Kindes, das Fruchtwasser wird ganz dunkel. Mein Bruder ist gestorben.
HELLINGER Und was ist zwischen dir und deinem Mann passiert?
FRAU Ich bin sehr wütend, ich habe sehr viel Wut, die auch ausbricht. Aber zwischen uns ist eine schöne Liebe. Er ist eifersüchtig ...
HELLINGER Ist etwas passiert?
FRAU Eine Abtreibung, zu Beginn unserer Beziehung haben wir eine Abtreibung gehabt.
HELLINGER Das ist es.
nach einer Weile zur Frau War dieses Kind ein Junge oder ein Mädchen – was hast du für ein Bild?
FRAU Ich habe geglaubt, das waren zwei.
HELLINGER Jungen oder Mädchen?
FRAU Ich glaube, Jungen.

Hellinger wählt Stellvertreter für die beiden abgetriebenen Kinder und stellt sie ins Bild. Sie setzen sich auf den Boden. Die Frau stellt er näher zu den abgetriebenen Kindern.

BILD 4

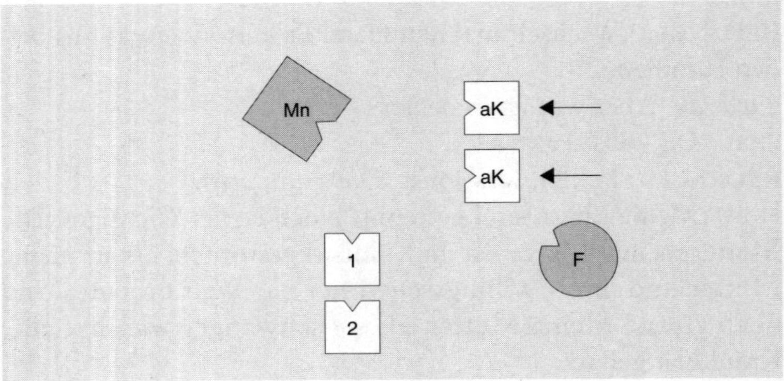

aK Abgetriebene Kinder, vermutlich Jungen

HELLINGER *zum ersten Kind* Was ist verändert, seit sie da sind?
ERSTES KIND Ich bin heiterer, froher. Jetzt verstehe ich: Als ich dastand, habe ich so ein warmes Prickeln gehabt, als ob ich jemanden an der Hand halten müsste.
HELLINGER *zum zweiten Kind* Bei dir?
ZWEITES KIND Ich bin aufgeregt.
HELLINGER *zum zweiten Kind* Geh zu ihnen hin.

Das zweite Kind geht zu seinen abgetriebenen Geschwistern und setzt sich vor sie auf den Boden.

BILD 5

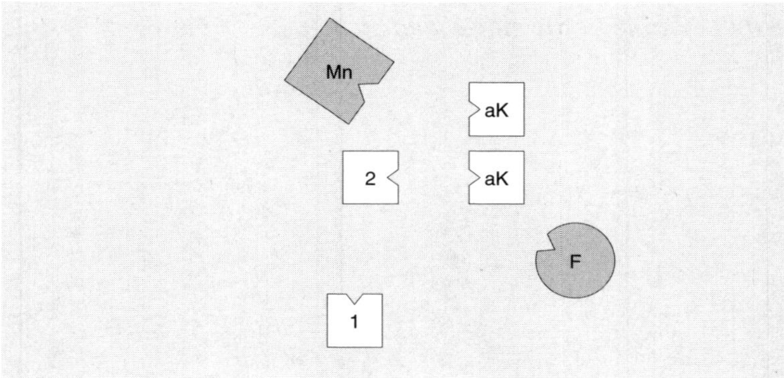

Die Stellvertreterin der Mutter hebt die Arme seitlich weit, als wolle sie jemanden umarmen. Nach einiger Zeit bewegt sie sich ganz langsam auf die abgetriebenen Kinder zu. Der Stellvertreter des Mannes setzt sich zu den Kindern auf den Boden, sodass sie einen Kreis bilden. Die Stellvertreterin der Mutter stellt sich auch in den Kreis.

BILD 6

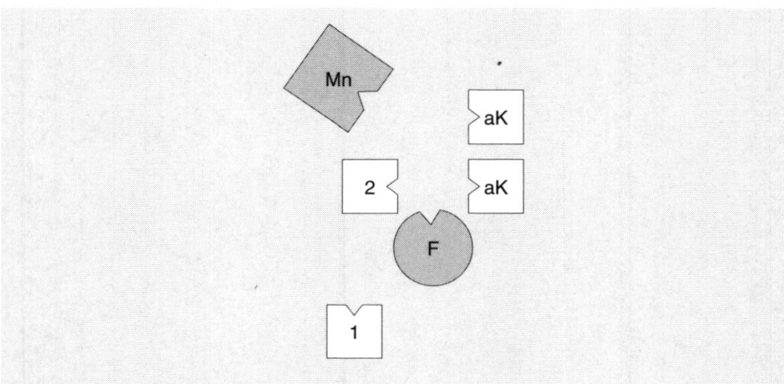

Die Mutter kniet sich hin und nimmt beide abgetriebenen Kinder in die Arme. Der Vater legt sich auf den Boden. Das erste Kind bleibt die ganze Zeit stehen.

BILD 7

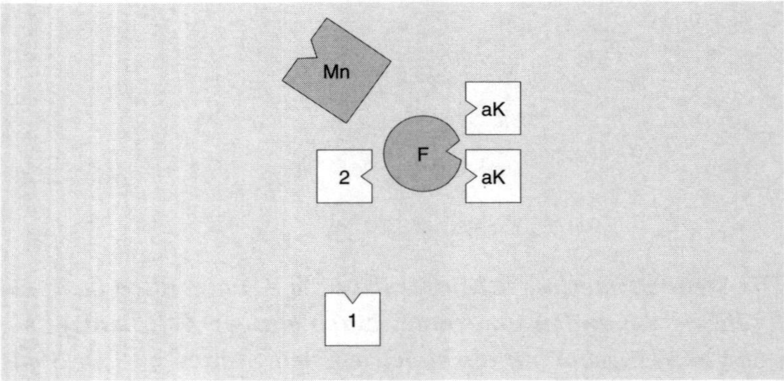

HELLINGER *zur Gruppe* Hier könnt ihr sehen, was Sühne bedeutet. Der Vater stirbt, ohne etwas zu tun, ohne sie ins Auge zu fassen.

Hellinger führt die beiden Kinder weiter weg.

BILD 8

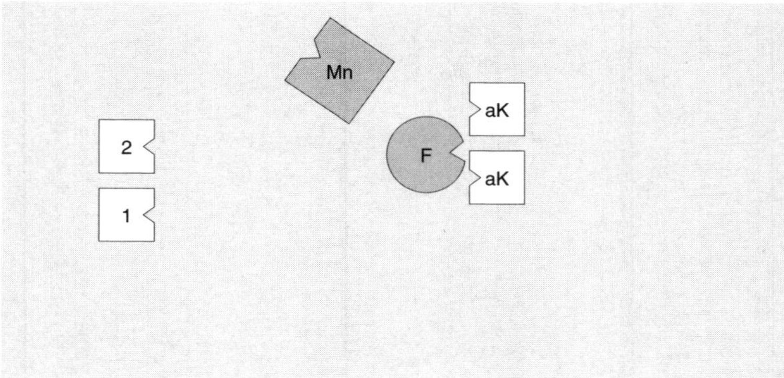

HELLINGER *zu den Kindern* Das geht euch nichts an. Ihr müsst euch zurückziehen. Die Eltern müssen das lösen.
zum zweiten Kind Wie ist das jetzt?
ZWEITES KIND Gut.
HELLINGER *zum ersten Kind* Bei dir?
ERSTES KIND Ich bin verwirrt und verärgert über meine Mutter.
HELLINGER Dreht euch weg.

Beide drehen sich weg.

BILD 9

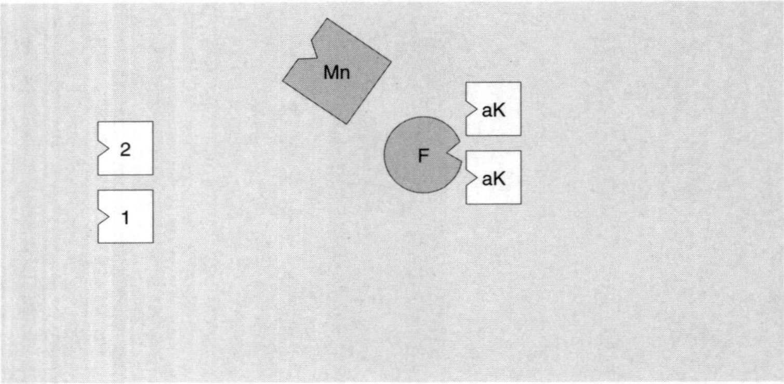

ERSTES KIND Jetzt kann ich ein wenig atmen.
HELLINGER *zum zweiten Kind* Was ist bei dir?
ZWEITES KIND Ich weiß nicht, vielleicht war es besser, als ich umgedreht war.
HELLINGER Geht zwei Schritte nach vorn, weiter.

Sie gehen nach vorne.

HELLINGER *zum zweiten Kind* Wie ist es jetzt?
ZWEITES KIND Sie sind weiter weg, aber sie sind immerhin hinter mir.
HELLINGER *zum ersten Kind* Bei dir?
ERSTES KIND Jetzt habe ich mehr Angst, aber ich kann atmen.
HELLINGER Bleibt noch so ein bisschen.
nach einer Weile zum Mann Knie dich hin und schau zur Frau und den abgetriebenen Kindern.

BILD 10

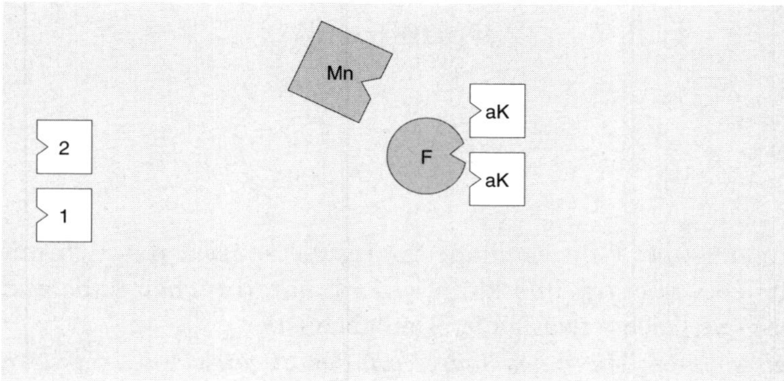

HELLINGER Ich unterbreche es hier.
zu den Stellvertretern Danke euch allen.
nach einer Weile zur Frau Ich würde mich vor dir fürchten.

Die Frau lächelt.

HELLINGER Okay, da lasse ich es.
nach einer Weile zur Gruppe Bei einer Abtreibung stirbt etwas in der Seele.

ABGETRIEBENE ZWILLINGE

(Fortsetzung)

HELLINGER Gibt es einige Paare, die spüren, dass ich mit ihnen weiterarbeiten kann, wo ich unterbrochen habe und jetzt vielleicht etwas anderes möglich ist?
als sich der Mann des Paares mit den abgetriebenen Kindern meldet Ja? Bei der Frau auch, oder nur beim Mann? *Die Frau nickt.* Okay, kommt hierher.

Hellinger wartet, der Mann sitzt gesammelt mit geschlossenen Augen. Die Frau schaut ab und zu zu ihm herüber.

HELLINGER *nach einer Weile zum Mann* Halte die Luft an.
als er nach einer Weile die Augen öffnet Leg dich mit dem Rücken auf den Boden.

Der Mann legt sich hin.

HELLINGER *nach einer Weile* Fühle dich so, als seiest du schon im Grab.
MANN *nach einer Weile* Ich fühle mich nicht so wohl unter der Erde.
HELLINGER Das kann ich dir nachfühlen – aber du verhältst dich, als seiest du tot.

Der Mann bleibt immer noch ganz ruhig liegen.

HELLINGER Fast alles erstorben.

Nach einer Weile will der Mann aufstehen. Hellinger lässt ihn sich wieder neben ihn setzen.

HELLINGER *zum Mann* Was soll ich jetzt machen?
MANN Ich habe schon angefangen zu arbeiten, um wiedergeboren zu werden. Wenigstens kann ich sagen, dass der Wille da ist.
HELLINGER Was heißt das, wiedergeboren?
MANN Ich hatte das schon gespürt, dieses Gefühl, tot zu sein.
HELLINGER Und wer kann dir zum Leben verhelfen?
MANN Ich.

Hellinger schüttelt den Kopf.

MANN *deutet auf seine Frau* Sie?
HELLINGER Nein. Die Zwillinge.
MANN Und wie? Soll ich die Antwort in mir finden? Oder muss es von selbst kommen?
HELLINGER Du musst zu ihnen ins Totenreich.
MANN Wie mache ich das, ohne da Sachen offen zu lassen?
HELLINGER Ich kann nichts machen. Der entscheidende Schritt wird von dir verweigert – nämlich die Zwillinge anzuschauen, bis du sie wirklich siehst. Eure Söhne – die schauen sie an. Sie gehen vielleicht diesen Weg, doch ohne dass sie etwas lösen können.
nach einer Weile Ich glaube, du hast es jetzt verstanden. – Okay, gut.
zur Gruppe Ihr braucht das nicht zu verstehen. Warum auch?! Er hat es verstanden. Das genügt.
mit einem Blick auf den Mann Er fängt schon an, lebendig zu werden. *Der Mann lacht.*

Am nächsten Tag

Abgetriebene Zwillinge

(Fortsetzung)

HELLINGER Noch ein Paar, mit dem ich nacharbeiten muss? *Das Paar mit den abgetriebenen Zwillingen meldet sich.* Mit euch? Okay.

Hellinger sieht die beiden lange an, ohne ein Wort zu sagen. Die beiden sehen ihn nicht an. Der Gesichtsausdruck der Frau wird immer nachdenklicher.

HELLINGER *zur Frau* Ich flüchte mich zu Gott.

Hellinger schließt die Augen und senkt den Kopf. Er bleibt lange in dieser Haltung.

HELLINGER *nach einer Weile zur Frau* Ich habe mit den Zwillingen gearbeitet. Da war mein Herz.
nach einer Weile Da lasse ich es.
FRAU Danke.

ZEHNTES PAAR:

DAS HINDERNIS

HELLINGER Wir machen weiter mit dem nächsten Paar. Wer möchte arbeiten? – Um was geht es bei euch?
MANN Wir möchten zusammenkommen. Wir sind sieben Jahre zusammen – und doch nicht zusammen.
HELLINGER Seid ihr verheiratet?
MANN Verlobt.
HELLINGER Wie lange schon?
MANN Ein halbes Jahr.
HELLINGER Was hindert euch zu heiraten?
MANN Eine materielle Situation zu schaffen, dass ich die Verantwortung tragen kann.
HELLINGER Ich habe mal einen Spruch gelesen: Willst du dir ein Kätzchen halten, musst du genügend Mäuse haben.
zur Frau Was ist bei dir?
FRAU Ich bin sehr traurig, wenn ich das höre. Ich habe das Gefühl, ich bin schuld und nicht offen.
HELLINGER Wenn es in einer Paarbeziehung einen Konflikt gibt, dann ist die billigste Lösung, dass man bei sich die Schuld sucht. Dann braucht man nämlich keine Auseinandersetzung.
zum Mann Warst du in einer früheren Bindung?
MANN In vielen.
HELLINGER Und da hast du genug Geld gehabt?
MANN Das war nicht das Thema.
HELLINGER *nach einer Weile zur Frau* Er ist nichts für dich.

Die Frau beginnt zu weinen.

HELLINGER *nach einer Weile zum Mann* Liebst du sie?
MANN Ja.
HELLINGER Dann lasse sie gehen.

Die Frau weint weiter, der Mann blickt nachdenklich zu Boden.

HELLINGER Ich unterbreche es hier.

(Fortsetzung auf Seite 185 unter »Nachwirkungen der Arbeit«)

nach einer langen Pause zur Gruppe Wenn ein Therapeut Wünsche hat mit Bezug auf ein Paar, hat er sie immer um seinetwillen, nicht für sie.

Ich erzähle dazu eine Geschichte.

DIE WÜNSCHE

Ein Reicher starb, und als er an die Himmelspforte kam, klopfte er und bat um Einlass. Petrus öffnete ihm und fragte, was er wolle. Der Reiche sagte: »Ich hätte gerne ein Zimmer erster Klasse, mit schöner Aussicht auf die Erde, täglich meine Lieblingsspeise und die neueste Zeitung.«

Petrus wurde traurig – doch dann führte er ihn in ein Zimmer erster Klasse mit schöner Aussicht auf die Erde, brachte seine Lieblingsspeise und die neueste Zeitung. Dann, als er die Tür schloss, sagte er: »In tausend Jahren komme ich wieder.«

Nach tausend Jahren kam er wieder und schaute durch die Luke in der Tür. »Da bist du endlich«, schrie der Reiche, »dieser Himmel hier ist schrecklich.« Petrus schüttelte den Kopf. »Du irrst dich«, sagte er, »hier ist die Hölle.«

So geht es uns, wenn wir wünschen.
nach einer Weile zur Gruppe Ich habe mir sagen lassen, dass es Wunschkindern nicht so gut geht. Die, die nur passieren, denen geht es am besten.

ELFTES PAAR:
VERSCHIEBUNGEN

HELLINGER Jetzt arbeiten wir weiter und schauen nach guten Lösungen. – Wer möchte mit mir arbeiten? Ihr?

zur Gruppe Ich habe ein Bild über Paarbeziehungen: Da stehen zwei am Fluss, der eine an dem einen Ufer, die andere am anderen Ufer. Der Fluss fließt ziemlich schnell. Dann springen beide in den Fluss, werden von ihm getragen und getrieben, finden sich dort, reichen sich die Hand – und enden im weiten Meer.

HELLINGER *zum Paar* Um was geht es bei euch?

MANN Du hast schon alles in der Einführung gesagt.

HELLINGER *zum Mann* Und um was geht es speziell?

MANN Wir möchten unsere Beziehung verbessern, wir haben uns beide getrennt.

HELLINGER Seit wann habt ihr euch getrennt?

MANN Wir haben uns von früheren Partnern getrennt.

HELLINGER Warst du vorher verheiratet?

MANN Ja.

HELLINGER Kinder aus dieser Ehe?

MANN Zwei.

HELLINGER *zur Frau* Und bei dir?

FRAU Ich war auch verheiratet und habe von dieser Ehe ein Kind.

HELLINGER *zur Gruppe* Okay, dann können wir mal zusammen anschauen, wie die Dynamik in einer komplexen Familie ist. Ich werde das ausführlich über eine Familienkonstellation zeigen.

zum Paar Einverstanden? Okay.

zum Mann Dann stellen wir auf: Stellvertreter für dich, deine erste Frau und die beiden Kinder. Sind die Kinder Jungen oder Mädchen?

MANN Ein Junge und ein Mädchen.

HELLINGER *zum Mann* Wer ist älter?

MANN Der Junge.

HELLINGER Also suche Stellvertreter aus, für dich, deine erste Frau und die beiden Kinder. – Stell sie gesammelt auf, ganz nach dem inneren Gefühl.

BILD 1

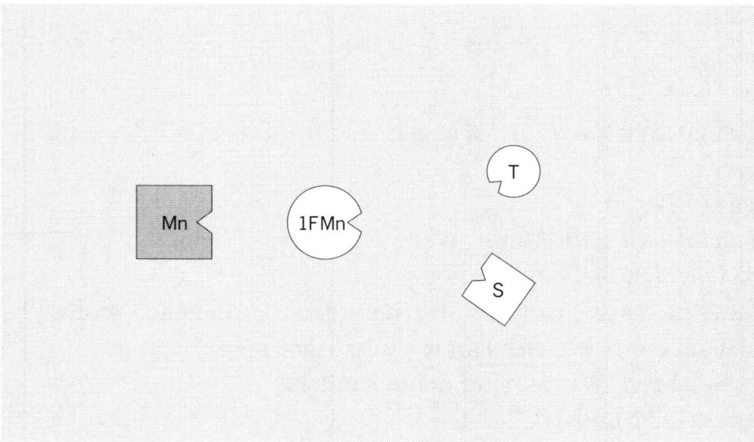

Mn	**Mann**
1FMn	Erste Frau des Mannes, Mutter der beiden Kinder
S	Sohn des Mannes, erstes Kind
T	Tochter des Mannes, zweites Kind

Hellinger führt die Frau einige Schritte weg.

BILD 2

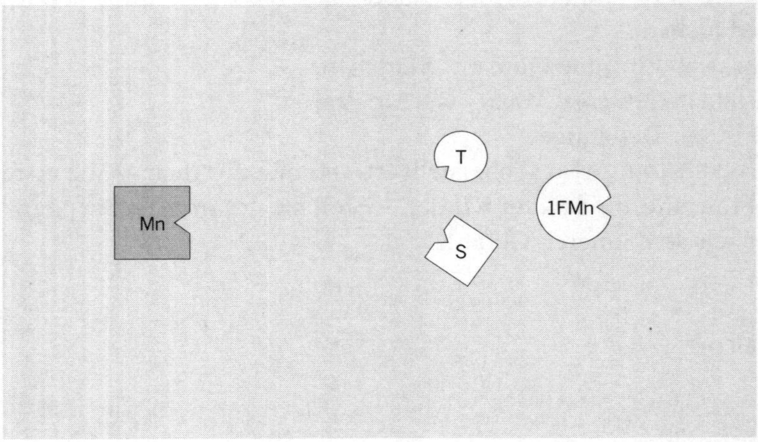

HELLINGER *zur Frau* Wie geht es dir da, besser oder schlechter?

FRAU Besser.

HELLINGER *zum Mann* Weißt du, was das heißt?

MANN Ich weiß es nicht.

HELLINGER Es ist ganz klar, dass deine Frau gehen wollte. Es hat sie etwas aus der Familie hinausgezogen.

zum Mann Wie alt sind deine Kinder?

MANN 21 und 20.

HELLINGER *zum Sohn* Wie ist es dir gegangen, als die Mutter gegangen ist, besser oder schlechter?

SOHN Besser.

HELLINGER *zur Tochter* Bei dir?

TOCHTER Besser, jetzt will ich aber auch weggehen. Ich fühle sie nahe hinter mir.

HELLINGER *zur Tochter* Zu nahe?

TOCHTER Ich müsste noch zwei Schritte nach vorne gehen, damit es mir besser geht.

HELLINGER Mach es.

Hellinger stellt die Tochter etwas nach vorne und den Sohn neben sie.

BILD 3

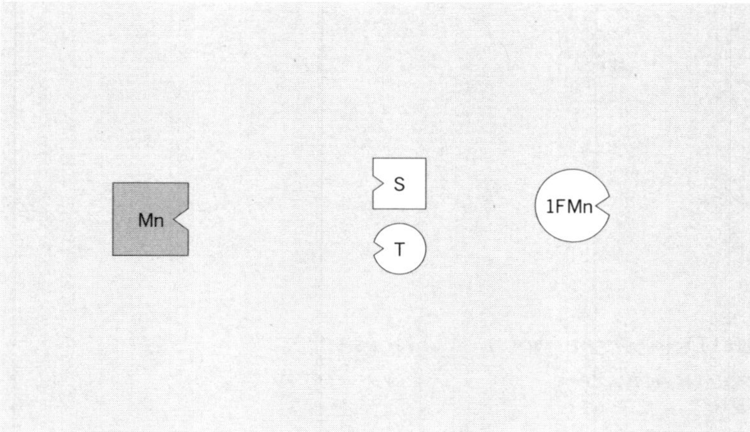

HELLINGER *zum Sohn* Wie geht es dir so?
SOHN Schlecht.
HELLINGER *zur Tochter* Bei dir?
TOCHTER Besser.
HELLINGER *zum Sohn* Komm mal.

Hellinger stellt den Sohn neben den Stellvertreter des Mannes.

BILD 4

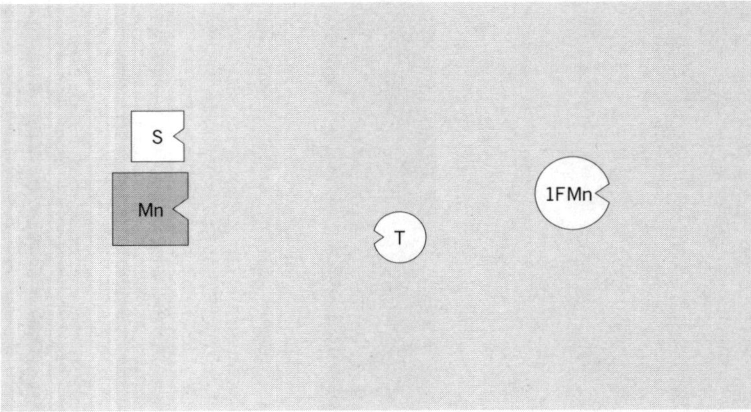

HELLINGER *zum Sohn* Wie ist es so?
SOHN Schwer.

Hellinger stellt den Sohn neben die Mutter. Beide umarmen sich innig.

BILD 5

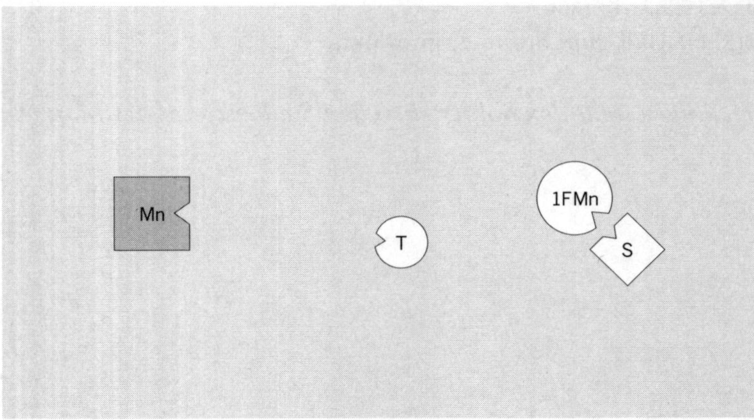

HELLINGER *zum Sohn* Wie ist es so?
SOHN Besser.
HELLINGER *zum Mann* War die Frau vorher verheiratet?
MANN Nein.
HELLINGER Hat sie einen besonderen Liebhaber gehabt?
MANN Ja.
HELLINGER Das ist es. Der Sohn vertritt ihn. Deswegen kam er in Konflikt mit seinem Vater. Es wird sehr kompliziert.

Hellinger wählt einen Stellvertreter für den früheren Liebhaber und stellt ihn neben die Frau. Den Sohn stellt er neben die Tochter dem Vater gegenüber. Beide umfassen sich von hinten.

BILD 6

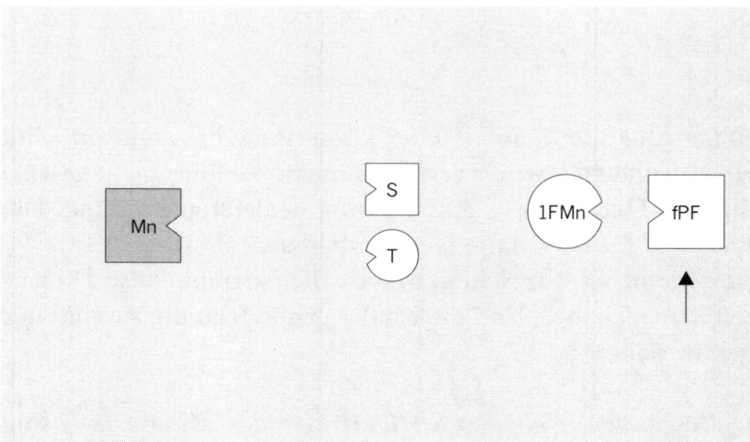

fPF Früherer Partner der Frau

HELLINGER *zum Sohn* Wie ist das?
SOHN Besser.

Die Frau und ihr früherer Partner sehen sich intensiv an. Nach einiger Zeit umarmen sie sich.

BILD 7

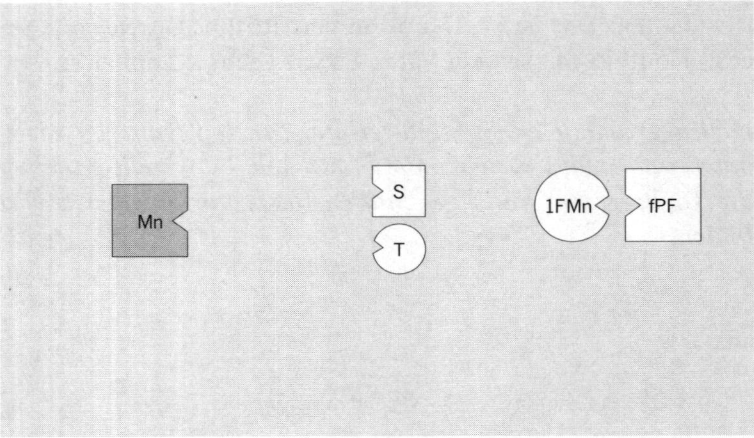

HELLINGER *zur Gruppe* Hier könnt ihr sehen, wie ein Kind einen früheren Partner vertreten muss, wenn er nicht gewürdigt ist. Und ihr seht die Wirkung der ersten Bindung. Die Frau war für den Mann nicht verfügbar.
zum Mann Es war richtig, dass du dich getrennt hast. Du hattest keine Chance. Und die Kinder gehören zu dir, sie sind nur bei dir sicher.

Hellinger wechselt den Stellvertreter des Mannes aus und stellt den Mann selbst ins Bild.

HELLINGER *zum Mann* Sag deinen Kindern: »Ich bin für euch da.«

Der Mann bleibt still und weint.

MANN Ich möchte mich knien.
HELLINGER Warte. – Was ist mit deinem Vater?
MANN Ich weiß es nicht.

Hellinger stellt einen Stellvertreter für den Vater des Mannes hinter ihn, Sohn und Tochter tauschen ihre Positionen.

BILD 8

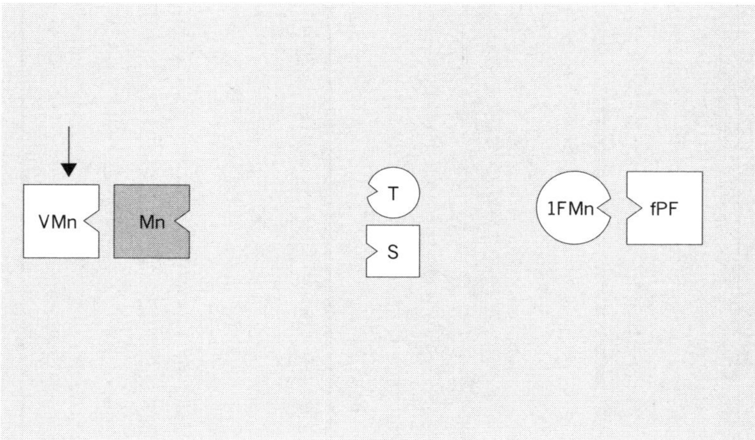

VMn Vater des Mannes

HELLINGER *zum Mann* Das ist dein Vater. – Jetzt sag deinen Kindern: »Ich bin für euch da.«
MANN Ich bin für euch da.
HELLINGER *zur Gruppe* Er hatte vorher keine Kraft. Der Vater gibt ihm die Kraft.
zum Vater des Mannes Wie geht es dir?
VATER DES MANNES Ich habe eine komische Angst, als ob er mir die Straße versperrt.

HELLINGER *zum Mann* Haben dein Vater oder deine Mutter auch frühere Liebhaber gehabt?
MANN Soweit ich es weiß, nicht.
HELLINGER Dreh dich mal um, nichts sagen, geh einen Schritt zurück – und jetzt knie dich vor deinen Vater.

BILD 9

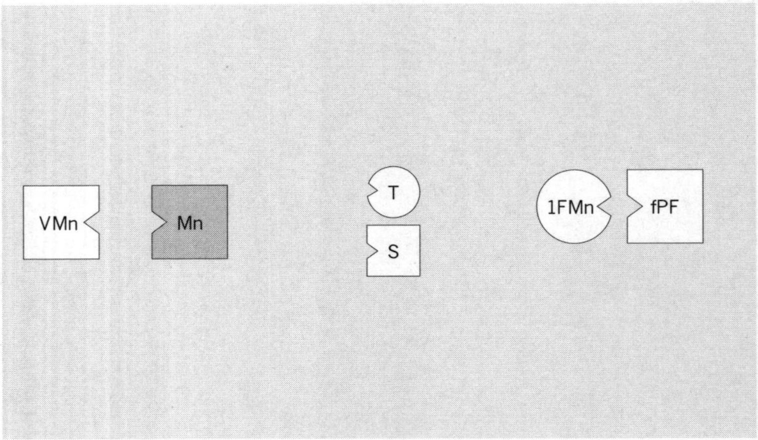

Der Mann kniet vor seinem Vater nieder. Beide sehen sich unbewegt an.

HELLINGER *zum Mann* Sag ihm: »Bitte nimm mich an als deinen Sohn.« – Schau ihn an.
MANN Bitte nimm mich an als deinen Sohn.
VATER DES MANNES Das ist schwer.
HELLINGER *zum Vater des Mannes* Nichts sagen.
zur Gruppe So etwas findet man, wenn er seinem Vater etwas angetan hat.
HELLINGER *zum Mann* Sag ihm: »Es tut mir Leid.«
MANN Es tut mir Leid.

HELLINGER »Bitte nimm mich an als deinen Sohn.«
MANN Bitte nimm mich an als deinen Sohn.
HELLINGER »Ich achte dich jetzt als meinen Vater.«
MANN Ich achte dich jetzt als meinen Vater.

Hellinger stellt eine Stellvertreterin für die Mutter des Mannes ins Bild.

BILD 10

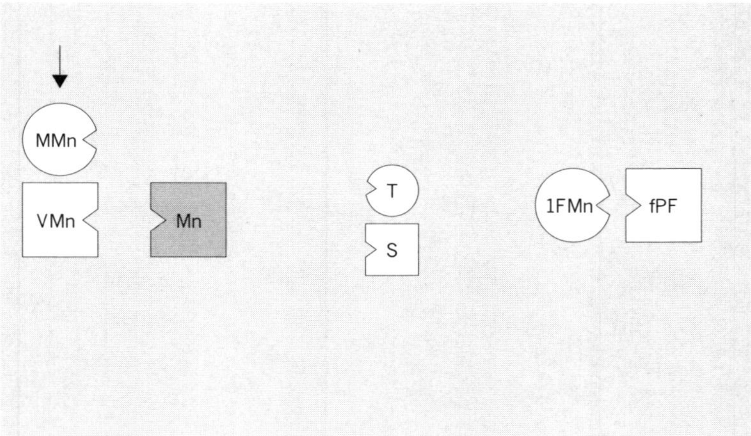

MMn Mutter des Mannes

HELLINGER *zum Mann* Sag der Mutter: »Ich achte ihn als meinen Vater.«
MANN Ich achte ihn als meinen Vater.
HELLINGER »Er ist für mich der Richtige.«
MANN Er ist für mich der Richtige.
HELLINGER »Ich mute dir zu, dass ich ihn achte und liebe.«
MANN Ich mute dir zu, dass ich ihn achte und liebe.
HELLINGER Schau den Vater an.

zum Vater des Mannes Wie ist das jetzt?
VATER DES MANNES Ein bisschen besser, aber noch schwer.
HELLINGER *zum Mann* Steh auf, schau zu deinen Kindern, sag ihnen: »Das ist mein Vater.«

Der Mann steht auf und stellt sich neben seinen Vater.

BILD 11

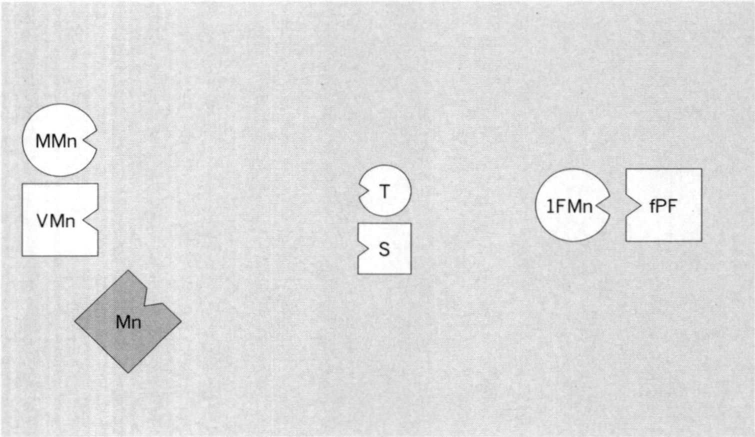

MANN *zu den Kindern* Das ist mein Vater.
HELLINGER Sag es ihnen so, dass sie deinen Vater lieben.
MANN Das ist mein Vater.
HELLINGER Seht ihr das? *Hellinger weist darauf hin, wie der Sohn die Fäuste ballt.*
zum Mann Weißt du, was das heißt? Es ist deine Wut.
zur Gruppe Der Sohn wollte sich vorher vor den Vater seines Vaters hinknien. Habt ihr es gemerkt? Er wollte das tun, was sein Vater tun muss.

Hellinger stellt den Sohn vor seine Großeltern.

BILD 12

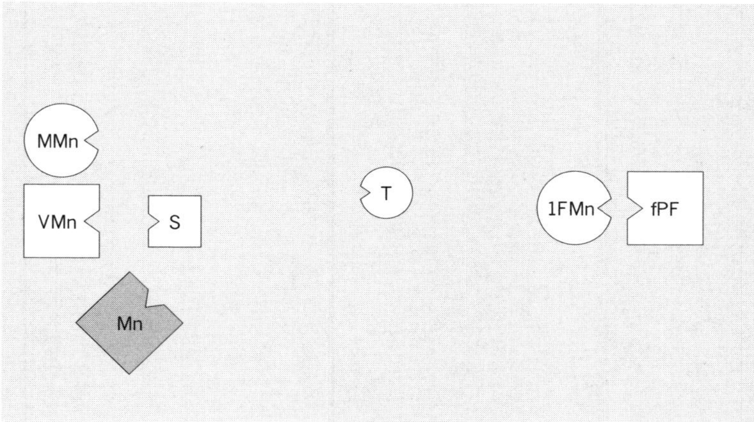

Der Sohn kauert sich auf den Boden. Nach einiger Zeit richtet er den Oberkörper auf und schaut seinen Großvater an. Dann umarmen sich die beiden. Der Vater geht zu seiner Tochter und legt ihr den Arm um die Schulter.

BILD 13

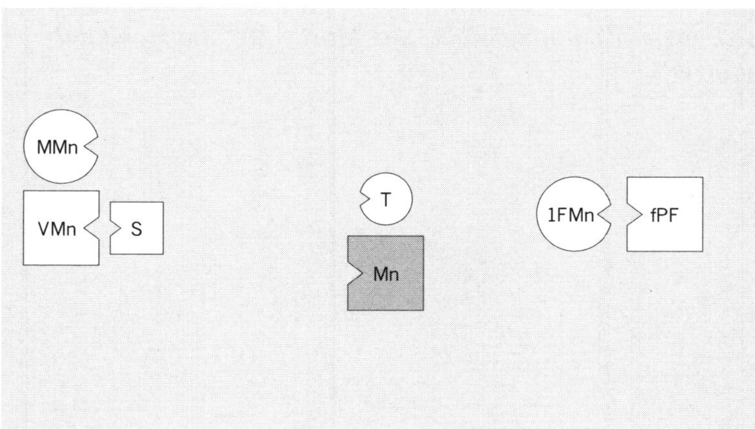

HELLINGER *zum Sohn* Jetzt steh auf – und stell dich neben deine Schwester.

BILD 14

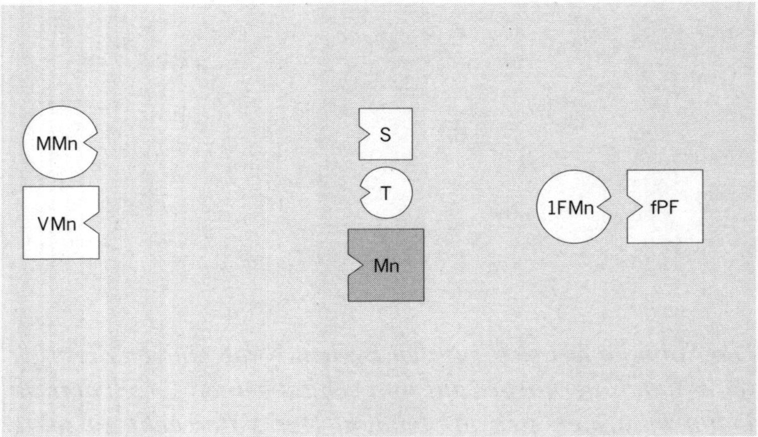

Der Sohn stellt sich neben die Schwester. Vater und Tochter legen die Arme umeinander. Dann stellen sich die Kinder dem Vater gegenüber. Die Mutter und ihr früherer Freund haben sich inzwischen umgestellt. Die Mutter legt die Hand auf den Bauch.

BILD 15

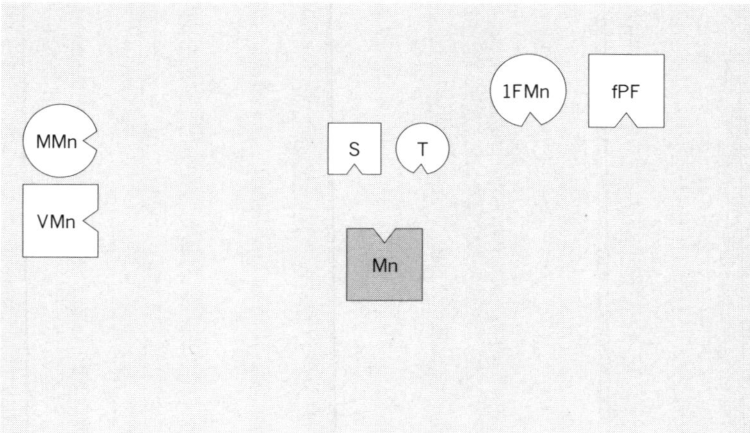

Der Sohn senkt den Blick, die Tochter sieht dauernd den Vater an. Dann kniet sie sich hin und hält den Bruder an der Hand. Nach kurzer Zeit kniet sich auch der Sohn hin, den Blick zu Boden gesenkt. Die Tochter schaut den Vater kurz an und senkt auch den Blick zu Boden. Sie kauert sich hin; der Sohn schaut jetzt den Vater an. Nach kurzer Zeit hebt die Tochter den Blick und sieht ihren Bruder an.

Hellinger stellt jetzt die Mutter neben den Vater, den Kindern gegenüber. Als die Mutter dort steht, hält sie die Hand nicht mehr an den Bauch. Ihr früherer Freund wendet sich ab.

BILD 16

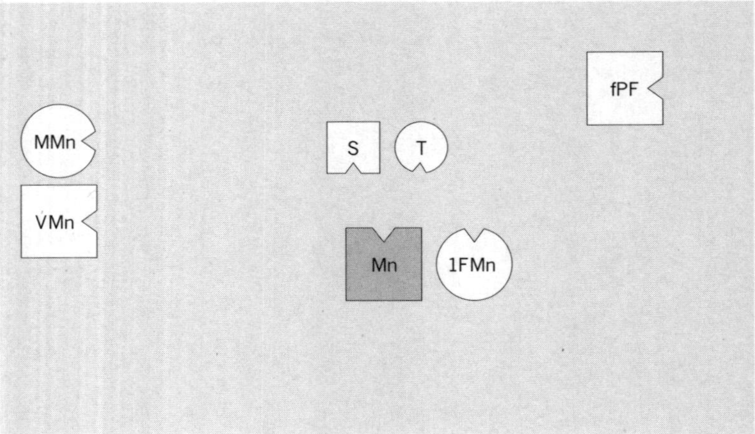

Die Mutter geht in die Knie und umarmt die Tochter. Diese weint dabei. Der Sohn steht wieder auf und sieht den Vater an.

HELLINGER Ich unterbreche es hier.

zur Gruppe Habt ihr gemerkt, wie sich das auf einmal verschiebt – im Laufe der Aufstellung? Auf einmal ist das Problem bei ihm und in seiner Familie. Was es ist, wissen wir nicht.

zum Mann Das muss jetzt erst mal wirken und dann können wir vielleicht später weitermachen.

zur Gruppe Da ist irgendetwas mit dem Vater oder mit seiner Familie oder seiner Vergangenheit.

zum Mann Weißt du da etwas Besonderes?

MANN Mein Großvater hat sich umgebracht.

HELLINGER Der Vater deines Vaters hat sich umgebracht?

MANN Ja.

HELLINGER Wie hat er das gemacht?

MANN Er hat sich erschossen.
HELLINGER Wenn sich jemand erschießt, ist es eine Hinrichtung. Die Frage ist: Für was oder für wen?
zum Mann Es war ja die Aggression auffällig, die sich plötzlich bei deinem Sohn gezeigt hat. Da muss irgendwo etwas Aggressives sein. Ein Mord vielleicht oder sonst etwas. Oder etwas mit dem Krieg.
MANN Soweit ich gesehen habe, ist der Großvater 1915 bis 1918 im Ersten Weltkrieg gewesen. Man sagt, er habe sich umgebracht, weil er krebskrank war.
HELLINGER Ich lasse es noch, es muss noch in deiner Seele wirken. Vielleicht kommt plötzlich etwas hoch. Gut, da lasse ich es dann.
zur Frau Mit dir arbeite ich später.

Hellinger wartet eine Weile, wählt dann einen Stellvertreter für den Großvater des Mannes und stellt ihn alleine auf.

BILD 1

GvMn Großvater des Mannes

Der Stellvertreter des Großvaters steht starr und hat den Blick zu Boden gerichtet. Er wird unruhig und senkt den Kopf immer tiefer zu Boden. Er hält sich die Hand an die Stirn und bewegt sich langsam nach vorne. An der Stelle, auf die er vorher geschaut hat, geht er in die Hocke, den Blick zu Boden gesenkt.

Hellinger wählt eine Frau und lässt sie an dieser Stelle sich auf den Rücken legen.

BILD 2

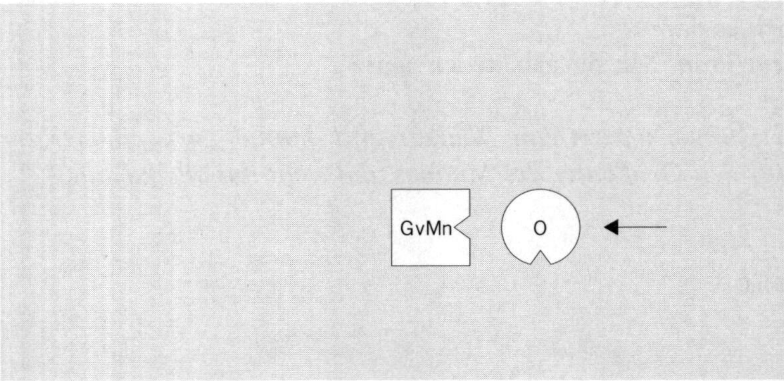

O Opfer, Frau, nicht bekannt, wen sie vertritt

Dann stellt Hellinger den Stellvertreter des Vaters des Mannes vor das Opfer, dem Großvater gegenüber.

BILD 3

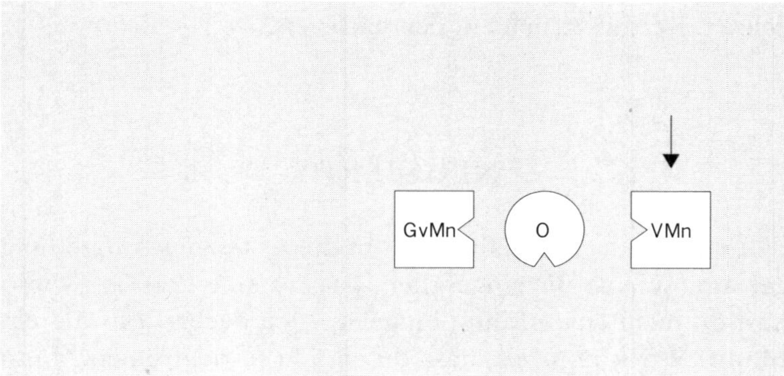

VMn Vater des Mannes

HELLINGER *zum Mann* Hast du ein Bild, was das sein könnte?
MANN Nein.
HELLINGER Okay, ich unterbreche das jetzt auch. Danke euch.
als jemand eine Frage stellen will Nicht fragen, das ist nicht gut. Auch die Stellvertreter nicht fragen, was sie erlebt haben.

DIE UNTERBRECHUNG

Beim Familien-Stellen sind die Vertreter, wenn sie sehr gesammelt sind, in Kontakt mit etwas anderem, das verborgen ist. Beim Stellvertreter des Großvaters konnte man das sehen. Was es ist, ist nicht klar. Aber es kann nicht aus der Luft gegriffen sein. Ich gehe in diesem Zusammenhang nicht weiter als bis zu dem, was sich zeigt. Wenn man dann unterbricht, wirkt das auf seine Seele ohne Einfluss von außen. Ich vertraue, dass es dann ans Licht kommt. Ich arbeite Schritt für Schritt. Jetzt warte ich auf den nächsten.

NEUGIERDE

TEILNEHMERIN Ich habe mich in dieser letzten Aufstellung gefragt: Wie ist dir eingefallen, dass es eine Frau ist, wieso hast du nicht einen Mann hingelegt? Ich dachte, es wäre ein Mann. Wie kommt es, dass du eine Frau oder einen Mann nimmst? Oder ist es gleichgültig, was man wählt?
HELLINGER Wenn du das jetzt fragst – wem hilft es?
TEILNEHMERIN Mir.
HELLINGER Und wem schadet es?
TEILNEHMERIN Vielleicht der Person.
HELLINGER Genau. Neugierde ist ein schwerwiegender Eingriff in fremde Seelen.
TEILNEHMERIN Danke.

MÄNNLICH UND WEIBLICH

TEILNEHMER Sie haben vorher darüber gesprochen, wann ein Mann seine weibliche Seite entwickelt und wann eine Frau ihre männliche Seite entwickelt. Ich frage mich, kann das zu tun haben mit einer unterbrochenen Hinbewegung?
HELLINGER Nein, das ist etwas anderes. Wenn eine Frau mit ihrer Mutter verbunden ist, ist sie mit dem Weiblichen zufrieden. Und wenn der Mann mit seinem Vater verbunden ist, ist er mit dem Männlichen zufrieden.

PAARE OHNE KINDER

TEILNEHMER Beim Thema Paarbeziehungen erwähnst du generell auch die Kinder. Ich würde gerne etwas darüber wissen, wie ist es, wenn keine Kinder da sind. Und etwas über Trennung, über Verantwortung, über Treue ...

HELLINGER Das sind viele Fragen auf einmal. Aber ich will etwas sagen über Paare, die keine Kinder haben.

Eine Paarbeziehung ist im Grunde hingeordnet auf ein Kind. Im Kind werden Mann und Frau wirklich ein Fleisch. Das Kind ist die Vollendung einer Paarbeziehung. Das verbindet sie viel mehr, als wenn keine Kinder da sind. Wenn keine Kinder da sind, schauen der Mann und die Frau aufeinander – und das ist auf die Dauer schwer auszuhalten. Wenn ein Kind da ist, schauen sie zusammen auf ein Kind. Und das ist völlig anders.

Wenn keine Kinder da sind, kann sich das Paar ausrichten auf eine gemeinsame Aufgabe im Dienst des Lebens. Dann wirkt das auch so, als hätte man Kinder. Nicht ganz so, weil es nichts Größeres gibt als Kinder – aber immerhin etwas in diese Richtung.

ELFTES PAAR:
(Fortsetzung)

DIE AHNEN

HELLINGER Noch ein Paar, das mit mir nacharbeiten wollte? *nachdem sich das Paar vom Vormittag gemeldet hat, zum Mann* Hast du Mut?
MANN Ja.
HELLINGER *zur Frau* Und du?
FRAU Ja.
HELLINGER Bei so etwas, wie das, was heute Vormittag abgelaufen ist, ist der Verdacht, dass weit weg in der Ahnenreihe etwas passiert ist. Wir sollten vielleicht die Ahnenreihe aufstellen. Ich bringe dazu ein Beispiel, damit ihr seht, um was es da geht.

Voriges Jahr in Japan war eine junge Frau im Kurs, die sagte, sie habe Schwierigkeiten mit ihrer Mutter. Dann haben wir die Mutter und sie aufgestellt, und den Osho, sie war nämlich eine Sanyassin. Das Gesicht der Stellvertreterin dieser Frau wurde ganz hart. Ich habe ihr gesagt, sie solle ihrer Mutter sagen: »I'll kill you – Ich will dich umbringen.« Die Stellvertreterin hat sich aber nicht richtig getraut. Es geht ja sehr weit, wenn man so etwas sagt.

Dann habe ich die Klientin selbst hereingestellt. Auch sie fühlte diese Aggression. Ich sagte ihr, sie solle der Mutter sagen: »I'll kill you – Ich will dich umbringen.« Als sie das gesagt hatte, fragte ich sie: »Stimmt der Satz?« Sie sagte: »Nicht ganz, aber ich möchte, dass sie stirbt.« Aber das ist ja ungefähr das Gleiche.

Aus der Erfahrung des Familien-Stellens weiß man: Ein solches Kind, das so etwas sagt, kann nicht leben. Es wird sich umbringen, auf die eine oder andere Weise. Dann habe ich abgebrochen. Obwohl ich wusste, wie gefährlich das für sie ist, habe ich nichts gemacht. Ich habe nicht eingegriffen.

Am nächsten Tag, praktisch zehn Minuten vor dem Ende des Kurses, kam sie zu mir und sagte, sie halte es nicht mehr aus. Sie wolle das noch mal bearbeiten. Ich habe noch mal die Familie aufgestellt, aber es ging nicht. Es war nichts zu machen. Ich habe dann wieder abgebrochen. Harald Hohnen meinte, man solle vielleicht die Ahnenreihe aufstellen. Das habe ich mit ihr gemacht und ich will das jetzt hier mal demonstrieren.

Hellinger wählt Stellvertreterinnen für die japanische Klientin, ihre Mutter und die weiblichen Ahnen. Er stellt sie hintereinander hinter der Mutter auf.

BILD 1

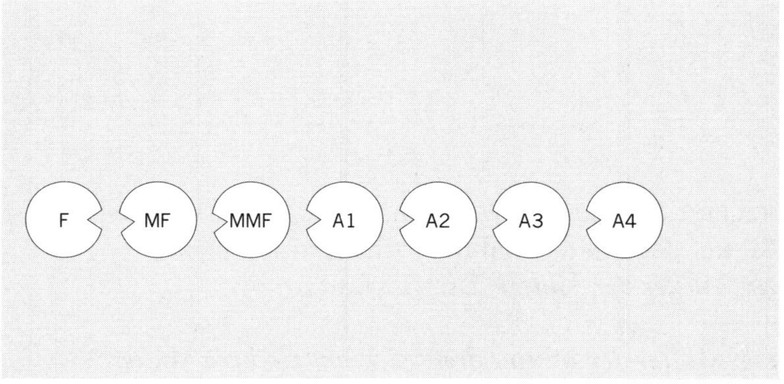

F	Frau, Japanerin
MF	Mutter der Frau
MMF	Mutter der Mutter der Frau
A1–A4	Weitere Ahninnen

Anmerkung: In der Aufstellung waren sechs weitere Ahninnen. In den Diagrammen musste das aus Platzmangel auf vier verkürzt werden.

HELLINGER Man konnte sehen, da floss keine Liebe von der Mutter zu ihrer Tochter. Dann habe ich die Mutter umgedreht zu ihrer Mutter.

Die Mutter dreht sich um zu ihrer Mutter.

BILD 2

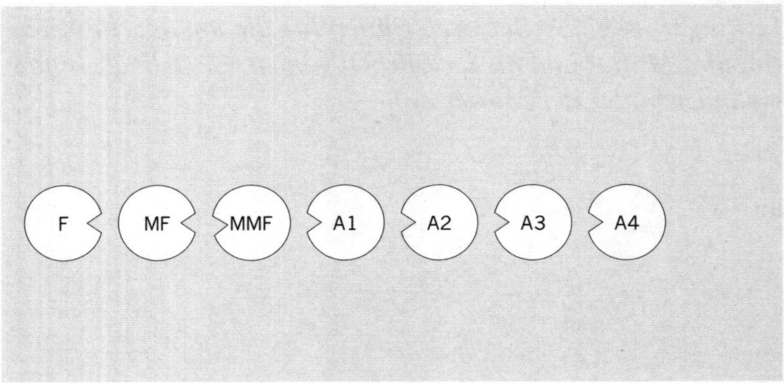

HELLINGER Auch da war keine Liebe, es floss nichts von der Mutter der Mutter zu ihrer Tochter, so wie hier.
zur Mutter der Mutter Dreh dich um.

Die Mutter der Mutter dreht sich um zu ihrer Mutter.

BILD 3

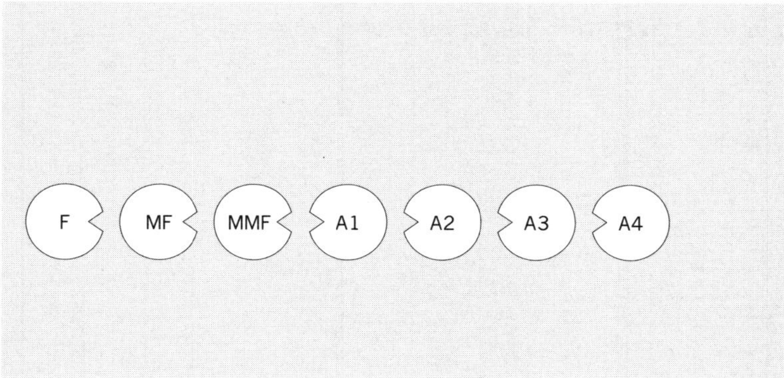

HELLINGER Genau das Gleiche. Nichts.
zur nächsten Ahnin Dreh dich um.

Die nächste Ahnin dreht sich um.

BILD 4

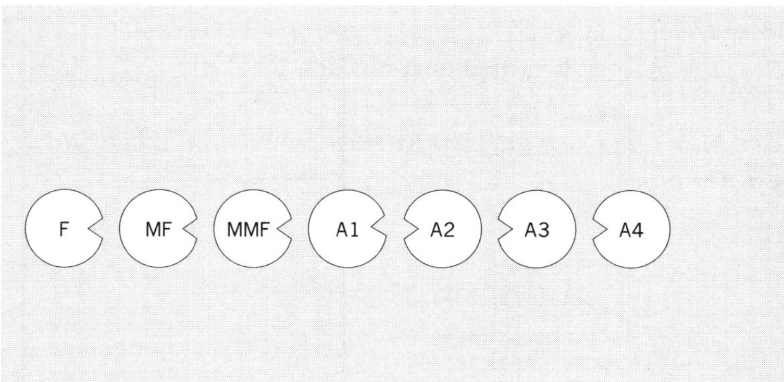

HELLINGER Hier fließt auch nichts.

zu den nächsten beiden Ahninnen Dreht euch um.

Die zwei nächsten Ahninnen drehen sich um.

BILD 5

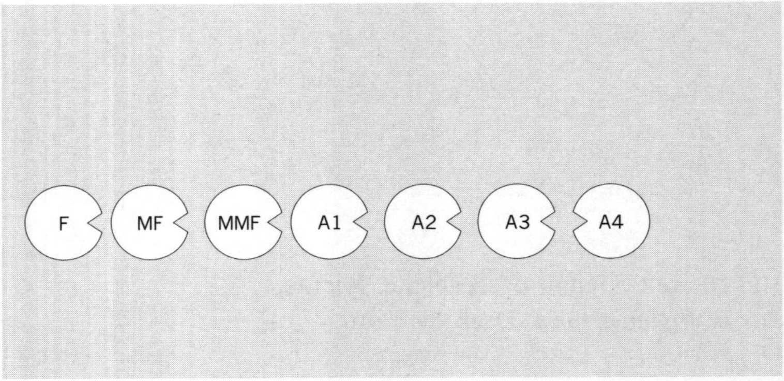

HELLINGER Auch nichts. Doch dann ist die letzte Ahnin zurückgegangen, hat die Fäuste geballt und auf den Boden geschaut. Daraufhin habe ich einen Mann sich vor sie auf den Rücken legen lassen.
zu einem Mann Leg dich dort auf den Rücken.

Der Mann legt sich auf den Rücken zwischen die beiden letzten Ahninnen.

BILD 6

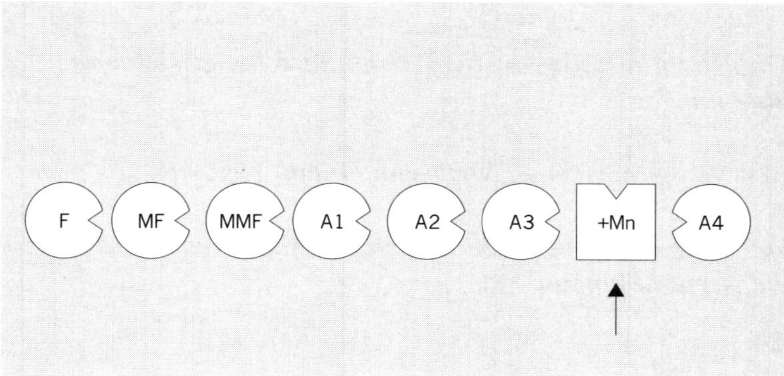

+Mn Mann, tot, nicht klar, wen er vertritt

HELLINGER Dann ist die Klientin zu dem Toten hingegangen.

Die Klientin geht zu dem Toten hin und sieht ihn an.

HELLINGER *zur Klientin* Geh hin, knie dich hin.

BILD 7

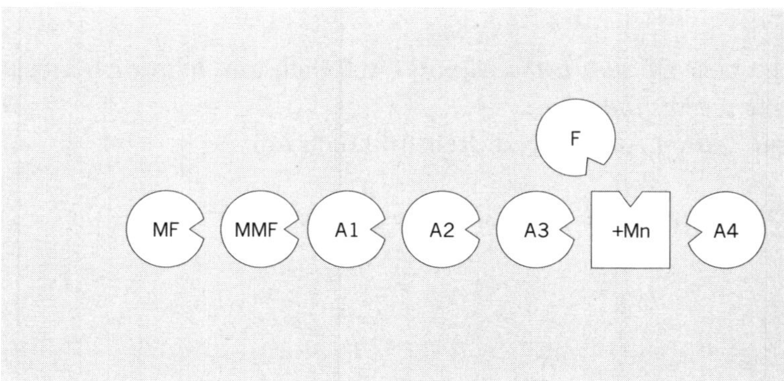

HELLINGER *zur Gruppe* Sie hat ihn mit Schluchzen in den Arm genommen.

Die Klientin kniet vor dem Toten und beugt sich ganz tief über ihn.

HELLINGER *nach einer Weile zum Toten* Jetzt steh auf.

Der Tote steht auf, stellt sich in die Ahnenreihe und schaut die vierte Ahnin an.

BILD 8

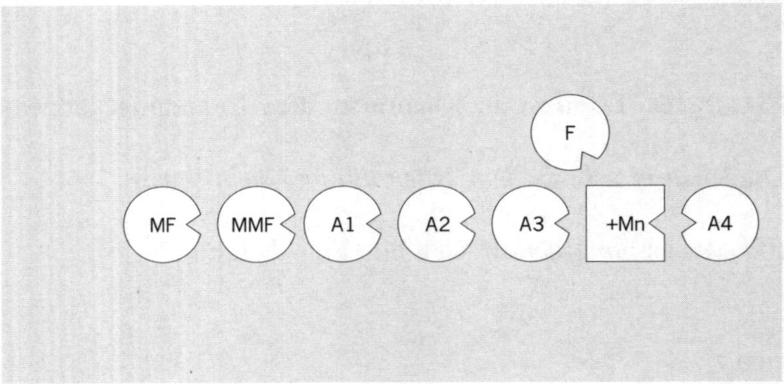

HELLINGER *zum toten Mann* Dreh dich um, lehn dich an sie *(die vierte Ahnin)* an.
zur dritten Ahnin Jetzt drehst du dich um.

Die dritte Ahnin dreht sich um zu ihrer Tochter.

BILD 9

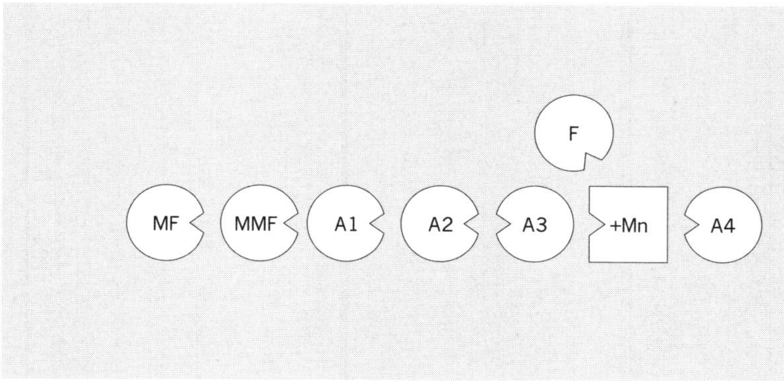

HELLINGER *zur dritten Ahnin* Schau deine Tochter an.

Beide sehen sich einige Zeit an. Dann lächelt die Tochter. Sie fassen sich an den Händen und nehmen sich in die Arme. Der tote Mann legt seine Hände auf die Hüfte der dritten Ahnin.

HELLINGER *zur zweiten Ahnin* Geh zu deiner Mutter.
als sie dort steht Dann drehst auch du dich um.
nachdem sie sich umgedreht hat Lehn dich an deine Mutter, schau auf deine Tochter.

Die zweite Ahnin lehnt sich an ihre Mutter.

BILD 10

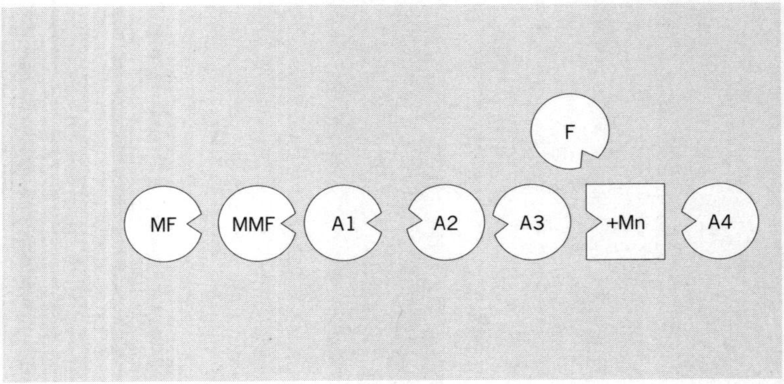

Die Tochter lächelt ihre Mutter an. Sie geht zu ihr und umarmt sie.

HELLINGER *zur ersten Ahnin* Dreh dich um, lehn dich an deine Mutter an und schau auf deine Tochter.

Die erste Ahnin geht zu ihrer Mutter und umarmt sie.

HELLINGER *zur ersten Ahnin* Dreh dich um.

Sie dreht sich um, lehnt sich an ihre Mutter.

BILD 11

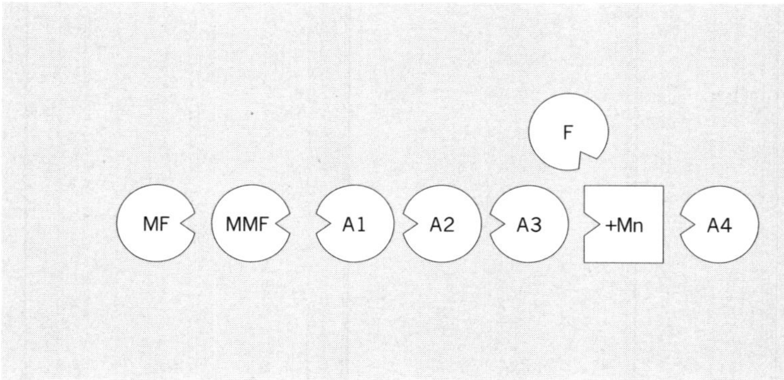

HELLINGER *zur Großmutter der Klientin* Okay, dreh auch du dich um.

Sie dreht sich um, lehnt sich an ihre Mutter.

BILD 12

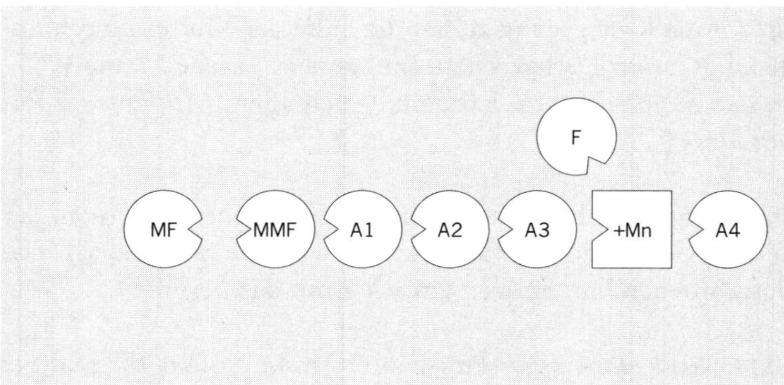

HELLINGER *zur Mutter der Klientin* Dreh dich um.

Sie dreht sich um, lehnt sich an ihre Mutter. Hellinger stellt nun die Klientin vor ihre Mutter.

BILD 13

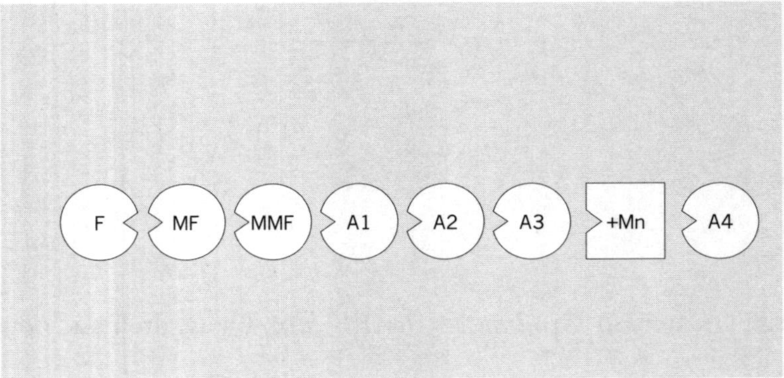

Beide schauen sich an, nehmen sich etwas zögernd in die Arme und halten sich dann lange fest.

HELLINGER *zur Gruppe* In Japan war das so: Da ist die Klientin auf die Knie gegangen, hat die Füße der Mutter umschlungen, hat zu ihr hochgeschaut und gesagt: »Liebe Mama.«
zu den Stellvertretern Ich danke euch allen. *(Applaus im Publikum)*

zum Mann Ich habe das ja für dich gemacht: Dort ist in der achten Generation etwas passiert, was den Strom der Liebe unterbrochen hat. So weit zurück kann das liegen.

HELLINGER *nach einer Pause zum Mann* Sollen wir mal bei dir schauen, was in deiner Ahnenreihe ist?
als der Mann nickt Okay.
zur Gruppe Wir machen jetzt noch einmal eine Ahnenreihe.

Hellinger wählt dieselben Stellvertreter wie in der Aufstellung am Vormittag.

HELLINGER *zur Gruppe* Die Männer hier vertreten nicht nur die Väter, sondern jeweils eine ganze Generation, die Generation des Vaters, des Großvaters usw.
zu den Stellvertretern Ihr sammelt euch, sodass ihr spürt, wenn etwas Besonderes ist.

BILD 14

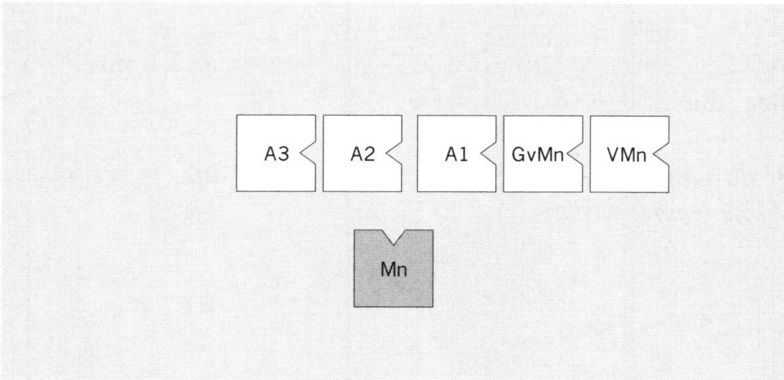

Mn **Mann**
VMn Vater des Mannes
GvMn Großvater des Mannes
A1–A3 Weitere Ahnen des Mannes

Anmerkung: Aus Platzgründen können nicht alle Stellvertreter in der Grafik erscheinen.

HELLINGER *zum Mann* Und wir gehen jetzt ganz langsam vorbei – und dann schauen wir, was bei den einzelnen Generationen passiert.

Der Stellvertreter des Vaters wird unruhig, schüttelt den Kopf, fasst sich an den Hals.

HELLINGER Dass da etwas ist, sieht man sofort.
zur Ahnenreihe Nicht auf uns schauen, sonst seid ihr nicht gesammelt. Bleibt ganz bei dem, was bei euch ist.
als er auf den Stellvertreter des Urgroßvaters des Mannes schaut Da ist etwas in der Generation!

Der Stellvertreter des Großvaters kippt nach hinten um und muss gestützt werden. Er schließt die Augen. Hellinger stellt den Mann vor seinen Vater.

HELLINGER *zum Vater des Mannes* Jetzt gehe ich mit dir an der Ahnenreihe vorbei.

Hellinger geht jetzt mit dem Vater des Mannes langsam die Ahnenreihe entlang.

BILD 15

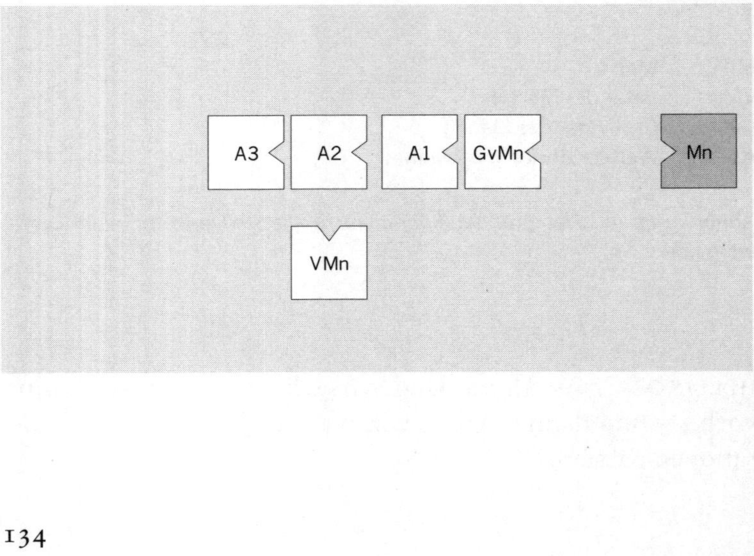

Der letzte Ahn in der Ahnenreihe wird sehr unruhig, schaut zur Seite und nach oben. Dabei atmet er laut. Hellinger wählt einige Männer aus und lässt sie sich zwischen dem letzten und vorletzten Ahn mit dem Rücken auf den Boden legen.

BILD 16

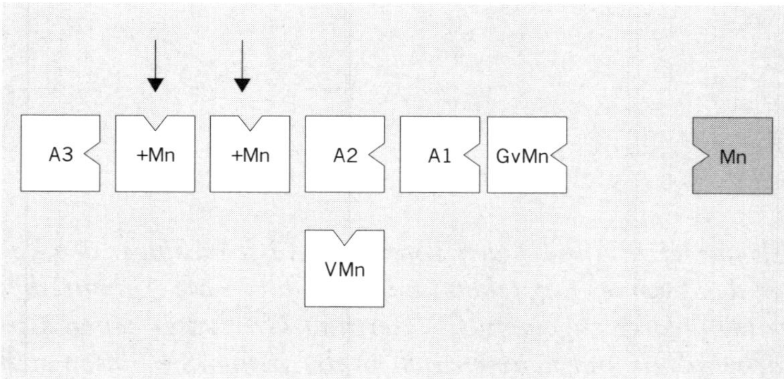

+Mn Tote Männer, nicht klar, wen sie vertreten

Der Vater des Mannes kniet sich vor die Toten. Der Großvater des Mannes steht jetzt wieder aufrecht und mit offenen Augen da.

HELLINGER *zum Großvater des Mannes* Ist etwas verändert?
GROSSVATER DES MANNES Mir geht es jetzt gut.
HELLINGER *zum letzten Ahn* Leg dich dazu.

Der letzte Ahn legt sich neben die Toten.

BILD 17

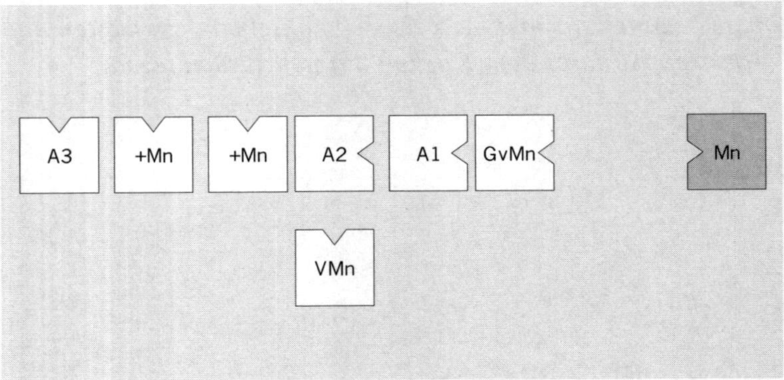

Als der letzte Ahn bei den Toten liegt, lässt Hellinger den Vater des Mannes aufstehen und stellt ihn in die Ahnenreihe, seinem Vater zugewandt. Vater und Großvater sehen sich lächelnd an und nehmen sich in die Arme. Sie halten sich lange fest.

BILD 18

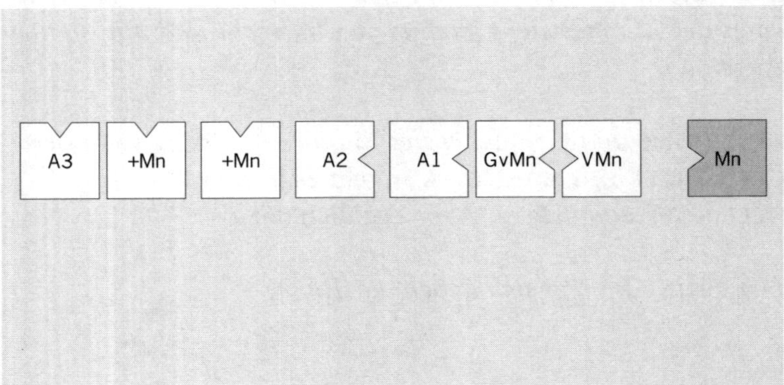

HELLINGER *zum Vater* Und jetzt dreh dich um, lehn dich an deinen Vater.

Er dreht sich um und lehnt sich an seinen Vater.

BILD 19

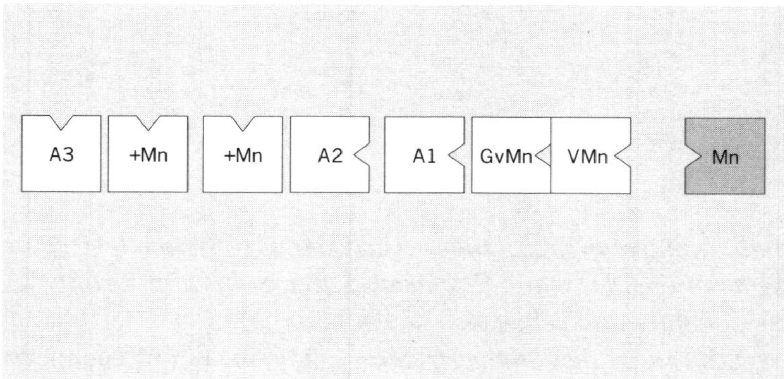

Als der Vater des Mannes so steht, schaut er seinen Sohn lächelnd und erleichtert an. Er breitet die Arme zu seinem Sohn aus.

HELLINGER *zum Mann* Geh zu deinem Vater hin.

BILD 20

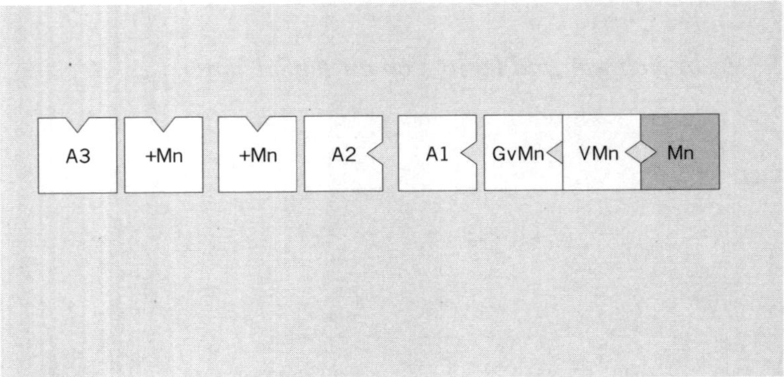

Beide umarmen sich lange. Auch der Großvater legt seine Arme um beide. Dann lösen sich Vater, Sohn und Großvater voneinander und sehen sich lächelnd an.
HELLINGER *zu den Stellvertretern* Okay, ihr könnt euch jetzt alle wieder setzen. Danke euch allen.
zum Mann Du bleibst noch stehen.

zur Gruppe Wir wissen nicht, was da war – aber man konnte die Wirkung sehen, was es in dieser Generation an Lösung bewirkt, wenn etwas bisher Verborgenes ans Licht kommt. Und da laufen wir mit unseren Vorstellungen von Freiheit und Selbstverwirklichung herum und wissen überhaupt nicht, was uns von weit her in den Dienst genommen hat. Das konnte man hier sehen. Die Frage, die ich mir stelle, ist: Wie kann man damit umgehen? Kann man das überhaupt, ohne so weit zurückzugehen? Vielleicht gibt es noch andere Wege. Ich habe die Antwort darauf noch nicht gefunden. Ich bin noch auf der Suche.
nach einer kleinen Pause Jetzt können wir mit ihm arbeiten. Jetzt haben wir einen anderen Mann vor uns. Wer waren die beiden Vertreter von heute Morgen?

Hellinger wählt dieselben Stellvertreter wie am Morgen aus.

HELLINGER Jetzt schauen wir mal, was passiert.

BILD 21

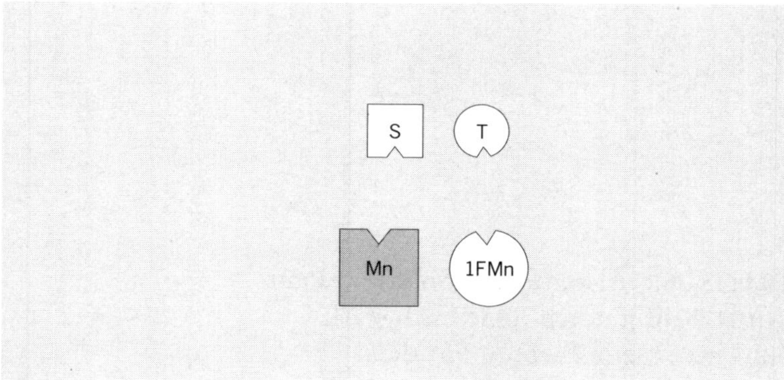

Mn	**Mann**
1FMn	Erste Frau des Mannes, Mutter der beiden Kinder
S	Erstes Kind, Sohn
T	Zweites Kind, Tochter

HELLINGER *zum Sohn* Jetzt stelle ich dich neben den Vater. *zur Tochter* Und dich neben den Bruder.

Hellinger stellt die Kinder neben ihren Vater. Der Sohn lächelt, als er zum Vater geht.

BILD 22

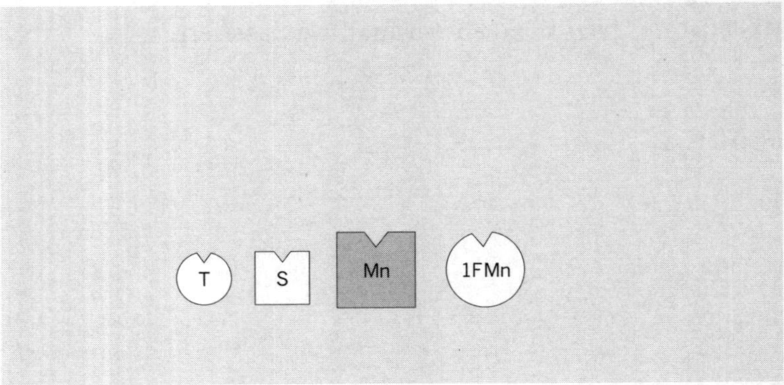

HELLINGER Also, für den Sohn ist es gut.
SOHN Sehr gut, ich fühle mich stark.
HELLINGER *zur Tochter* Für dich?
TOCHTER Ein bisschen besser, aber es geht mir nicht so richtig gut.
HELLINGER *zum Mann* Was ist bei dir hier zur Frau?
MANN Ich fühle überhaupt nichts.
HELLINGER *zur Stellvertreterin der ersten Frau* Bei dir?
ERSTE FRAU Ich fühle mich unwohl.

Hellinger führt die Stellvertreterin der ersten Frau einige Schritte nach vorne und dreht sie weg.

BILD 23

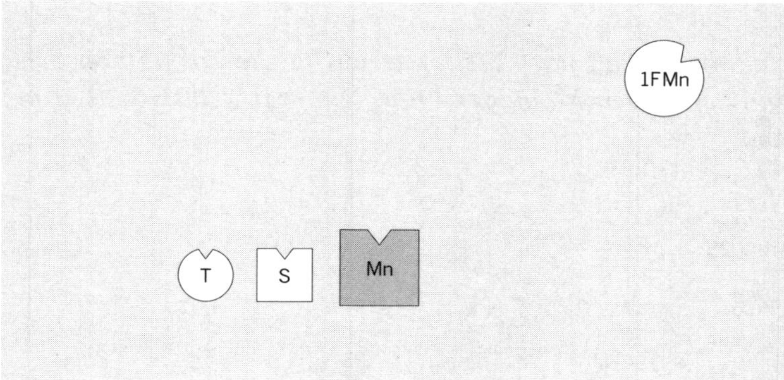

HELLINGER *zur Stellvertreterin der ersten Frau* Und so?
ERSTE FRAU *schüttelt den Kopf* Nein, ich will auf die Kinder schauen.
HELLINGER Jetzt stelle ich das Lösungsbild auf.

Hellinger stellt die Geschwister nebeneinander neben den Vater und bringt die Mutter in den Blick.

BILD 24

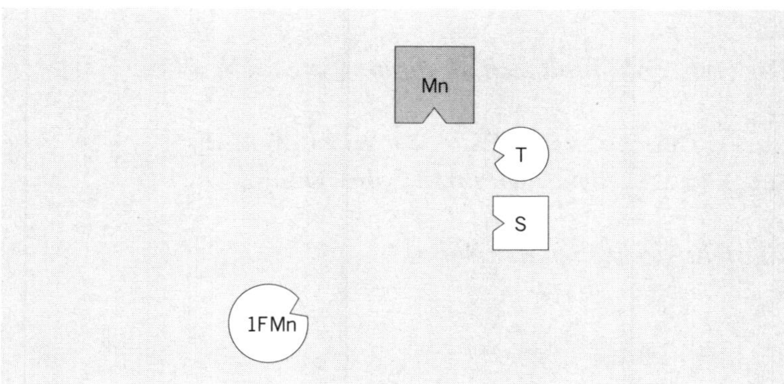

HELLINGER *zur Frau* Wie viele Kinder hast du?
FRAU Eine Tochter.

Hellinger wählt noch Stellvertreter für die Tochter der Frau und den ersten Mann der Frau. Die Frau selbst stellt er ins Bild.

BILD 25

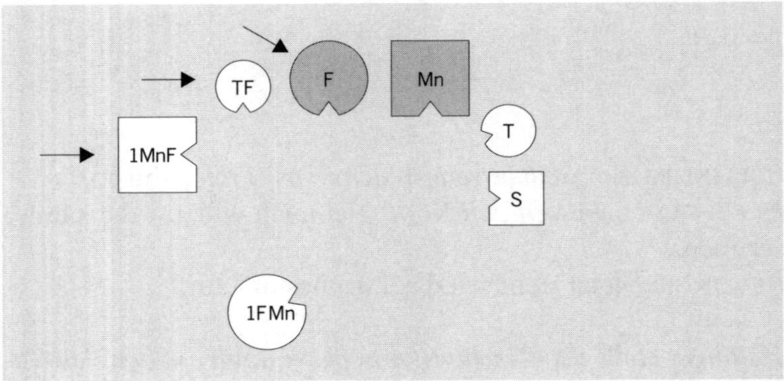

F **Frau**
TF Tochter der Frau
1MnF Erster Mann der Frau, Vater ihrer Tochter

Die erste Frau fühlt sich an ihrem Platz nicht wohl.

HELLINGER *zur ersten Frau* Wo willst du hin?
ERSTE FRAU *zeigt neben ihren Sohn* Dahin.

Sie stellt sich neben den Sohn.

BILD 26

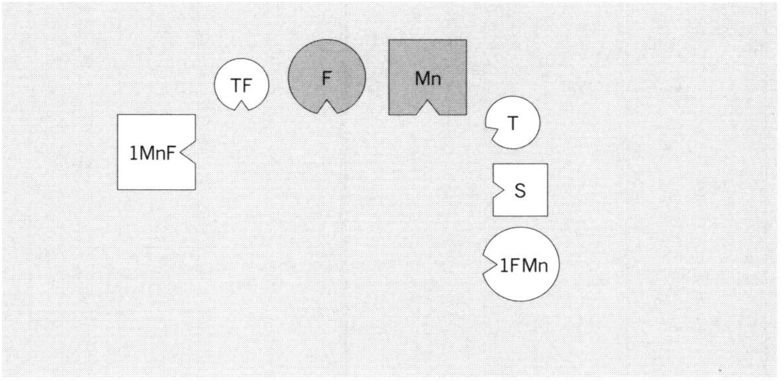

HELLINGER *zur ersten Frau* So?
ERSTE FRAU Ja.
HELLINGER *zum Mann* Wie ist das für dich?
MANN Ich schaue auf den Sohn.
HELLINGER *zur Tochter des Mannes* Wie geht es dir?
TOCHTER DES MANNES Ich fühle ein Würgen.
HELLINGER *zu den Kindern des Mannes* Wechselt mal die Positionen, der Sohn näher zum Vater.

Sie wechseln die Positionen. Der Mann legt den Arm um seinen Sohn.

BILD 27

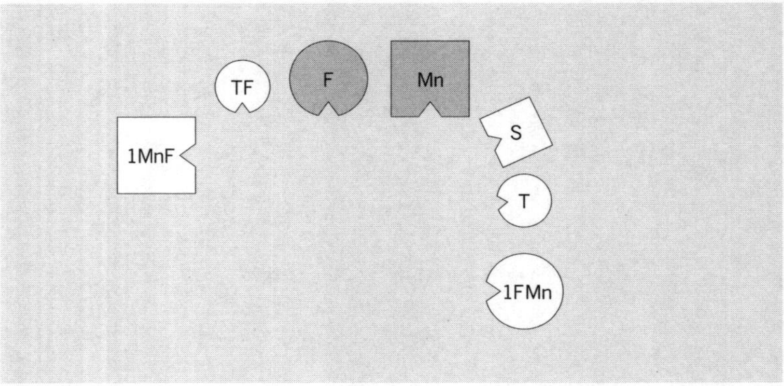

TOCHTER Es ist viel besser.
HELLINGER *zum Sohn* Für dich?
SOHN Der erste Mann der Frau gibt mir sehr viel Stärke.
HELLINGER *zum Mann* Für dich jetzt?
MANN Gut.

HELLINGER *zur Gruppe* Also, diese Seite haben wir jetzt. Wenn es eine Trennung gab, eine Scheidung, dann fühlen sich die Kinder in der Regel am besten, wenn sie zwischen den Eltern stehen können, so wie hier. Selbst wenn sie getrennt sind, als Eltern sind sie verfügbar.
zur Frau, als er sieht, dass es ihr nicht gut geht Was ist passiert?
FRAU Ich fühle mich unwohl.
HELLINGER Warum hast du dich vom ersten Mann getrennt?
FRAU Die Geschichte war zu Ende.
HELLINGER Was ist?
FRAU Ich fühle mich nicht unwohl, wenn mein erster Mann da ist.
HELLINGER Gab es noch eine frühere Beziehung?
FRAU Nein.

HELLINGER *zum ersten Mann* Was ist bei dir?
ERSTER MANN Ich fühle, dass meine Tochter von mir weggeht, vor mir flieht.

Hellinger führt den ersten Mann einige Schritte zurück.

HELLINGER *zur Tochter der Frau* Stell dich neben deine Mutter.

Die Tochter der Frau stellt sich wieder neben ihre Mutter.

BILD 28

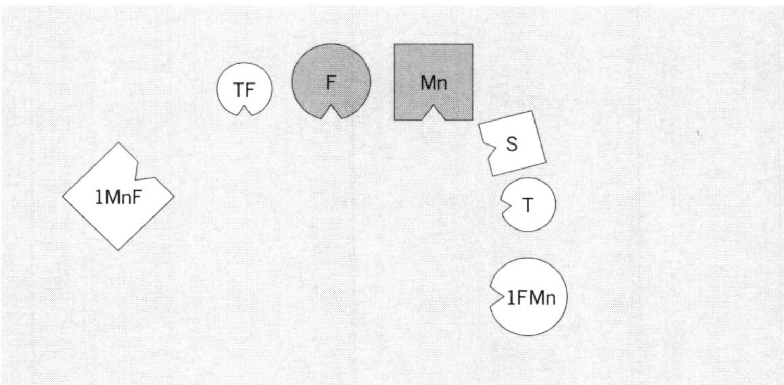

HELLINGER *zum ersten Mann* Schau die Tochter an.
zur Tochter, die den Kopf abgewandt hat Die Tochter soll rüberschauen.
TOCHTER DER FRAU Das kann ich nicht, es gelingt mir nicht.
HELLINGER *zur Frau* Was ist passiert?
FRAU Ich bin betrogen worden, er hat eine andere Frau gehabt.
HELLINGER Nein, was ist hier passiert, zwischen ihm und der Tochter?

FRAU Nichts, überhaupt nichts.
HELLINGER Na klar ist etwas passiert.
TOCHER DER FRAU Als die Mutter gesagt hat: »Nichts«, habe ich mich gefühlt, als wollte ich mich zu meinem Vater wenden.
HELLINGER *zur Tochter der Frau* Geh, geh mit der Bewegung.

Die Tochter der Frau geht zu ihrem Vater. Er will seine Hände auf ihre Schulter legen, sie schüttelt die Hände zunächst ab und schmiegt sich dann mit geschlossenen Augen an seine Schulter.

BILD 29

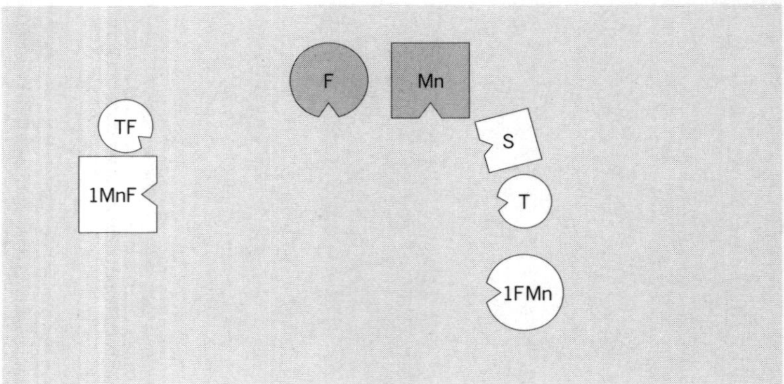

HELLINGER *zur Frau* Wie alt ist die Tochter?
FRAU 17.
HELLINGER *zur Tochter der Frau* Jetzt geh noch einmal zur Mutter. Probiere, wie das ist.

Die Tochter geht in Richtung ihrer Mutter, bleibt dann aber stehen.

BILD 30

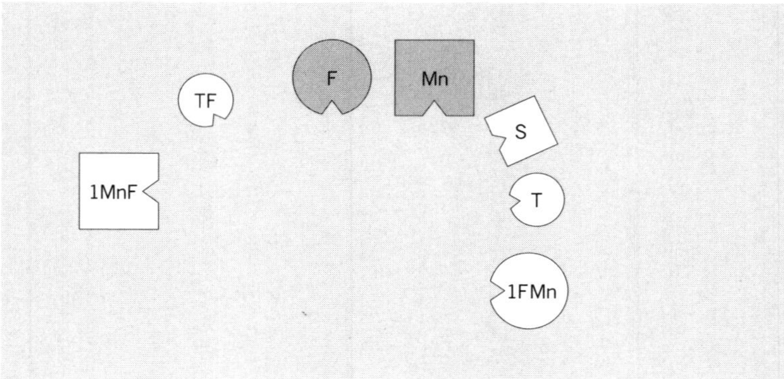

HELLINGER *zur Tochter der Frau* Wie ist es hier in der Mitte?
TOCHTER DER FRAU Ich weiß nicht, wo ich hingehen soll. Ich weiß nicht mehr, wo ich hingehen soll.
HELLINGER Bleib in der Mitte. Wie ist das?
TOCHTER DER FRAU Ich fühle mich unwohl, ich zittere und das Herz schlägt fest. Ich bin sehr aufgewühlt.

Hellinger lässt die Tochter der Frau wieder zu ihrem Vater gehen.

BILD 31

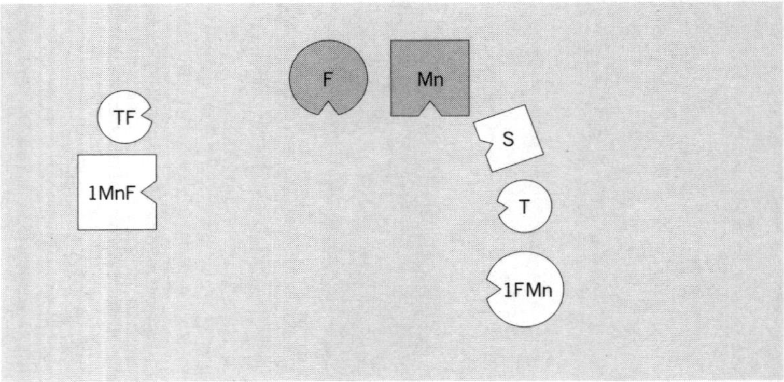

HELLINGER *zur Tochter der Frau* Und hier?
TOCHTER DER FRAU Hier auch, ich kann nicht richtig atmen.
HELLINGER Was ist bei dir?
TOCHTER DER FRAU Meine Arme sind wie abgestorben, ich schaue immer wieder runter, sowohl, als ich dort war, wie auch hier.
HELLINGER *zur Frau* Okay, ich unterbreche es hier und werde morgen noch mit dir eigens arbeiten. Da ist etwas in der Herkunftsfamilie, entweder in deiner oder in seiner, wahrscheinlich in deiner. Okay? Gut.

zur Gruppe Ich habe sehr lange mit diesem Paar gearbeitet, heute Morgen und jetzt noch einmal. Aber es wurde bei dieser Arbeit sichtbar, wie wenig es bringt, wenn man nur auf das Vordergründige schaut, und dass da Einflüsse hereinkommen, über die weder der Mann noch die Frau Macht haben. Aller guter Wille hilft hier nichts.
zum Mann Bei dir haben wir es jetzt mehr oder weniger gelöst. Die Frau kommt morgen dran. Okay? Gut.
zur Gruppe Es ist gut, dass wir auch mal sehen, wie sehr man manchmal ins Detail gehen muss, um eine Lösung zu finden,

und dass es Geduld braucht. In einem Kurs wie hier ist ja in der Regel wenig Zeit. In kleineren Gruppen, die mehrere Tage dauern, kann man eher Schritt für Schritt vorgehen. Deswegen ist das, was ich hier mache, auch kein Modell für die Arbeit in kleineren Gruppen. Da könnt ihr anders vorgehen, langsamer.

ZWÖLFTES PAAR:

OHNE MUTTER KEIN MANN

HELLINGER Ich arbeite jetzt weiter. Wer will mit mir arbeiten?

nachdem sich ein Paar gemeldet hat, zum Mann Es gibt immer noch Mutige.

MANN Sehr oft ist der Mut versteckte, große Angst.

HELLINGER Na gut, ohne Angst kein Mut.

MANN Einverstanden.

HELLINGER Wie lange seid ihr schon verheiratet?

MANN 13 Jahre.

HELLINGER Habt ihr Kinder?

MANN Ja, drei Töchter.

HELLINGER Wie alt sind sie?

MANN Zwölf Jahre, fünf und drei.

HELLINGER *zur Frau* Wie geht es der Frau?

FRAU Nicht gut.

HELLINGER *zur Frau* Setz dich mal neben mich. Mach die Augen zu.

Sie schließt die Augen. Nach einiger Zeit öffnet sie sie wieder.

HELLINGER *zur Frau* Schau mal zu deinem Mann.

Sie sieht ihren Mann lange an.

HELLINGER Ohne Mutter keinen Mann.

Hellinger wählt eine Stellvertreterin für die Mutter und lässt sie vor die Frau auf den Boden knien.

BILD 1

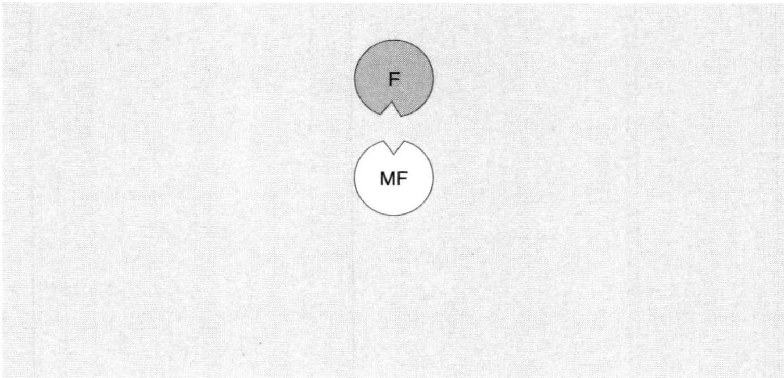

F **Frau**
MF Mutter der Frau

Die Frau hat Tränen in den Augen. Sie sieht Hellinger an und schaut dann zur Mutter. Nach einer Weile steht die Mutter auf.

HELLINGER *zur Frau* Steh auch auf.

Die Frau und ihre Mutter stehen sich gegenüber und sehen sich lange an. Hellinger führt die Mutter einige Schritte zurück und dreht sie um.

BILD 2

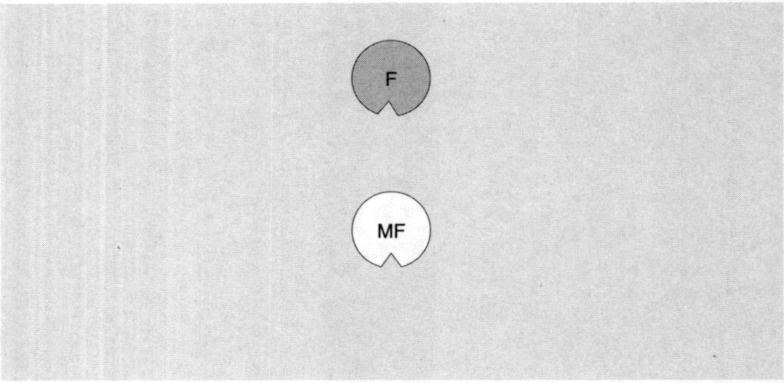

Die Mutter geht noch weiter weg.

BILD 3

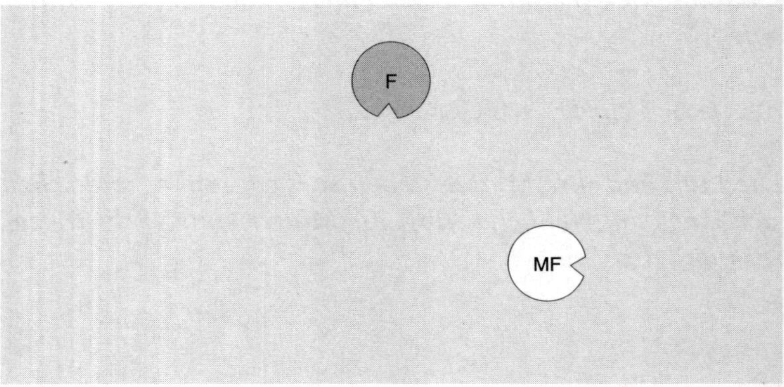

Die Frau weint, ihr Gesichtsausdruck wird trotzig. Sie bewegt sich aber nicht. Die Mutter dagegen schaut immer wieder zu ihrer Tochter.

HELLINGER *zur Gruppe* Ich habe bei Frauen die Beobachtung gemacht, dass sie manchmal lieber sterben, als ihrer Mutter die Ehre zu geben.
als sich die Haltung der Frau nicht ändert Hier unterbreche ich es.

DER UNTERSCHIED

HELLINGER *zur Gruppe* Ich mache jetzt eine kleine Demonstration.

Er wählt einen Mann und eine Frau und stellt sie einander gegenüber.

BILD 1

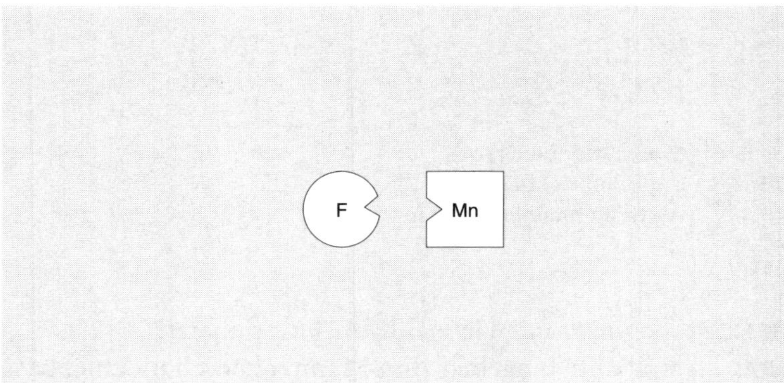

Mn Mann
F Frau

HELLINGER *zum Paar* Schaut euch an wie mit Liebe auf den ersten Blick. Jetzt spürt nach, wie viel Kraft ihr habt, du und du.

Hellinger wählt jetzt sieben Frauen aus für die Mutter, die Großmütter, die Urgroßmütter und die weiteren weiblichen Ahnen und stellt diese hinter die Frau.

BILD 2

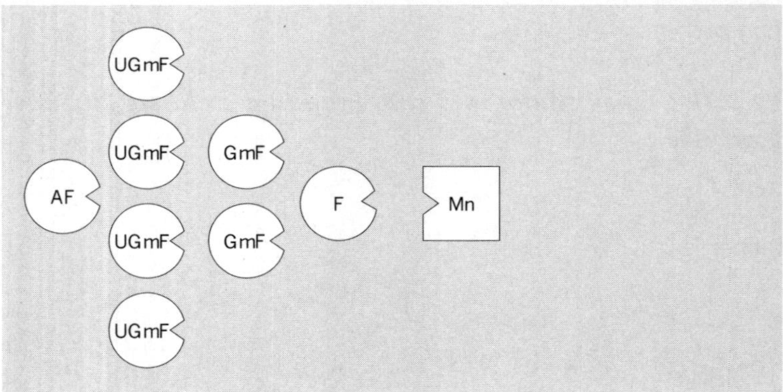

GmF Großmütter der Frau
UGmF Urgroßmütter der Frau
AF Weitere Ahninnen der Frau

HELLINGER *zur Frau* Wie viel Kraft hast du jetzt?
FRAU Ich möchte hingehen zum Mann, aber ich möchte, dass auch er einen Schritt macht.
HELLINGER Warte noch ein bisschen.

Hellinger wählt jetzt sieben Männer aus für den Vater, die Großväter, die Urgroßväter und die weiteren männlichen Ahnen und stellt diese hinter den Mann.

BILD 3

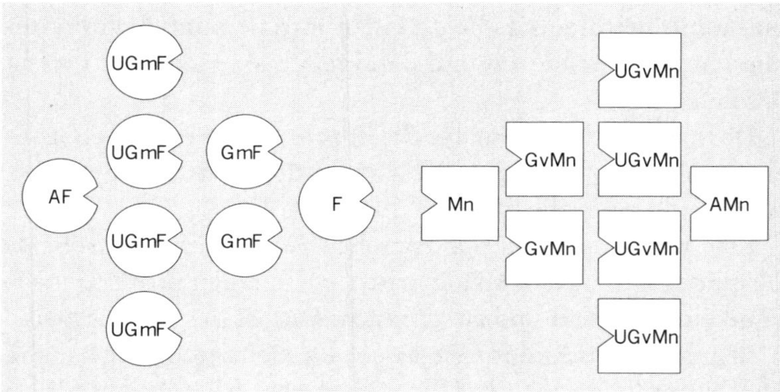

GvMn Großväter des Mannes
UGvMn Urgroßväter des Mannes
AMn Weitere Ahnen des Mannes

HELLINGER *zum Mann* Wie viel Kraft hast du jetzt?
MANN Jetzt bleibe ich hier.
HELLINGER Okay, das war's schon, ich wollte das nur demonstrieren.

FRAU Ich wollte noch sagen: Als die ganzen Männer da waren, habe ich viel mehr Vertrauen gehabt. Ich habe mich sicherer gefühlt.
HELLINGER Weißt du jetzt auch, dass Männer Vertrauen verdienen? *(Lachen im Publikum)*
zur Gruppe Jetzt stellt euch vor, bei der Frau ist die Verbindung zur Mutter unterbrochen, so wie wir das hier gesehen haben. Hat sie Verbindung zu den Großmüttern? Zu den Urgroßmüttern? Zu den Ahnen? Nein. Sie steht ganz allein. Armer Mann. *Er sieht den Mann an.* Aber vielleicht ist noch ein bisschen Hoffnung.

nach einer Weile Mir hat mal einer geschrieben, wie die moderne Art der Paarbeziehung ist: Ein Mann trifft eine Frau und dann heiraten sie. Beide laden ihre persönlichen Freundinnen und Freunde ein und dann feiern sie Hochzeit. Das ist das eine.

Die anderen laden zur Hochzeit ihre Eltern ein, ihre Großeltern, ihre Geschwister, alle Verwandten – 500 auf einmal. Welch ein Unterschied, wie viel mehr Kraft.

Eine Heirat ist nicht nur zwischen zweien. Etwas Größeres verbindet sich und das Paar tritt jetzt in einen größeren Verbund ein, fügt sich und ist getragen. Das ist der Unterschied.

In manchen Ländern ist es so, da sieht sich das Paar ja überhaupt nicht vor der Hochzeit. Das wird von den Eltern arrangiert. Sind sie dann nachher unglücklicher? Die Liebe entsteht erst nach der Heirat. Was vorher war, zählt nicht viel. Dann gibt es nämlich gleich die Liebe auf den zweiten Blick. Man wird mit jemandem konfrontiert, den man noch gar nicht kannte. Jetzt muss man genau hinschauen: Wer ist die andere Person? Dann sieht man sie eher, als wenn man im Sturm der Verliebtheit aufeinander zugeht. Aber die Liebe auf den zweiten Blick kann man nachholen. Also man kann nachholen, dass man genau hinschaut und zustimmt.

Ich habe mal ein Buch geschrieben: »Wie Liebe gelingt«. Johannes Neuhauser hat es herausgegeben. Der erste Satz in diesem Buch heißt: »Lieben kann man nur das Unvollkommene.« Das ist tröstlich. Alle haben dann eine Chance.

Einen Tag später

ELFTES PAAR:

(Fortsetzung)

»Ich entlasse dich mit Liebe«

HELLINGER Wir machen weiter mit der Friedensarbeit.
zur Frau Ich arbeite mit dir. Jetzt hoffen wir, eine gute Lösung zu finden.
FRAU Ich hoffe es auch.
HELLINGER Ich frage zuerst: Was ist in deiner Herkunftsfamilie passiert?
FRAU Es gibt Probleme zwischen mir und meinen Eltern.
HELLINGER Was ist passiert?
FRAU Ich bin gezwungen worden, den Menschen zu heiraten, den ich nicht wollte.
HELLINGER Wer hat dich gezwungen?
FRAU Meine Eltern.
HELLINGER Wer besonders?
FRAU Beide, besonders meine Mutter.
HELLINGER Dann schauen wir mal.

Hellinger wählt Stellvertreter für den früheren Mann der Frau und ihre Eltern. Die Frau selbst stellt er ins Bild.

BILD 1

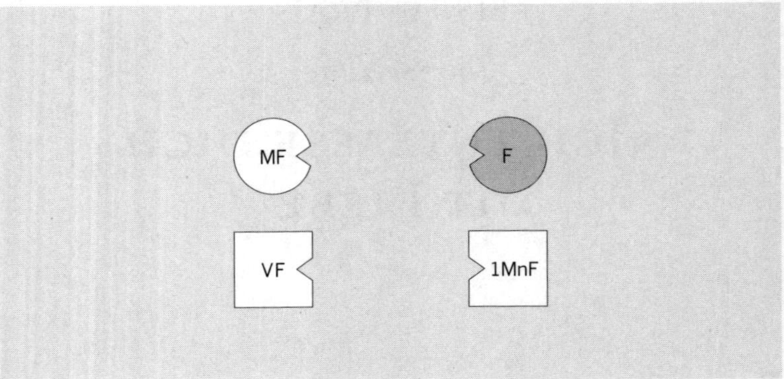

F	**Frau**
1MnF	Erster Mann der Frau, Vater der Tochter
VF	Vater der Frau
MF	Mutter der Frau

HELLINGER *zur Frau* Sag ihnen: »Er gehört euch.«
FRAU Er gehört euch.
HELLINGER »Mama, er gehört dir.«
FRAU Mama, er gehört dir.

Die Mutter der Frau sieht kurz ihren Mann an und wendet den Blick ab. Der Vater der Frau schaut seine Frau lange an. Hellinger stellt die Stellvertreterin der Tochter neben die Frau.

BILD 2

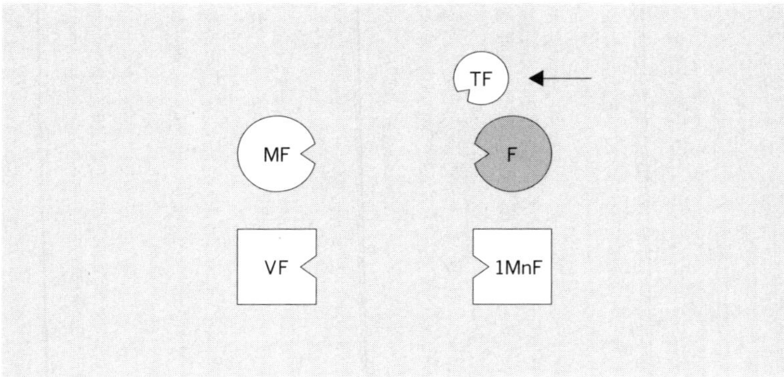

TF Tochter der Frau

HELLINGER *zur Frau* Sag deiner Mutter: »Mama, meine Tochter gehört dir.«
FRAU Mama, meine Tochter gehört dir.

Die Tochter dreht sich zu ihrer Mutter und lehnt den Kopf an deren Schulter. Die Frau sieht ihre Eltern an. Hellinger stellt den ersten Mann der Frau vor seine Schwiegermutter. Der Schwiegervater, der seine Frau immer noch ansieht, geht etwas zurück.

BILD 3

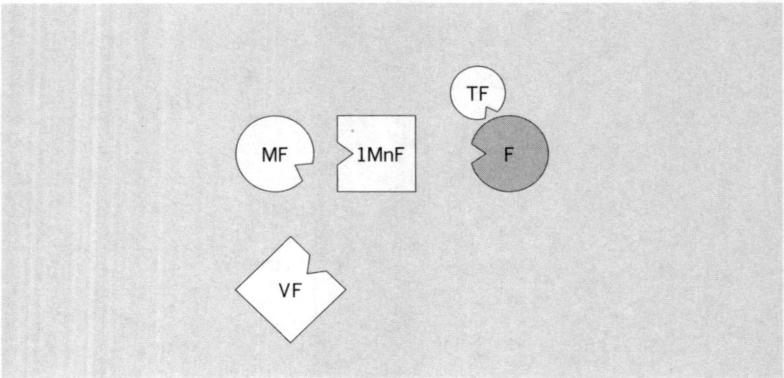

Die Schwiegermutter wendet den Blick ab. Sie senkt den Kopf und dreht sich in Richtung ihres Mannes, schaut ihn aber nicht an. Dann dreht sie den Kopf wieder zur anderen Seite. Die Tochter stellt sich vor ihre Mutter. Der erste Mann geht etwas zur Seite.

BILD 4

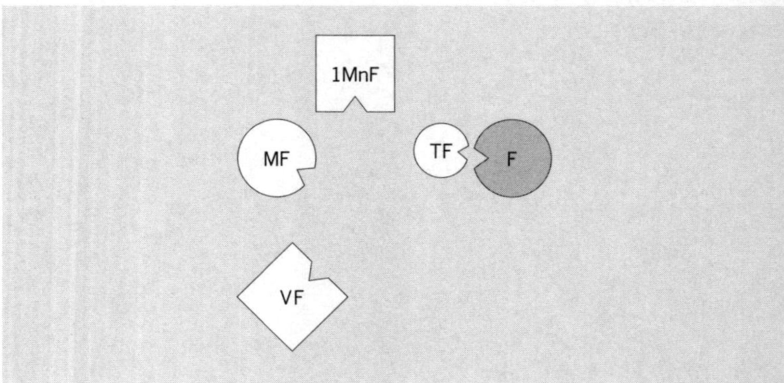

HELLINGER *zur Frau* Sag deiner Tochter: »Jetzt gehörst du mir.«
FRAU Jetzt gehörst du mir.
TOCHTER *schüttelt den Kopf* Es ist nicht wahr.

Der erste Mann und die Schwiegermutter sind unruhig. Die Tochter wendet den Blick von ihrer Mutter ab.

HELLINGER *zur Tochter* Schau die Mutter an.

Die Tochter schaut kurz zu ihrer Mutter, wendet ihren Blick dann nach rechts und schaut ihre Mutter wieder an. Hellinger stellt den ersten Mann vor seine ehemalige Frau und seine Tochter.

BILD 5

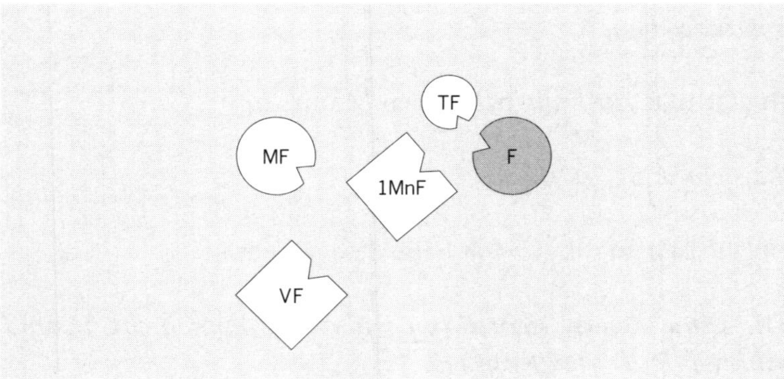

Mutter und Tochter sehen sich lange an. Der erste Mann wird unruhig. Nach einiger Zeit fassen sich Mutter und Tochter bei den Händen. Hellinger lässt den ersten Mann seine Hände auf die Schulter der Frau und der Tochter legen. Die Eltern der Frau dreht er weg.

BILD 6

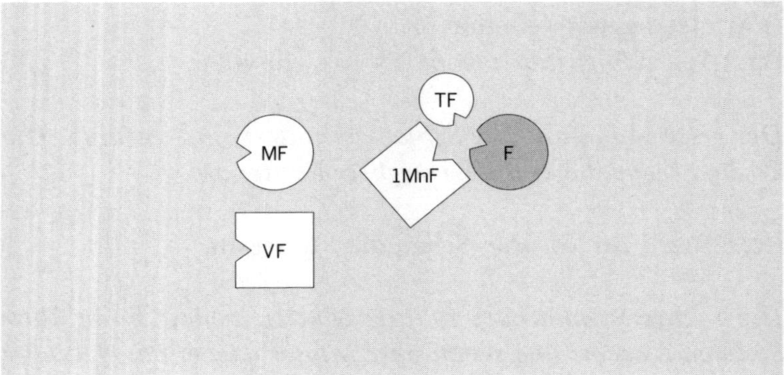

Die Eltern der Frau legen die Arme umeinander. Die Tochter lehnt den Kopf an die Schulter ihres Vaters und schmiegt sich an ihn. Die Frau scheint sich bei der Berührung ihrer Schulter durch den ersten Mann nicht wohl zu fühlen und versucht auszuweichen.

HELLINGER *zur Frau* Schau den Mann an.

Sie sieht ihn zögernd an.

HELLINGER Sag ihm: »Ich habe dich geliebt.«

Die Frau zögert, sieht ihren früheren Mann nicht an und schüttelt leicht den Kopf.

HELLINGER Sag ihm: »Ich habe dich reingelegt.«

Die Frau zögert und schüttelt den Kopf.

HELLINGER Sag ihm: »Ich habe dich geliebt.«
FRAU Ich habe dich lieb gehabt.

HELLINGER Sag es der Tochter: »Ich habe deinen Vater lieb gehabt.«
FRAU Ich habe deinen Vater lieb gehabt.

Die Tochter lächelt leicht und schmiegt sich dann an ihren Vater.

HELLINGER *zur Frau* Sag ihr: »Du darfst bei ihm bleiben.«
FRAU Du darfst bei ihm bleiben.
HELLINGER »Doch ich bleibe immer deine Mutter.«
FRAU Doch ich bleibe immer deine Mutter.
HELLINGER Schau den Mann an.

Sie schaut ihren früheren Mann nicht an.

HELLINGER Sag ihm: »Ich entlasse dich mit Liebe.«
FRAU Ich entlasse dich mit Liebe.
HELLINGER Schau ihn an dabei.
FRAU Ich entlasse dich mit Liebe.

Der frühere Mann nickt. Hellinger stellt den jetzigen Mann der Frau neben sie.

BILD 7

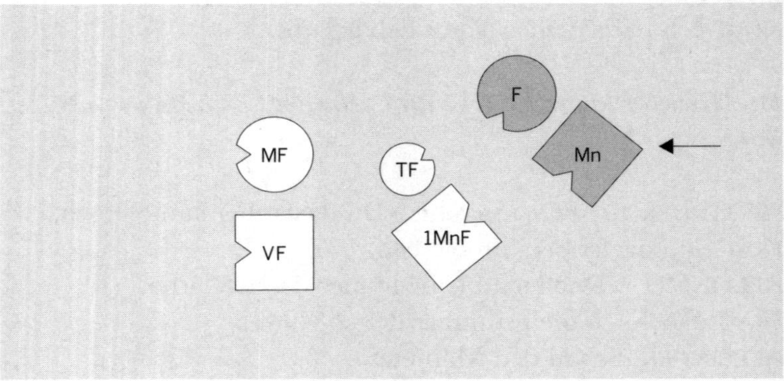

Mn Mann

Der frühere Mann und die Tochter treten etwas zurück und legen die Arme umeinander.

HELLINGER *zur Frau* Schau deinen Mann an.

Die Frau schaut ihren Mann an. Dann umarmen sie sich. Die Tochter senkt den Kopf.

HELLINGER Okay?
FRAU Ja.
MANN Danke.
HELLINGER *zu den Stellvertretern* Danke euch allen.

zur Gruppe Auch wo es unseren gewöhnlichen Moralvorstellungen oder den Idealvorstellungen einer Ehe nicht entspricht – die Liebe ist eine Himmelsmacht, wo immer sie sich zeigt.

DREIZEHNTES PAAR:
»ICH TRAGE MEIN SCHICKSAL ALLEINE«

HELLINGER Noch ein Paar, das mit mir arbeiten will?
nachdem sich ein Paar gemeldet hat Ihr steht ja noch ganz am Anfang.

Beide nicken.

MANN Ja, es ist wahr. Hier habe ich gemerkt, vielleicht sind wir noch nicht einmal ein Paar.
HELLINGER Seid ihr verheiratet?
MANN Nein.
HELLINGER *zum Mann* Wie lange kennt ihr euch schon?
MANN Vier Jahre.
HELLINGER Dann ist es vorbei. Wenn nach vier Jahren nichts passiert ist, dann ist es vorbei.
zur Gruppe Stellt euch vor, sie warten vier Jahre – was sagt er ihr die ganze Zeit? »Ich warte auf eine andere.« Und was sagt sie ihm? »Ich warte auf einen anderen.« Und da soll noch etwas daraus werden?
nach einer Weile zur Gruppe Da war mal einer, der wollte ein Auto kaufen. Er hat sich die verschiedenen Modelle angeschaut, doch an jedem Modell war irgendetwas nicht ganz in Ordnung. Dann hat er auf die Modelle vom nächsten Jahr gewartet, hat alle angeschaut – und wieder hat an jedem etwas gefehlt. Im dritten Jahr hat er es wieder so gemacht. Nach einigen Jahren bekam er Torschlusspanik. Er sagte: »Ein Auto muss her, um jeden Preis.« Dann ist er zum nächsten Auto-

händler gestürmt – und wurde auf dem Weg dorthin überfahren.

Lachen im Publikum.

HELLINGER *zur Gruppe* Ich habe mir sagen lassen: Praktisch alle Autos fahren gut genug.
zum Mann Willst du noch etwas sagen?
MANN Ich habe nichts mehr hinzuzufügen.
HELLINGER *zur Frau* Möchtest du etwas sagen?
FRAU Ich wüsste nicht, was ich sagen sollte.
HELLINGER *zum Mann* Jutta hat mir gerade eine Information über dich gegeben. Was ist mit dir?
MANN Ich habe multiple Sklerose.
HELLINGER Dann ist alles anders. Weißt du, was das heißt?
MANN Ja, wir haben schon voriges Jahr gearbeitet.
HELLINGER Schau sie an und sag ihr: »Ich trage mein Schicksal alleine.«
MANN *zur Frau* Ich trage mein Schicksal alleine.

Beide sehen sich lange an.

HELLINGER *zur Frau* Sag ihm: »Danke.«
FRAU *zum Mann* Danke.

DIE GROßE LIEBE

HELLINGER *zur Gruppe* Ich möchte noch etwas darüber sagen. Jeder muss sein Schicksal alleine tragen. In einer Paarbeziehung, am Anfang, kann niemand einen Partner festhalten und verlangen, dass er sein Schicksal mitträgt. Zum Beispiel wenn sich herausstellt, dass einer der Partner keine Kinder haben kann und der andere gerne Kinder haben möchte, dann

darf der, der keine Kinder haben kann, den anderen nicht festhalten. Dann ist der andere frei. Sonst lebt er ein fremdes Leben, nicht sein eigenes. Jeder muss sein eigenes Leben leben können. Wenn sie aber 30 Jahre verheiratet wären und einer wird krank, dann ist es etwas anderes. Dann tragen sie es gemeinsam. Aber eine Paarbeziehung kann nicht so beginnen. Da muss jeder zu sich stehen.
zum Mann Dann gewinnst du Größe. – Okay, da lasse ich es.

nach einer Weile zur Gruppe Es gibt zwei Bewegungen in einer Paarbeziehung. Die eine ist der Wunsch »Liebe mich«. Das andere ist die Zusicherung »Ich liebe dich«. In dieser Zusicherung »Ich liebe dich« sage ich: »Ich will alles, was für dich gut ist, auch wenn es beinhaltet, dass du deinen eigenen Weg gehst.« Das ist die große Liebe.

Wenn jemand Liebe erwartet, dann kann er sich fragen: »Bin auch ich bereit, Liebe zu geben, und sei es mit diesen Folgen?« Wenn jemand den Partner an sich zieht mit der Vorstellung »Ich brauche dich und ohne dich kann ich nicht leben«, dann muss der andere dessen Leben leben und nicht mehr sein eigenes.

Natürlich ist es in einer Beziehung so, dass jeder den anderen braucht, und das auch zum Ausdruck bringen darf, und dass man sich gegenseitig gewährt, was der andere braucht. Wenn es aber so weit geht, dass ich gleichsam in den Lebensweg des anderen eingreife und ihn festhalte und fordere: »Nein, jetzt gehörst du mir« – dann ist die Beziehung zu Ende. Dann bleibt die Liebe stehen und hört sogar auf.

Gleichgeschlechtliche Liebe als Schicksal

HELLINGER *zu einem Mann, der allein gekommen ist* Ich arbeite mit dir. Ist es okay, wenn ich jetzt mit dir arbeite?
MANN Ja.
HELLINGER Möchtest du kurz sagen, um was es geht?
MANN Ich bin schwul – das ist aber für mich kein Problem. In Bezug auf Paarbeziehung ist da eine Situation, die mich zum Leiden bringt, die schmerzhaft ist.
HELLINGER Wer ist es?
MANN Ein anderer Junge, der nicht da ist.
HELLINGER Hast du eine feste Beziehung?
MANN Das ist das Problem. Wir suchen uns dauernd, aber ich fühle, dass er es nie richtig zulässt, dass man in eine Beziehung hineingeht.
HELLINGER Ich schlage dir vor, erst einmal auf deine Herkunftsfamilie zu schauen. Dann schauen wir weiter. Also, da ist der Vater, die Mutter und wie viele Geschwister?
MANN Ich bin Einzelsohn.
HELLINGER Okay, dann suche jemand aus für deinen Vater, für deine Mutter und für dich. Stell sie auf, wie du das hier gesehen hast. Langsam, bleib gesammelt.

BILD 1

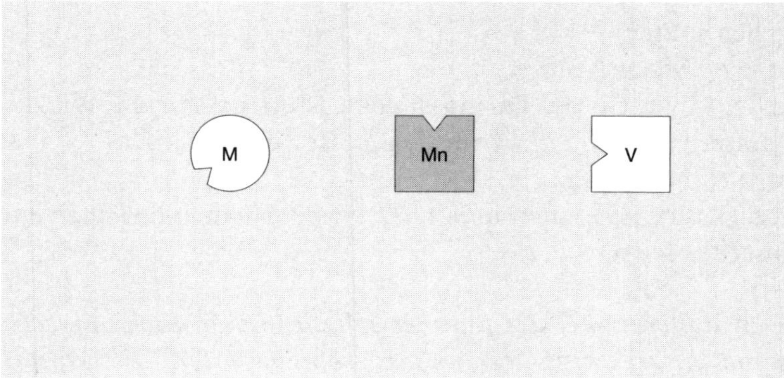

Mn	**Mann**
V	Vater
M	Mutter

Die Mutter sieht ihren Sohn nicht an.

HELLINGER Was ist in der Familie deiner Mutter passiert?
MANN Meine Mutter ist zur Welt gekommen, als mein Großvater schon in Afrika war.
HELLINGER Was hat er da gemacht?
MANN Gearbeitet. Die Familie hätte nachkommen sollen, aber dann haben sie sich entschlossen, das nicht zu machen. Meine Mutter hat ihren Vater das erste Mal gesehen, als sie 20 Jahre alt war.

Der Stellvertreter des Mannes schaut abwechselnd zu seinem Vater und zu seiner Mutter, die sich inzwischen zum Sohn gedreht hat.

HELLINGER *zum Mann* Wenn du deinen Stellvertreter anschaust, wie er sich verhält: Was ist bei ihm los?

MANN Er weiß nicht, wo er hingehen soll.
HELLINGER Genau. Wer war das, der nicht wusste, wo er hingehen sollte?
MANN Meine Mutter.
HELLINGER Genau. Du musst deine Mutter vertreten. Wie die Mutter kannst du nicht zum Vater. Ist dir das klar?
MANN Nicht ganz.
HELLINGER Das sieht man hier, wir beobachten das noch ein bisschen weiter.

Der Stellvertreter des Mannes schaut immer noch abwechselnd zu seiner Mutter und zu seinem Vater. Die Mutter schaut zu ihm und wendet sich dann wieder ab.

HELLINGER *zum Mann* Weißt du, was aus einem Mann wie dir wird?
MANN Nein.
HELLINGER Er wird homosexuell. Er hat keinen anderen Weg. Das ist systemisch bedingt. Der Sohn, der nicht zu seinem Vater kann und auf die Mutter achten muss, der wird homosexuell. Das ist ein Schicksal, keine genetische Sache. Und es ist nicht rückgängig zu machen. Dann stimmt man dem Schicksal zu. Ist dir das klar?
MANN Ja.
HELLINGER Okay.
zu den Stellvertretern der Eltern Ich danke euch.
zum Stellvertreter des Mannes Du bleibst noch stehen.

Hellinger wählt einen Stellvertreter für den potenziellen Lebensgefährten aus und stellt ihn dem Stellvertreter des Mannes gegenüber.

HELLINGER *zu diesem Stellvertreter* Du bist der, den er sucht.

BILD 2

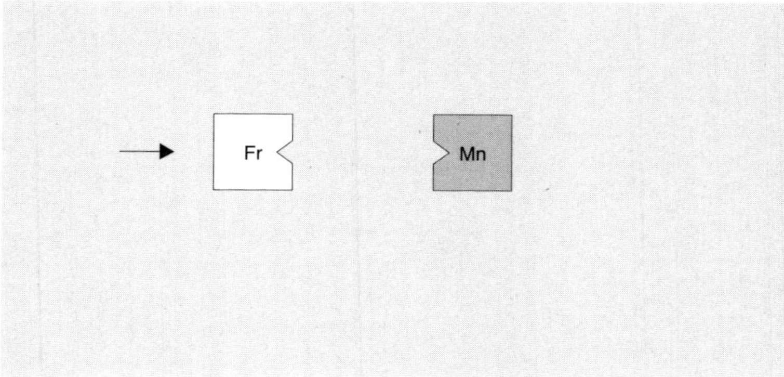

Fr Freund, erwünschter Lebensgefährte des Mannes

Der erwünschte Lebensgefährte des Mannes bewegt sich unruhig auf seinem Platz und wendet sich dabei unschlüssig nach rechts und nach links.

HELLINGER *zu diesem Stellvertreter* Okay, es genügt schon.
zum Mann Weißt du, was das bedeutet?
MANN Als Gefühl ja.
HELLINGER Es ist noch einmal das Gefühl deiner Mutter, die nicht hingehen kann, wohin sie will. Noch einmal schicksalhaft.
zu den beiden Männern Okay, ihr könnt euch setzen. Danke.
zur Stellvertreterin der Mutter Jetzt kommst du noch einmal her.

Hellinger stellt den Mann selbst ins Bild und die Stellvertreterin seiner Mutter ihm gegenüber.

BILD 3

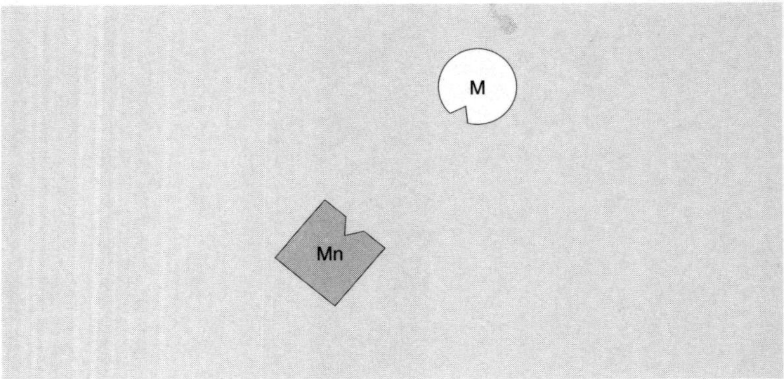

Der Mann ballt die Hände zu Fäusten.

HELLINGER Ich habe jetzt noch ein anderes Bild.
zur Gruppe Seht ihr die Aggression in seinen Händen? Das ist das Gefühl des Großvaters, der verlassen wurde.
zum Mann Verstehst du das?
MANN Ich habe nie daran gedacht.
HELLINGER Bleib so, jetzt fühlst du es. Jetzt suche ich dir deinen Retter. Wer wird es sein?
MANN Ich weiß es nicht.
HELLINGER Dein Großvater.

Hellinger wählt einen Stellvertreter für den Großvater des Mannes und stellt ihn vor den Mann.

BILD 4

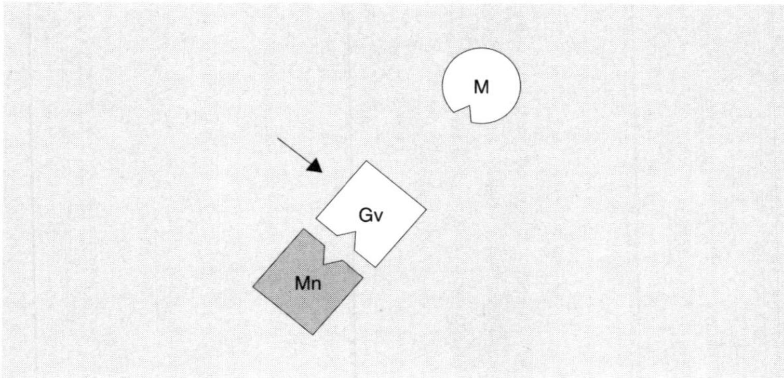

Gv Großvater des Mannes

Der Großvater sieht seinen Enkel an. Die Mutter tritt einen Schritt zurück. Der Großvater senkt den Blick und sieht zu Boden.

HELLINGER Jetzt kommt noch etwas ans Licht.

Hellinger wählt einen Mann und lässt ihn sich auf den Boden zwischen den Sohn und den Großvater legen. Die Mutter geht einige Schritte nach rechts, um besser sehen zu können.

Bild 5

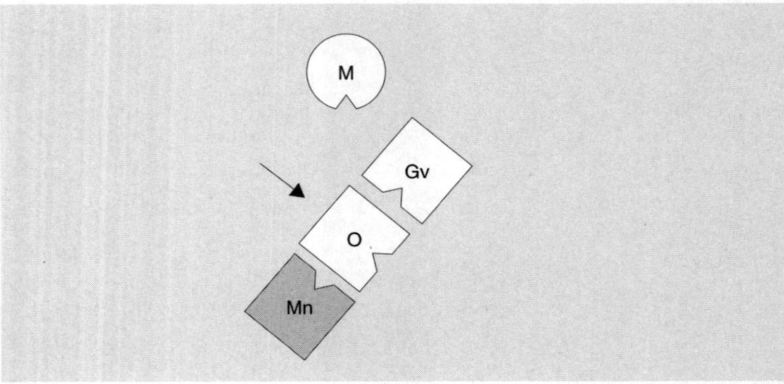

O Mann, Opfer, nicht klar, wen er vertritt

Der Mann und der Großvater schauen auf das Opfer am Boden.

HELLINGER *zum Großvater* Geh mit deiner Bewegung.

Der Großvater kniet sich nieder und kauert sich auf den Boden vor das Opfer.

Hellinger stellt die Mutter abseits. Den Vater stellt er wieder ins Bild, neben die Mutter, den Mann stellt er beiden gegenüber.

BILD 6

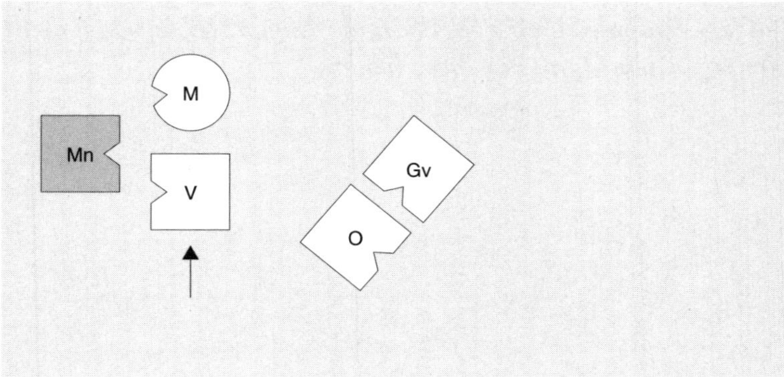

V Vater

Beide Eltern legen die Arme umeinander.

HELLINGER *zum Mann* Sag der Mutter: »Bitte schau auf mich als deinen Sohn.«
MANN Bitte schau auf mich als deinen Sohn.
HELLINGER Sag es dem Vater auch.
MANN Bitte schau auf mich als deinen Sohn.

Der Mann und seine Eltern umarmen sich lange. Der Großvater legt sich neben den unbekannten Mann auf den Boden.

HELLINGER *nach einer Weile zum Mann* Gut so?
MANN Nicht so ganz.
HELLINGER *zu den Stellvertretern der Eltern* Okay, jetzt setzt ihr euch. Danke.
zum Mann Bleib du stehen.
zum Großvater und dem toten Mann Jetzt steht ihr zwei auf und stellt euch nebeneinander.
zum Mann Du auf die andere Seite.

zum Großvater und dem toten Mann Schaut euch an.

Beide schauen sich eine Weile in die Augen. Inzwischen stellt Hellinger den Mann vor diese beiden.

BILD 7

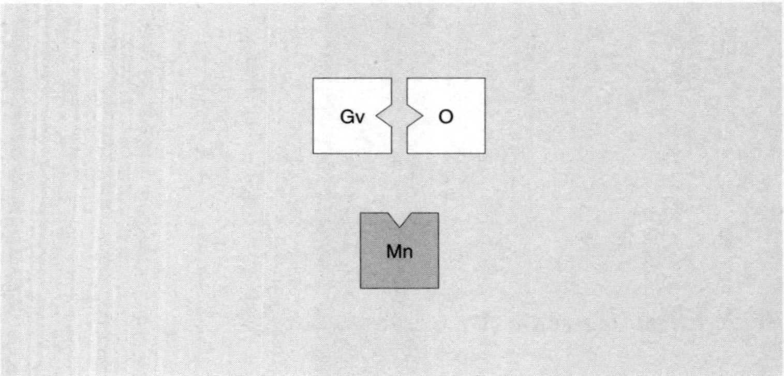

HELLINGER *zum Großvater und dem toten Mann, nachdem sie sich lange angeschaut haben* Stellt euch nebeneinander. *zum Mann* Jetzt lehnst du dich mit dem Rücken an beide an.

Der Mann lehnt sich an beide an.

BILD 8

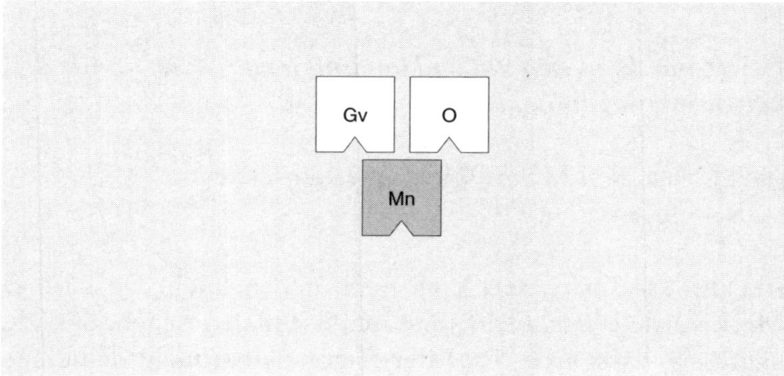

HELLINGER *zum Großvater und dem toten Mann* Und ihr legt eine Hand auf seine Schulter.
zum Mann Der Großvater ist ein Mörder und der andere Mann ist sein Opfer.

Der Großvater legt die Hand auf die Schulter des Mannes, das Opfer legt seine Hand zuerst auf die Schulter, dann auf das Herz des Mannes.

HELLINGER *zum Großvater und dem toten Mann* Und ihr beide schaut euch an, Täter und Opfer.

Die beiden sehen sich an. Der Großvater senkt den Blick.

HELLINGER *zum Mann* Und du lässt jetzt die Energien von beiden in dir zu einer Einheit zusammenfließen.
nach einer Weile zum Mann Tief atmen dabei, mit offenem Mund. Ja, so ist es gut, tief atmen.

Der tote Mann streichelt den Mann.

HELLINGER *zum Mann* Und jetzt drehst du dich um und nimmst beide zugleich in den Arm. Leg den Arm um beide.

Der Mann dreht sich um und umarmt beide Männer. Alle drei halten sich eng umschlungen.

HELLINGER *zum Mann* Wie geht es dir jetzt?
MANN Besser.

HELLINGER Okay, setz dich noch neben mich. Da kam ja Merkwürdiges ans Licht. Erst mal hat man gesehen, dass du aggressiv warst – das ist Täter-Energie, aber nicht deine. Du hast sie übernommen. Als ich den Großvater dazugestellt habe, hat er auf den Boden geschaut. Das heißt: Er schaute auf einen Toten. Hier war vom Bild her ganz klar: Er schaut nicht nur auf einen Toten, sondern auf ein Opfer. Darum ist er zu ihm hinuntergegangen und hat sich neben ihn gelegt. Den Täter zieht es zum Opfer.

Und du, was ist jetzt mit dir? Du vertrittst beide, den Täter und das Opfer. Du spürst die Energie von beiden – und das führt zu einer Verwirrung. Sehr oft führt das zu Schizophrenie. Manchmal werden solche, statt dass sie schizophren werden, homosexuell. Das ist sozusagen das leichtere Los.

Jetzt, wo du beides gespürt hast, kannst du die Täter-Energie beim Großvater lassen und die Opfer-Energie beim Opfer. Und du schaust nach vorne. Du bist von dieser Energie frei und – klar.

Gut, das war's dann.
MANN Kann ich noch etwas sagen? Ich weiß nicht, ob das damit zu tun hat: In der Vergangenheit habe ich oft versucht, mich umzubringen.
HELLINGER Ja, das hängt damit zusammen. Doch wer will sich wirklich umbringen? Man konnte es hier sehen.
MANN Der Großvater.
HELLINGER Genau. Okay, alles Gute dir.

Am nächsten Tag

HOMOSEXUALITÄT

Ich möchte noch etwas zu gestern sagen. Das hier ist ja ein Paarkurs, und Paare sind in der Regel Männer und Frauen, die sich miteinander verbinden.

Gestern haben wir gesehen, was in einer Seele von jemandem vor sich geht, der sich als homosexuell bezeichnet. Manche haben dann die Vorstellung, als sei das eine Abweichung vom anderen Menschlichen. Aber ihr habt gesehen, wie sehr uns das alle bewegt hat, als wir Einblick gewinnen konnten in sein Schicksal und wir beobachten konnten, welche Kräfte wirken, wenn jemand auf diesen Weg gezwungen wird durch Verstrickungen. Ich möchte jetzt noch mehr über diese Art der Verstrickung sagen.

Über die Jahre habe ich beobachtet, dass jemand, der sich als homosexuell erfährt, keine Wahl hat. Er muss so sein. Das hängt aber mit Ereignissen aus der Familie zusammen. Eines, das ich beobachtet habe, war: In dieser Familie gibt es unter dem Druck des unbewussten kollektiven Gewissens ein Bedürfnis, dass eine Frau in einer späteren Generation vertreten werden muss. Vielleicht ist es eine Frau, der Unrecht geschah, oder eine, die man vergessen hat. Wenn es aber in dieser Familie kein Mädchen gibt, das diese Frau vertreten kann, dann muss ein Junge ein Mädchen vertreten. Dieser Junge wird dann homosexuell. Weil er eine Frau vertreten muss, hat er Schwierigkeiten, die männliche Identität zu finden. Das gilt auch für Frauen, die homosexuell sind – obwohl ich mir da nicht so ganz sicher bin. Ich bringe ein Beispiel.

Jemand sagt, er sei homosexuell, und ich sage: »Wir stellen mal die Herkunftsfamilie auf.« In seiner Familie gab es vier Buben. Ich habe gefragt: »Ist jemand gestorben?« Er sagte, ja, eine Schwester von mir. Sie war vor ihm geboren und wurde vergessen. Daher musste er seine tote Schwester vertreten. Das hat sich an einem Symbol gezeigt. Jedes dieser Kinder hatte eine Tasse, auf der sein Name stand. Auf seiner Tasse stand der Name der verstorbenen Schwester.

Wenn jemand in so ein Schicksal hineinkommt, dass er sich sozusagen zwischen Mann und Frau hin und her bewegen muss, dann gibt es manchmal auch eine Verwirrung. Wenn ein homosexueller Mann eine Frau vertreten muss, dann zeigt er auch sonst im Leben oft eine gewisse Verwirrung. Was ich gestern gesagt habe, dass Homosexualität und Schizophrenie oft in einer Linie sind, dass sich diese Verwirrung in Schizophrenie fortsetzen kann und dass dann die Homosexualität der leichtere Weg ist, das muss man hier bedenken.

Der erste Fall, wo ich so etwas beobachtet habe, war, dass ein Mann sagte, seine Tochter sei schizophren. Dann haben wir die Familie aufgestellt und es kam heraus, dass er einen Zwillingsbruder hatte, der bei der Geburt starb. Seine Tochter musste seinen Zwillingsbruder vertreten und wurde deswegen schizophren. Also, da gibt es bestimmte Verbindungen. Das ist aber nur die eine Art der Homosexualität – und auf gewisse Weise ist sie die schwerste. Weil eben auch eine gewisse Verwirrung damit verbunden ist. Aber diese Verwirrung kann man lösen. Gestern habe ich das Beispiel gebracht, wie man das lösen kann. Ich komme aber später noch darauf zurück.

Die zweite Art der Homosexualität hat damit zu tun, dass jemand einen vertreten muss, der als böse bezeichnet wird. Er muss also eine Person vertreten, die verachtet wurde. In unserer Gesellschaft wurden die Homosexuellen ja bis vor kurzem noch von vielen verachtet. Man hat auf sie heruntergeschaut. Wenn nun jemand so jemanden vertreten muss, dann verbindet er sich mit einem Verachteten. Er muss sich mit ihm verbinden unter dem Druck des kollektiven, unbewussten Gewissens. Aber er macht es im Grunde aus Liebe. Ich bringe auch dazu ein Beispiel:

Ein Freund von mir, ein sehr guter Psychotherapeut, homosexuell, kam eines Tages zu mir und sagte, er fühle sich so böse. Er war aber ein ganz lieber Mensch und sehr behutsam in der Psychotherapie. Ich habe ihm gesagt: »Wenn ich dich sehe und wenn ich höre, was du sagst, dann geht das nicht zusammen. Dieses Sich-böse-Fühlen muss jemand anderem gehören, den du vertrittst.« Dann fiel ihm ein: Seine Mutter war verlobt mit einem Mann, der ihr am Hochzeitstag gesagt hat, dass er sie nicht heiraten könne, dass er zurücktrete. Er hatte nämlich Syphilis. Alle haben auf ihn herabgeschaut und gesagt: »So ein Schuft!« Und doch hat er aus Liebe etwas Großes getan. Weil er verachtet wurde, wurde er vom Sohn dieser Frau vertreten. Deswegen wurde er homosexuell. Aber bei dieser Art von Homosexualität gibt es nicht die Verwirrung, unter der die oft zu leiden haben, die mit einer ausgeschlossenen Frau identifiziert sein müssen.

Es gibt noch eine dritte Art von Homosexualität. Sie ist leichter, sie geht nicht so tief in die Seele hinein, und da gibt es auch eine gewisse Freiheit. Ich bringe auch dazu ein Beispiel:

In einem Kurs wollte eine Frau ihre Familie aufstellen. Sie war von ihrem Mann getrennt und hatte einen kleinen Sohn. Als sie aufgestellt hat, hat sie für den Sohn eine Frau ausgewählt. In ihrem Kopf war also nicht klar, ob der Junge nun ein Junge ist oder ein Mädchen. Wenn bei Familienaufstellungen so etwas geschieht, weiß man sofort: Diese Person ist homosexuell oder wird homosexuell. Ich habe ihr gesagt: »Dein Sohn wird homosexuell.« Sie war sehr betroffen, ich habe aber nicht nachgefragt, wie es ausgegangen ist.

Nach vielen Jahren kommt eine Frau auf mich zu und fragt: »Kennst du mich noch?« »Nein.« »Ich war doch die Frau, die für ihren Sohn eine Frau aufgestellt hat.« »Ja, daran erinnere ich mich.« Sie sagte: »Ich möchte dir sagen, wie es ausgegangen ist.« Als sie nach Hause kam, hat ihr Sohn sie gefragt – er war damals noch ein kleiner Junge, vier Jahre alt: »Mama, wo warst du?« Sie sagte: »Ich war bei einem Kurs.« »Und was ist da passiert?« »Da war ein Mann, der hat gesagt, jedes

Kind hat zwei Eltern und vier Großeltern.« Da hat der Junge über das ganze Gesicht gestrahlt und gesagt: »Wir decken den Tisch für alle« – also für die Eltern und für die Großeltern. Dann saß er mit seiner Mutter am Tisch und sie haben gegessen mit der Vorstellung, dass der Vater und die Großeltern mit dabei waren.

Wenige Tage später stand der Sohn oben auf der Treppe und hatte Mädchenkleider im Arm – er hatte nämlich vorher Mädchenkleider getragen – und sagte: »Mama, jetzt geben wir diese Kleider den Mädchen zurück.«

Also eines ist daraus über die Homosexualität klar. Wenn jemand in dieser Weise leben muss, ist es ein Schicksal. Er gewinnt und behält seine Größe, wenn er diesem Schicksal zustimmt.

Es ist doch seltsam, dass sehr viele große kulturelle Leistungen von Männern und Frauen vollbracht werden, die homosexuell sind. Also, wer zu diesem Schicksal steht, gewinnt aus ihm auch eine besondere Kraft.

DER FRIEDE

Ich möchte noch mal auf eine Aufstellung von gestern zurückkommen. Am Ende habe ich einen Täter und sein Opfer nebeneinander gestellt. Eine solche Übung mache ich manchmal, wenn es um Schizophrenie geht. In vielen Fällen von Schizophrenie findet man, dass es einen verheimlichten Mord gab, oft mehrere Generationen zurück. Dann muss jemand unter dem Druck des kollektiven, unbewussten Gewissens beide gleichzeitig vertreten, einen Täter und ein Opfer. Dadurch wird er verwirrt.

Das erste Mal habe ich das bei einer Frau aus Belgien gesehen. Sie sagte, der eine Großvater war im Dritten Reich im Widerstand gegen die deutsche Besatzung, und der andere

Großvater war ein Anhänger der Deutschen. Sie liebte beide Großväter, doch von beiden ging eine verschiedene Kraft aus. Das konnte sie nicht miteinander verbinden. Damals habe ich diese Übung zum ersten Mal gemacht:

Man stellt den Täter und das Opfer nebeneinander und stellt den, der sie vertreten muss, mit dem Rücken an sie. Jetzt lässt der die Energie von beiden, vom Täter und vom Opfer, in sich zu einer Einheit zusammenfließen. Dabei schauen auch der Täter und das Opfer sich an, bis sie einander lieben. Nach einer Weile dreht der Klient sich um und umarmt beide. Wenn er spürt, dass sie in ihm zu einer Einheit zusammengeflossen sind, dreht er sich um und geht nach vorne. In dieser Übung kommt etwas Elementares ans Licht – nämlich, wie Frieden entsteht.

Was ist Frieden? Wenn alles, auch das, was sich entgegensteht, sich auf einer höheren Ebene verbindet. Wer auf der einen Seite bleibt oder auf der anderen Seite, ist abgeschnitten vom endgültigen Frieden.

Ein Opfer, das dem Täter keinen Platz in seinem Herzen gibt, findet keinen Frieden. Man sieht das, wenn man die toten Opfer und die toten Täter zusammen aufstellt. Erst wenn die toten Opfer den toten Tätern einen Platz neben sich geben, finden sie Frieden. Und erst wenn sich die toten Täter neben die toten Opfer legen und mit ihnen vor etwas Größerem eins sind, gibt es Frieden. Vielleicht kann ich das noch an einem Erlebnis verdeutlichen.

Voriges Jahr fuhr ich mit einem israelischen Freund an den See Genezareth. Wir kamen an den Platz, an dem Jesus nach der Tradition die Bergpredigt gehalten hat. Ein Satz aus dieser Bergpredigt heißt: »Selig, die Frieden bringen.« Jesus hat dann auch etwas gesagt über die wahre Liebe. Manche nennen das Feindesliebe. Ein schreckliches Wort – als gäbe es das. Als gäbe es Feinde. Jesus hat über die wahre Liebe ein schönes Beispiel gebracht. Er hat gesagt: »Mein himmlischer Vater lässt es regnen über Gute und Böse, und er lässt die Sonne scheinen über Gerechte und Ungerechte.« Das ist die große Liebe. Da sind alle gleich. Ich habe später für mich in einem Satz zusammengefasst, was hier der Vorgang in der Seele wäre. Liebe heißt hier:

»Ich anerkenne, dass alle anderen mir vor etwas Größerem gleichen.«

Demut heißt das Gleiche.

Vergeben und vergessen auch.

SEELE UND GEIST

HELLINGER Heute ist Pfingsten. Da feiern die Christen die Herabkunft des Heiligen Geistes. Dieser Geist hat sie befähigt – so wird es berichtet –, die Botschaft Jesu in die Welt zu tragen. Genau genommen heißt das, dass eine geistige Kraft Einsichten vermittelt und jemand befähigt, diese zum Wohle anderer weiterzugeben. Die großen religiösen Symbole und Beschreibungen sind etwas, das auch auf der ganz gewöhnlichen Ebene von jedem erfahren werden kann. Auch wir hier erfahren, dass jenseits des persönlichen Denkens und Bemühens sich etwas zum Guten fügt, das nicht geplant werden kann.

Wenn ich hier arbeite, setze ich mich einer anderen Kraft aus, die ich nicht verstehe. Ich erlaube ihr, dass sie durch mich wirkt. Oft ist es so, dass ich hier sitze und nicht weiß, was ich tun kann und darf. Dann weiß ich um meine Grenzen. Ich warte einfach, im Vertrauen, dass zur rechten Zeit etwas anderes wirkt. Auf einmal weiß ich: »Das wäre der nächste Schritt«, oder: »Das wäre das Wort, das gesagt werden muss.« – Aber ich weiß nicht, wohin es führt. Ich traue dem nur. Doch indem ich dem traue, fügt sich etwas. Wenn es dann vorbei ist, ziehe ich mich zurück. Ich vertraue, dass diese Kraft, die mich geführt hat, auch den anderen führt. Insofern bleibe ich über diese Kraft mit ihm verbunden, obwohl ich mich von ihm trenne, aber ohne jeden Anspruch und ohne jede Neugier und ohne jede Schwäche.

Schwäche entsteht, wenn ich etwas selbst in die Hand nehme, statt dass ich etwas einem Größeren anvertraue, einer anderen größeren Kraft. Ich nenne sie Seele, nicht eine Seele, die wir haben, sondern eine Seele, an der wir teilhaben. Über diese Seele sind wir alle verbunden. Und in dieser Seele wirkt der Geist.

NACHWIRKUNGEN DER ARBEIT

HELLINGER Ich möchte etwas zu den Nachwirkungen der Arbeiten hier sagen. Einige der Paare, mit denen ich gearbeitet habe und wo ich unterbrochen habe, haben nachher mit mir geredet. Offensichtlich geht es ihnen gut. Die zwei Partner, die sich nicht sicher waren, ob und wann sie heiraten würden, haben gesagt, jetzt ist es ihnen klar – sie werden in zwei Wochen heiraten.

Aber wie ihr hier gesehen habt, wirken in die Paarbeziehungen die Herkunftsfamilien sehr stark herein. Manchmal ist es notwendig und hilfreich, auch mit den Verstrickungen aus der Herkunftsfamilie zu arbeiten. Ich habe es mit diesem Paar nicht gemacht. Ich habe ihnen aber geraten, sie sollen es woanders machen, weil ich mich hier auf die Paarbeziehung beschränke.

Bei anderen Paaren habe ich auch mit den Herkunftsfamilien gearbeitet. So konnten wir sehen, wie eine Lösung der Probleme in der Paarbeziehung möglich ist, wenn beide Partner sehen, was die Schicksale in der Familie des anderen sind. Dann können sie einander viel besser verstehen. Die Liebe auf den zweiten Blick ist dann ganz einfach. Sie werden dann im Umgang miteinander geduldig und milde. In dieser Geduld und Milde gedeiht die Liebe am besten.

VIERZEHNTES PAAR:

DER ABSCHIED

HELLINGER Ich möchte ein Thema aufgreifen, das in vielen Paarbeziehungen wichtig ist.

nachdem er eine einzelne Frau zu sich geholt hat, zur Gruppe
Ich arbeite mit ihr. Ich sage ganz kurz, um was es geht. Ein Partner von ihr, mit dem sie länger zusammengelebt hat, ist plötzlich an Herzschlag gestorben. Jetzt hängt offensichtlich bei ihr noch etwas nach. Deswegen arbeite ich mit ihr hier, um zu zeigen, was dem Abschied manchmal entgegensteht und wie der Abschied gelingt. Ich erzähle zuvor etwas von dem großen Sigmund Freud.

Sigmund Freud hat ein Buch geschrieben, das erst 1970 veröffentlicht wurde. Es ging um den amerikanischen Präsidenten Wilson. Er hat es in Englisch geschrieben, zusammen mit einem Amerikaner. Sie erwähnen darin, dass Präsident Wilson ein Jahr nach dem Tod seiner ersten Frau wieder geheiratet hat. Der große Sigmund Freud hat darüber gesagt: »Das war ein Zeichen, dass er seine erste Frau sehr geliebt hat.« Bei der großen Liebe gelingt der Abschied.

Das war die Vorbereitung, und jetzt schauen wir mal, was hier los ist.

Hellinger wählt Stellvertreter für die Frau und ihren verstorbenen Partner aus und stellt sie gegenüber.

BILD 1

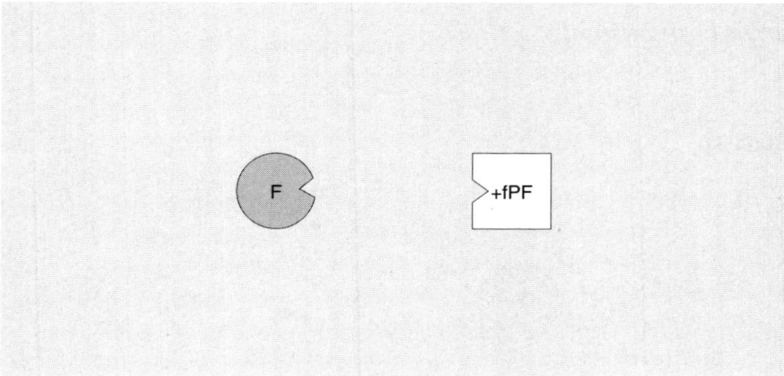

F **Frau**
+fPF Früherer Partner der Frau, starb an Herzinfarkt

Hellinger wählt eine weitere Frau als Stellvertreterin der ersten Frau dieses Mannes und stellt sie dazu.

BILD 2

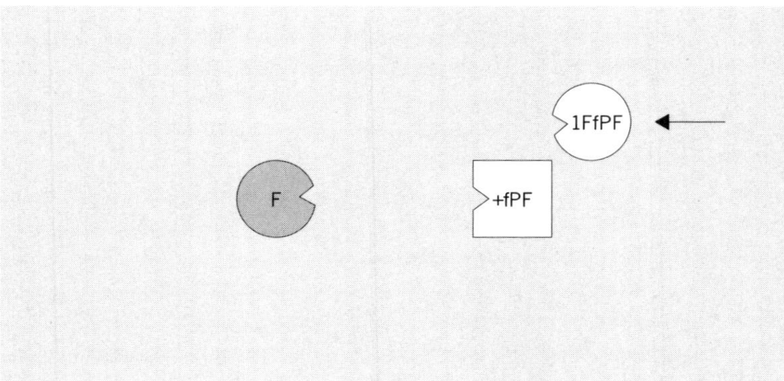

1FfPF Erste Frau des verstorbenen Partners der Frau

Die Frau geht auf die beiden zu und sieht die erste Frau an. Hellinger dreht den früheren Partner um, sodass auch er seine erste Frau ansieht.

BILD 3

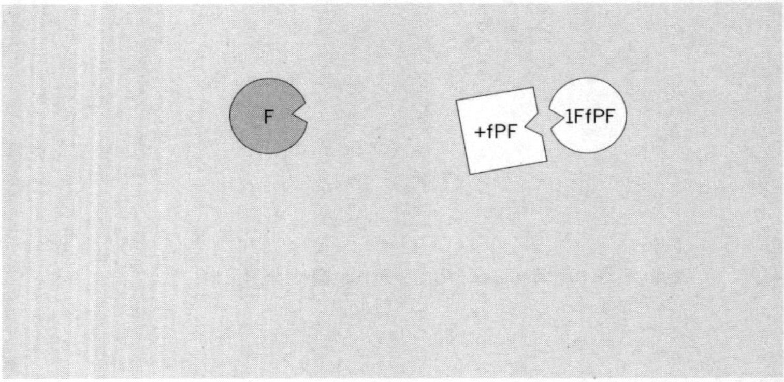

Daraufhin geht die Frau zurück. Hellinger dreht sie um und wählt einen Stellvertreter für ihren jetzigen Mann.

BILD 4

Mn **Jetziger Mann der Frau**

Die Frau geht ein paar Schritte zurück. Hellinger stellt sie vor ihren früheren Partner und dessen erste Frau.

BILD 5

HELLINGER *zur Frau* Sag ihr: »Ich lasse ihn bei dir.«
FRAU Ich lasse ihn bei dir.
HELLINGER »Jetzt lasse ich ihn bei dir.«
FRAU Jetzt lasse ich ihn bei dir.

Die Frau geht einige Schritte zurück. Hellinger stellt sie jetzt wieder vor ihren jetzigen Mann. Der erste Mann verabschiedet sich von seiner ersten Frau und stellt sich in einiger Entfernung hinter die zweite.

BILD 6

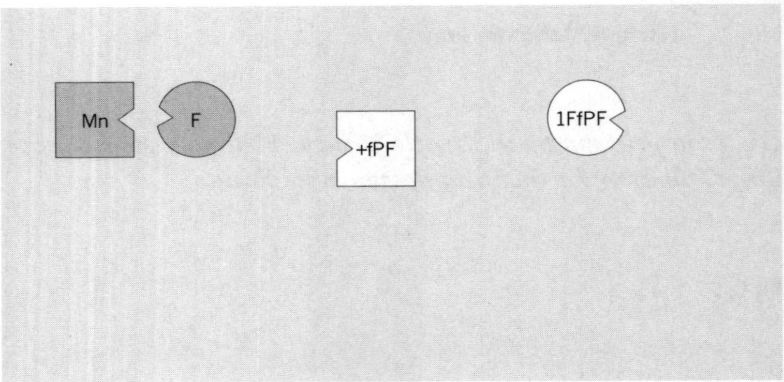

Der jetzige Mann hebt die Hände leicht. Die Frau verschränkt ihre Arme. Hellinger wählt eine weitere Stellvertreterin aus.

HELLINGER *zu dieser Stellvertreterin* Leg dich auf den Boden.

BILD 7

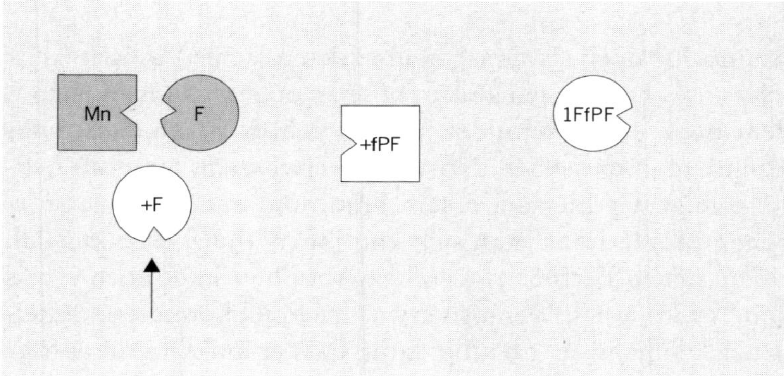

+F Tote Frau, nicht klar, wen sie vertritt

Nachdem die Stellvertreterin auf dem Boden liegt, beugt sich die Frau zu ihr hinab. Die beiden Männer schauen ebenfalls auf die Tote. Der erste Mann tritt noch näher heran. Hellinger wendet den zweiten Mann um.

BILD 8

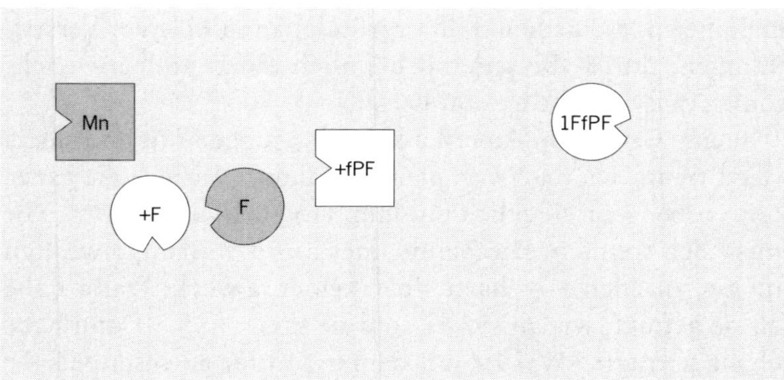

HELLINGER Ich glaube, ich kann es hier lassen.
zur Gruppe Plötzlich kam etwas anderes ins Spiel.

Ich möchte noch etwas sagen über den Abschied. Abschied ist schwer, wenn man jemandem böse ist oder wenn man jemandem noch etwas schuldet. Beides gehört zusammen. Hier konnte man das sehen. Normalerweise, wenn man die Achtung zeigt wie hier der ersten Frau, und auch dem verstorbenen Mann, kann man sich von ihnen abwenden und sich einem neuen Partner zuwenden. Aber hier kam noch etwas anderes ins Spiel. Wenn so etwas ins Spiel kommt, entscheidet sich jemand sehr häufig dafür, dass er auf eine zukünftige Partnerschaft verzichtet.

Wenn es jedoch eine Lösung dafür gibt, ist vielleicht eine neue Partnerschaft möglich.

TRENNUNGEN

Ich möchte etwas darüber sagen, wie Abschied zwischen Paaren gelingt.

Erstens gehe ich davon aus, dass es bei einer Trennung keine Schuldigen gibt. Trennungen sind unausweichlich und sie haben verschiedene Hintergründe. Zum Beispiel Verstrickungen, durch die jemand heimlich einen anderen nachahmen muss. Ich bringe ein Beispiel:

In eine Gruppe in Amerika kam eine junge Frau und sagte: »Jetzt trenne ich mich von meinem Mann.« Sie war die ganze Zeit vorher sehr glücklich mit ihm. Plötzlich fuhr es in sie: Sie muss sich trennen. Die Teilnehmer aus der Gruppe wollten ihr gut zureden – es hatte aber keinen Zweck. Dann habe ich sie gefragt, wie alt sie sei, und sie sagte: »35.« Dann habe ich sie gefragt: »Was ist mit deiner Mutter gewesen, als sie 35 war?« Sie sagte: »Da hat sie ihren Mann verloren.« Ihr Vater kam um auf einem Flugzeugträger, als er andere gerettet hat. Dann habe ich ihr gesagt: »Ein anständiges Mädchen in eurer Familie muss den Mann mit 35 Jahren verlieren.« Das ist die geheime Liebe und Solidarität. Dabei kann der Mann nichts machen, er ist da völlig hilflos. Da wird er vielleicht sagen: »Die Frau ist böse, warum verlässt sie mich jetzt?« Es ist niemand böse und es gibt keine Schuld. Es sind Verstrickungen am Werk.

Manchmal gibt es eine Trennung, weil die Wege aus verschiedener Berufung und verschiedenem Schicksal auseinander gehen. Auch da ist niemand schuld. Die Trennung ist unausweichlich.

Wie geht man damit um, wenn es so eine Trennung gibt? Erstens: Man schaut zurück auf das, was schön war, auf die erste Liebe und sagt: »Schade.« Und man erlaubt sich, die Trauer zu spüren. Wenn man sich der Trauer überlässt, ist sie sehr intensiv – und kurz. Wo es eine lange Trauer gibt, ist sie ein Vorwurf. Sie wird zur Rache an dem anderen, genau das Gegenteil von Liebe. Wenn man sich der Trauer überlassen hat, kann man sich mit gegenseitiger Achtung trennen und man kann alles, was zu regeln ist, gut regeln. Und dann kann man sich gegenseitig etwas sagen:

»Ich habe dich sehr geliebt. Ich behalte, was du mir geschenkt hast, und ich halte es in Ehren. Und du darfst behalten, was ich dir geschenkt habe. Ich habe es dir gerne gegeben. Für das, was zwischen uns schief gegangen ist, übernehme ich meinen Teil der Verantwortung und ich überlasse dir deinen. Und jetzt lasse ich dich in Frieden.«

Dann können sie auseinander gehen. Sie sind getrennt und bleiben dennoch in Achtung verbunden. Das wäre ein Modell, an dem man sich ausrichten kann.

Es gelingt aber nicht immer. Manchmal bleibt der andere Partner einem böse. Dann verneigt man sich vor seinem Schicksal, vor seiner Seele, vor seiner Verstrickung, vor seiner Familie – und zieht sich still zurück.

Kurztherapien

FÜNFTES PAAR:

(Fortsetzung)

Das Schicksal

HELLINGER *zur Gruppe* Wir machen jetzt weiter. Wenn ich da rüberschaue zu den Paaren, die noch aufstellen wollen, seht ihr, dass ich noch viel zu tun habe. Vielleicht arbeite ich jetzt in der Form von Kurztherapien.
zur Frau im Rollstuhl vom ersten Tag Hallo.

Sie sehen sich lange an. Hellinger wählt einen Mann aus.

HELLINGER *zu diesem Mann* Du bist das Schicksal.

BILD 1

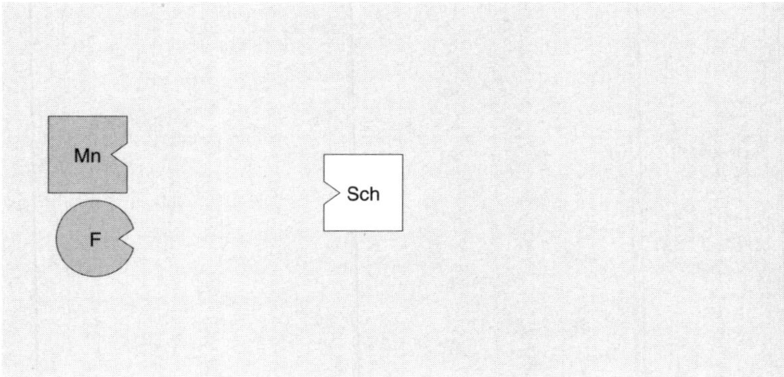

F **Frau**
Mn **Mann**
Sch Schicksal

HELLINGER *zur Frau und ihrem Mann* Schaut es an.
zum Stellvertreter des Schicksals Du schaust sie auch an. Und bleib einfach stehen.

Sie sehen sich lange Zeit an.

HELLINGER *zur Frau und ihrem Mann* Verneigt euch.

Die Frau und ihr Mann verneigen sich lange. Der Stellvertreter des Schicksals bleibt aufrecht stehen. Nach einer Weile führt Hellinger das Schicksal etwas weiter zurück.

BILD 2

HELLINGER *nach einiger Zeit zur Frau* Schau das Schicksal an.

Die Frau sieht das Schicksal lange an.

HELLINGER *nach einer Weile* Da lasse ich es.

zur Gruppe Ich möchte etwas sagen über schwere Krankheit. Manchmal ist sie ein Engel Gottes. Es gibt im Alten Testament eine Geschichte über den Propheten Bileam. Er ritt auf seiner Eselin. Nach einer Weile hat die Eselin sich geweigert, weiterzugehen. Da hat er sie geschlagen. Dann ging sie wieder ein Stück weiter – und blieb wieder stehen. Da hat er sie wieder geschlagen. Dann hat die Eselin ihren Kopf zu ihm gedreht und gesagt: »Siehst du denn nicht den Engel mit dem Schwert?« Dann sah auch Bileam den Engel, der ihm den Weg versperrte, den Weg ins Unheil. So wirkt manchmal auch eine Krankheit. Sie bringt uns zur Besinnung auf einem Weg, der uns versperrt sein muss. Dann, in der Zustimmung zu dieser Botschaft und zum Sinn der Krankheit, kann sie sich manchmal zurückziehen.

SECHSTES PAAR:

(Fortsetzung)

DER RÜCKZUG, DIE TOCHTER

HELLINGER *zu einem Paar* Habe ich mit euch schon gearbeitet?
als beide nicken Was habe ich denn gemacht?
FRAU Du hast mit mir gearbeitet und hast gesagt, ich bin Vaters Tochter.
HELLINGER Ja klar, Papas Tochter. Was fehlt jetzt noch?
FRAU Ich wollte sehen, ob ich hier wegen meiner Tochter etwas arbeiten kann.
HELLINGER *zur Frau* Kannst du.
zum Mann Hast du auch ein Anliegen?
MANN Ja.
HELLINGER *zum Mann* Was?
MANN Ich sehe einem Bruder meiner Mutter sehr ähnlich, der mit 17 Jahren gestorben ist. Ich habe ihn nie kennen gelernt.
HELLINGER Ich arbeite mit dir zuerst. Mach die Augen zu. *Der Mann schließt die Augen.* Lebt deine Mutter noch?
MANN Ja.
HELLINGER Geh zum Bruder deiner Mutter ins Reich der Toten.
nach einer längeren Pause Schau ihn an, leg dich neben ihn – und werde still.
wieder nach einer längeren Pause Sag ihm: »Bitte.«
MANN Bitte.
HELLINGER *zum Mann* Nimm, was er dir schenkt – und sag: »Danke.«
MANN Danke.

HELLINGER Dann stehst du auf und ziehst dich zurück, rückwärts, und verneigst dich vor einem fernen Licht.
nach einer langen Pause, in der sich der Mann immer mehr zu Boden neigt Dann richtest du dich auf, drehst dich um, lässt das Reich der Toten hinter dir, öffnest die Augen und schaust auf deine Frau.

Er richtet sich auf, öffnet die Augen und sieht seine Frau an. Die Frau schüttelt heftig den Kopf.

HELLINGER *zur Frau* Na, schau ihn an.
zum Mann Leg die Hand um sie.

Der Mann legt den Arm um ihre Schultern und hält ihre Hand fest.

HELLINGER *zur Frau* Schau ihn an, sag ihm: »Jetzt nehme ich dich als meinen Mann.«
FRAU Jetzt nehme ich dich als meinen Mann.
HELLINGER Schau ihn dabei an.
FRAU Jetzt nehme ich dich als meinen Mann.
HELLINGER »Und du darfst mich haben als deine Frau.«
FRAU Und du darfst mich haben als deine Frau.
HELLINGER Schau ihn an.

Die Frau versucht immer wieder, den Kopf wegzudrehen und die Augen zu schließen.

HELLINGER Schau ihn an.

Hellinger wählt eine Stellvertreterin für die Tochter und stellt sie neben den Mann.

BILD 1

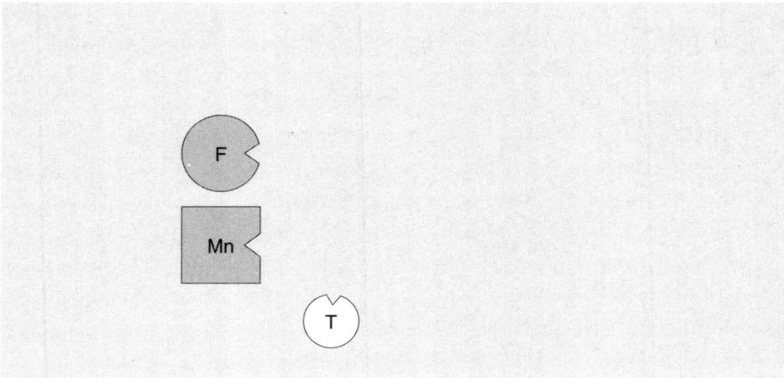

F **Frau**
Mn **Mann**
T Tochter

HELLINGER *zur Frau* Schau deine Tochter an und sag ihr: »Jetzt bin ich deine Mutter.«
FRAU Jetzt bin ich deine Mutter.
HELLINGER Sag es so, dass sie es dir glaubt. Schau sie an.
FRAU Es ist nicht so leicht.
HELLINGER Genau. Sag ihr: »Ich lasse dich zu deinem Vater.«
FRAU Ich lasse dich zu deinem Vater.
HELLINGER Sag ihr: »Ich gehe.«
FRAU Ich gehe.
HELLINGER »Bleib du bei deinem Vater.«
FRAU Er ist nicht der Vater.
HELLINGER Ach so.

Hellinger wählt einen Stellvertreter für den Vater der Tochter und stellt das Bild um.

BILD 2

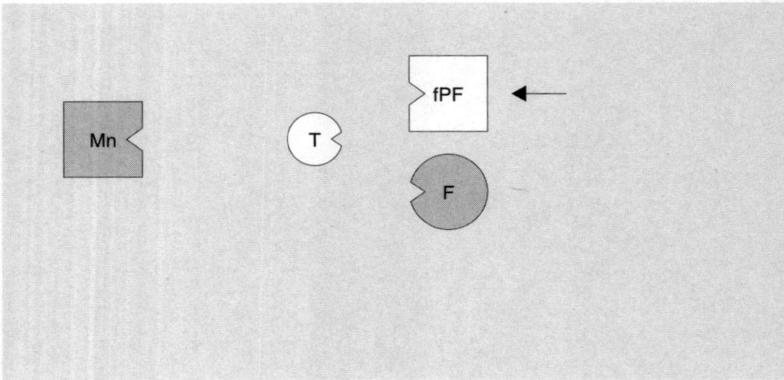

fPF Früherer Partner der Frau, Vater der Tochter

Die Frau geht einige Schritte zurück, ebenso die Tochter. Die Tochter geht zum jetzigen Mann ihrer Mutter. Beide umarmen sich innig.

BILD 3

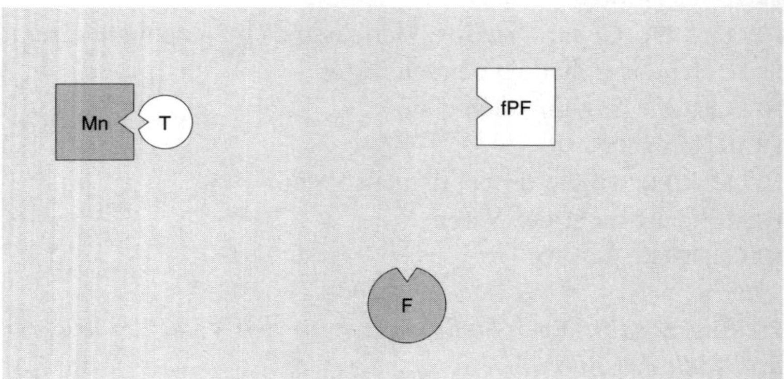

HELLINGER *zur Gruppe* Sie wollte, dass ich mit ihrer Tochter arbeite oder für ihre Tochter – das habe ich gemacht. Da lasse ich es auch.

nach einer Weile zur Gruppe Jetzt mache ich einen Vorschlag: Habt keine Hoffnung für diese Frau.

FÜNFZEHNTES PAAR:
DER VERZICHT

HELLINGER *zu einem Paar* Hallo, was ist euer Anliegen?

Der Mann kniet sich wortlos mit geschlossenen Augen hin und faltet die Hände. Nach einiger Zeit führt Hellinger die Frau des Mannes weg von ihm.

BILD 1

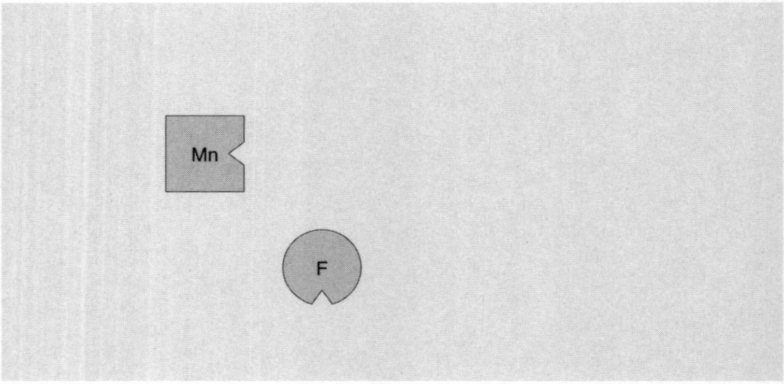

Mn **Mann**
F **Frau**

Der Mann öffnet die Augen wieder, lässt die Hände gefaltet.

HELLINGER *zum Mann* Okay, setz dich.
zur Frau Wie geht es dir hier?

FRAU Nicht gut.

Hellinger führt die Frau etwas weiter weg.

BILD 2

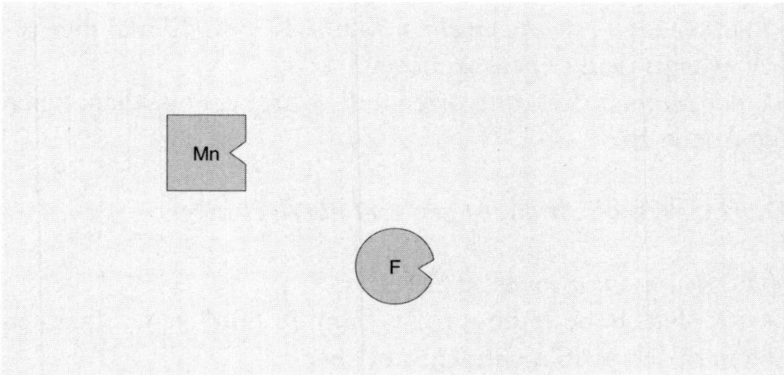

HELLINGER *zur Frau* Hier?
FRAU Besser.

Hellinger führt die Frau noch etwas weiter weg.

HELLINGER *zur Frau* Was ist?
FRAU Es war früher besser.

Hellinger führt die Frau wieder etwas zurück.

HELLINGER *zur Frau* Okay, bleib so stehen.
zum Mann Wie geht es dir?
MANN Gut.
HELLINGER Okay, das war's.

EINZELARBEIT:
DAS SCHRECKLICHE

HELLINGER *zu einem einzelnen Mann* Komm du mal hier rüber. Was ist dein tiefstes Anliegen?
als der Mann sofort antworten will Warte ein bisschen, mach die Augen zu.

Der Mann schließt die Augen und überlegt lange.

HELLINGER Okay, was ist es?
MANN Ich habe eine große Familie und einen großen Schmerz, ich weiß nicht, warum, aber ...
HELLINGER Familie, heißt das Gegenwartsfamilie?
MANN Meine Herkunftsfamilie.

Hellinger wählt einen Stellvertreter für den Mann.

BILD 1

Mn Mann

HELLINGER *zum Mann* Dein Stellvertreter schaut auf etwas Schreckliches. Weißt du, was das ist?
MANN Er ist in der Wüste.
HELLINGER Was ist mit der Wüste?
MANN Ich war immer dort.
HELLINGER Nein, da ist etwas in deiner Familie, etwas Schreckliches.
MANN Meine Mutter war ...
HELLINGER Nein, es hat mit deiner Mutter nichts zu tun. Es ist etwas Schreckliches passiert mit vielen Menschen.
MANN Immer gab es in dieser Wüste viele Tote.

Der Stellvertreter des Mannes legt sich mit dem Rücken auf den Boden.

HELLINGER Wer sind die Toten?
MANN Ich weiß es nicht, ich habe keine Erinnerung an meine Kindheit.
HELLINGER Es hat nichts mit deiner Kindheit zu tun.
MANN Mein Urgroßvater war ein Mörder, der Vater meiner Großmutter.
HELLINGER Wen hat er ermordet?
MANN Viele Leute, er arbeitete für die Regierung.
HELLINGER Für welche Regierung?
MANN Viele Jahre vor ... ich weiß es nicht.

Hellinger wählt Stellvertreter für die Opfer des Urgroßvaters.

HELLINGER Legt euch da mal auf den Boden.

BILD 2

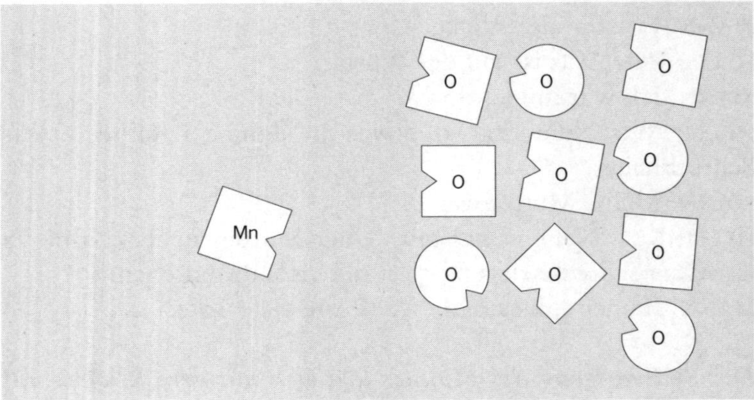

O Opfer des Urgroßvaters

Als die Opfer auf dem Boden liegen, legt sich der Stellvertreter des Mannes zu ihnen. Eines der Opfer legt sich näher zu ihm.

HELLINGER *erklärend zur Gruppe* Er kommt aus Argentinien.

Einige der Opfer werden unruhig. Hellinger stellt den Mann selbst vor die Opfer.

BILD 3

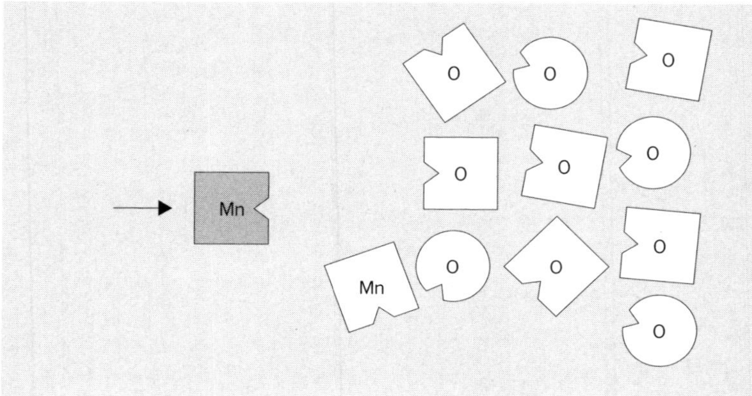

Hellinger wählt einen Stellvertreter für den Urgroßvater.

HELLINGER *zum Urgroßvater des Mannes* Du bist der Mörder.
zum Stellvertreter des Mannes Und du stehst auf.

Der Stellvertreter des Mannes steht langsam auf. Hellinger stellt ihn neben den Mann selbst.

BILD 4

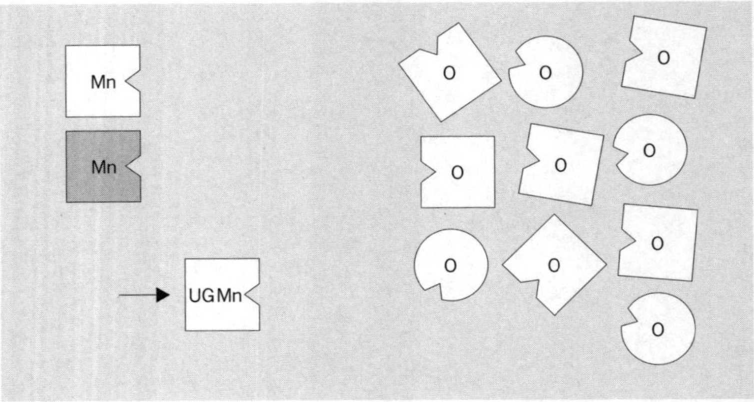

UGMn Urgroßvater des Mannes

Der Stellvertreter des Urgroßvaters ist sehr unruhig. Er schlägt immer wieder die Hände vors Gesicht, streicht sich über den Kopf, beugt sich nach unten und richtet sich wieder auf.

HELLINGER *zum Mann und seinem Stellvertreter* Verneigt euch, einfach verneigen.

Der Mann und sein Stellvertreter verneigen sich.

HELLINGER Jetzt richtet euch auf – und dreht euch um, umdrehen. Ein paar Schritte nach vorne gehen.

Hellinger führt die beiden weiter weg. Der Urgroßvater ist inzwischen näher zu seinen Opfern gegangen. Er bleibt unruhig.

BILD 5

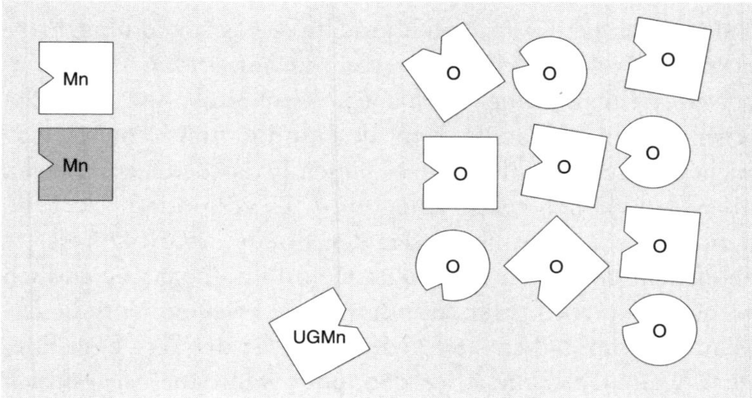

HELLINGER *zum Stellvertreter des Mannes* Wie ist das jetzt?
STELLVERTRETER DES MANNES Besser, bequem.

Der Urgroßvater verschränkt die Hände und sieht weiter auf seine Opfer.

HELLINGER *zum Mann* Bei dir?
MANN Ein neues Leben.
HELLINGER Genau, ein neues Leben. Du musst es da lassen, wo es hingehört. Und jetzt schaust du nach vorne. Schau nach vorne. Okay, das war's.

ERINNERN UND VERGESSEN

HELLINGER *zur Gruppe* Ich möchte etwas sagen über Erinnern. Ein früherer Mitbruder von mir hat ein Buch geschrieben über einige meiner Mitbrüder, die in Simbabwe ermordet wurden. Als ich das Buch in die Hand nahm, habe ich versucht mich einzufühlen, wie es diesen Ermordeten geht, wenn über sie ein Buch geschrieben wird. Es verhindert den Frieden. Das ist ein Erinnern, das den Frieden stört. Die tiefste Sehnsucht der Toten ist – so ist mein Bild –, dass sie endlich vergessen werden. Erst dann haben sie Frieden. Und die Lebenden, wann haben sie Frieden? Was ist der Weg zum Frieden? Wenn sie erinnert werden, oder wenn auch sie endlich vergessen sein dürfen? Das war alles, was ich darüber sagen wollte.

HELLINGER *zum Mann* Wie geht es dir jetzt?
MANN Gut.
HELLINGER Okay, dir alles Gute.

EINZELARBEIT:
DIE ANGST

HELLINGER *zu einem Mann* Was ist mit dir?
MANN In mir fühle ich eine ganz starke Aggressivität, die mir keinen Frieden lässt.
HELLINGER Okay, setz dich zu mir.

Der Mann schließt die Augen.

HELLINGER *nach einer Weile* Lass die Augen zu – und stelle dir vor, eine Schlinge liegt um deinen Hals, so als würdest du erhängt.
nach einiger Zeit Und jetzt ergebe dich in dein Schicksal.
wieder nach einiger Zeit Und sag innerlich: »Ja.«

Der Mann reagiert nicht. Hellinger fasst ihn am Hinterkopf und neigt ihm den Kopf leicht nach vorne. Der Mann dreht jetzt seine Handflächen nach oben und bleibt ruhig sitzen.

HELLINGER Hallo.

Der Mann bleibt lange in dieser Haltung.

HELLINGER Schau mich an.

Etwas zögernd öffnet der Mann die Augen und sieht Hellinger an.

HELLINGER Aggressive haben Kraft, weißt du das? Du kannst wählen, wofür du die Kraft einsetzt.

MANN Ich habe Angst meine Eltern zu vernichten.

Beide sehen sich lange an. Hellingers Hand liegt auf der Hand des Mannes.

HELLINGER *als der Mann etwas sagen will* Warte.
nach einer Weile, in der sich beide immer noch ansehen Stell dir vor, ich bin jetzt dein Vater.

Der Mann sieht Hellinger ruhig an. Dann wird er unruhig, er atmet tief und beginnt zu zittern. Als er leicht zu schluchzen beginnt, nimmt Hellinger ihn in den Arm und hält ihn fest. Der Mann lehnt seinen Kopf mit geschlossenen Augen an Hellingers Schulter und entspannt sich. Dann legt er seinen Arm um Hellinger und schmiegt sich wie ein kleines Kind an ihn. Beide bleiben lange Zeit in dieser Umarmung. Schließlich löst Hellinger die Umarmung. Der Mann atmet tief durch.

HELLINGER Okay, alles Gute dir.

Fragen

DIE HEIRAT

TEILNEHMER Du sprichst generell positiv über Heirat. Wenn man sich so umschaut, habe ich das Gefühl, dass die Heirat das Grab der Liebe ist.
HELLINGER Das stimmt, es ist das Grab der Liebe auf den ersten Blick.

DIE ANDERE DIMENSION

ANDERER TEILNEHMER Ich möchte wissen, welcher Unterschied ist zwischen deiner Arbeit und dem, was die Griechen im Theater gemacht haben, wo sie auch beim Publikum etwas bewirken wollten.
HELLINGER Vielleicht gibt es keinen Unterschied. Das ursprüngliche griechische Theater hat das ganze Publikum mit einbezogen. Am Ende war das wie eine riesige Familienaufstellung. Dabei kamen wesentliche Dinge ans Licht. Ein Freund von mir in Athen stellt die griechischen Mythen auf. Wenn die Stellvertreter ganz gesammelt sind, kommen unglaubliche Zusammenhänge ans Licht. Die Einsichten der griechischen Mythen beruhen auf einer Erfahrung. Ich möchte etwas in dieser Richtung aufstellen – jetzt.

Hellinger wählt Stellvertreter für das Helle und das Dunkle.

BILD 1

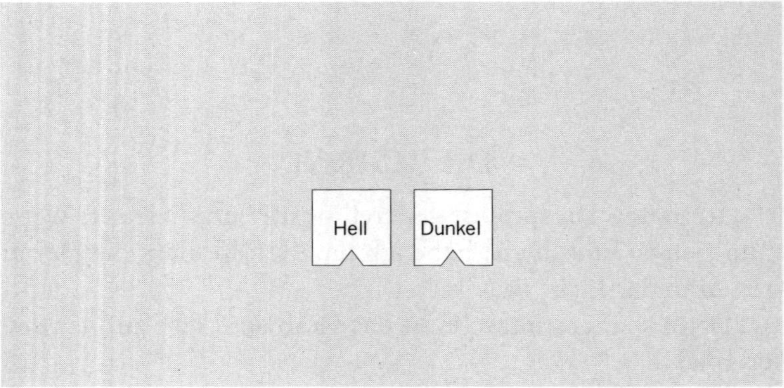

Hell Das Helle
Dunkel Das Dunkle

HELLINGER *zur Gruppe* Er ist das Helle, vielleicht auch das Gute, und er ist das Dunkle, vielleicht auch das Böse.

Dann wählt Hellinger Stellvertreter für den Tod und das Nicht und stellt sie hinter das Helle und das Dunkle.

BILD 2

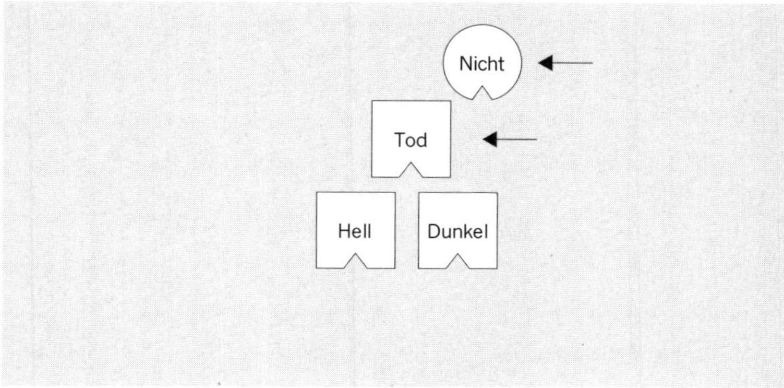

Tod	Der Tod
Nicht	Das Nicht

HELLINGER *zu den Stellvertretern* Sammelt euch.

Der Tod umfasst das Helle und das Dunkle. Das Nicht breitet die Arme aus, immer höher. Dann wird das Helle unruhig und will weggehen, doch das Dunkle hält es an den Händen fest.

Hellinger stellt nun den Mann, der die Frage gestellt hat, vor das Helle und das Dunkle.

HELLINGER *zu diesem Mann* Knie dich hin und verneige dich davor.

BILD 3

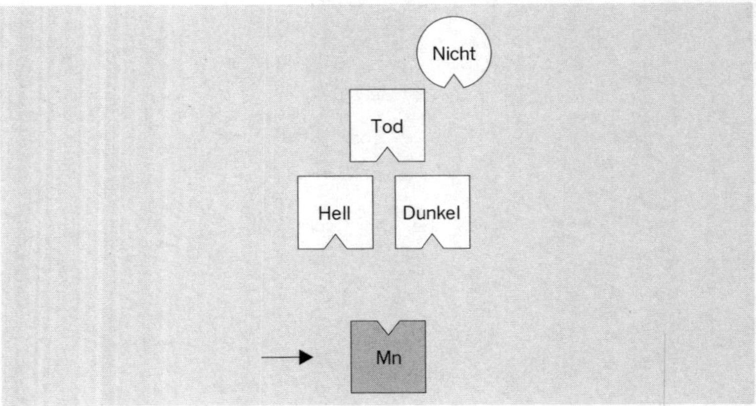

Mn **Mann**

Der Mann kniet auf dem Boden vor der Gruppe und verneigt sich tief. Das Helle schlägt die Hände vors Gesicht und wird wieder unruhig. Hellinger dreht Hell und Dunkel zueinander.

BILD 4

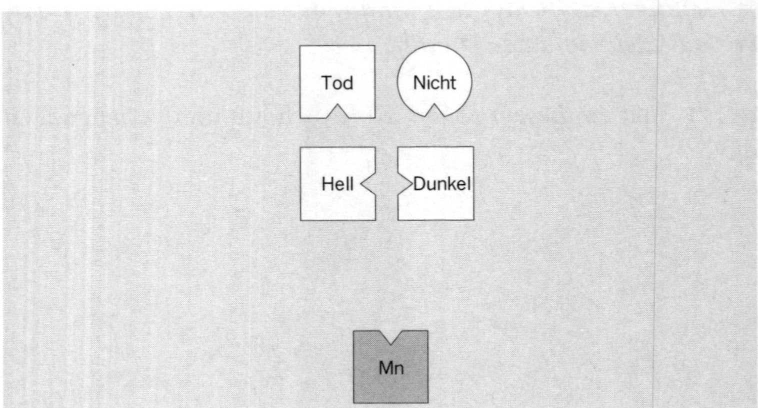

Hell und Dunkel fassen sich bei den Händen. Das Helle schließt die Augen.

HELLINGER *zum Hellen* Augen auf.

Das Helle öffnet die Augen. Beide lassen die Hände los und schauen sich lange in die Augen. Sie lehnen die Stirn aneinander.

HELLINGER Da lasse ich es.

nach einiger Zeit zur Gruppe Ich stelle noch eine Figur auf.
zu einem Mann Ich nehme dich, du bist ein Weltverbesserer.

Der Mann steht unschlüssig da. Hellinger wählt noch eine Frau.

HELLINGER *zur Frau* Ich nehme dich – und du bist die Welt.

Beide sehen sich lange an.

HELLINGER *zum Mann* Was ist?
WELTVERBESSERER Ich verliere meine Kraft.
HELLINGER Genau. – Das war's.

DAS STILLEHALTEN

HELLINGER Ich glaube, wir können langsam zum Ende dieses Kurses kommen. Es kommen ja viele Fragen hoch über das, was wir hier gesehen und erlebt haben. Was geschieht in denen, die nachfragen, die es genauer wissen wollen? Was geschieht in denen? Das, was sie erlebt haben, verliert seine Kraft. Denn das, was wir hier gesehen haben, lässt sich nicht analysieren. Wir können es nicht in die Hand nehmen oder aufschreiben – und es besitzen. Es nimmt Besitz von uns – wenn wir stillehalten. Dann entfaltet es seine Kraft in der Seele. Deswegen ist es auch wichtig, wenn ihr hier bestimmte Einsichten gewonnen habt, auch für euer eigenes Leben, dass ihr nichts macht, nichts verändert. Keine guten Vorsätze. Man verhält sich wie ein Same in der Erde. Er wartet, bis er wächst.

Krieg zwischen den Völkern – Krieg in der Ehe: Japan und die USA

Vorbemerkung

Die folgende Aufstellung aus einem Paarkurs in Washington zeigt, wie politische Konflikte auf lebensbedrohliche Weise in eine Paarbeziehung hereinwirken können, ohne dass es den Partnern und ihren Kindern bewusst wird.

HELLINGER *zu einer Frau, die zu einem Paarkurs ohne Mann gekommen ist* Verdient dich dein Mann?
als sie schweigt Oder verdienst du ihn?
FRAU *nickt* Ich denke schon.
HELLINGER Was ist dann die Schwierigkeit?
FRAU Die Schwierigkeit ist, *sie zögert* dass ich das Gefühl habe, er tut nichts für mich.
HELLINGER Er tut nichts für dich?
FRAU Ja, sonst wäre er ja mitgekommen. Ich habe ihn darum gebeten.
HELLINGER Deswegen habe ich ja gefragt, ob du ihn verdienst.
zur Frau Achtest du ihn?
als sie mit der Antwort zögert, zur Gruppe Das ist schon die Antwort. Eine gute Beziehung beginnt mit der Achtung vor dem anderen. Wenn eine allein stehende Frau zu mir sagt, sie sehne sich nach einer Partnerschaft, so sage ich zu ihr: »Es

gibt ein einfaches Mittel: Respektiere die Männer und du bist unwiderstehlich.«

zur Frau Was soll ich jetzt tun?

FRAU Ich weiß nicht.

HELLINGER Bist du eine Vaterstochter?

FRAU Ich glaube nicht. Vielleicht wäre ich es gern gewesen, war es aber nicht.

HELLINGER Hast du Kinder?

FRAU Ich habe drei.

HELLINGER Du oder ihr beide?

FRAU Wir beide.

HELLINGER Das sagt uns natürlich einiges über die Beziehung. Weißt du, wie du deine Kinder richtig glücklich machen kannst? Soll ich es dir sagen? Du sagst ihnen: »Wenn ich euch sehe, liebe ich auch euren Vater.«

Die Frau nickt, sagt aber nichts.

HELLINGER *nach einer Weile* Schließ die Augen!

Sie schließt die Augen.

HELLINGER Stell dir vor, dein Mann steht vor dir und du sagst ihm: »Wenn ich unsere Kinder ansehe, liebe ich auch dich.«

Die Frau schließt die Augen. Nach einer Weile wählt Hellinger einen Stellvertreter für ihren Mann und stellt ihm die Frau gegenüber.

BILD 1

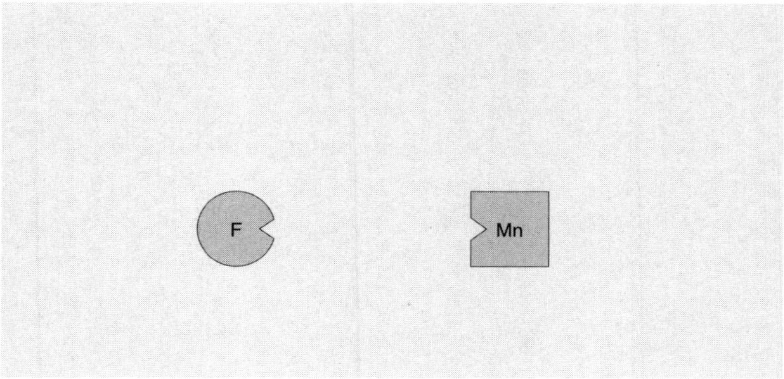

F **Frau**
Mn **Mann**

Beide sehen sich lange an. Nach einiger Zeit beginnen die Hände des Mannes heftig zu zittern, als wäre er in Todesangst. Er weicht langsam vor ihr zurück. Die Frau bewegt sich zentimeterweise auf den Mann zu. Der Mann wird immer verkrampfter und zieht die Schultern hoch. Die Frau bewegt sich weiter ganz langsam auf ihn zu. Der Mann legt seine rechte Hand auf den Bauch.

BILD 2

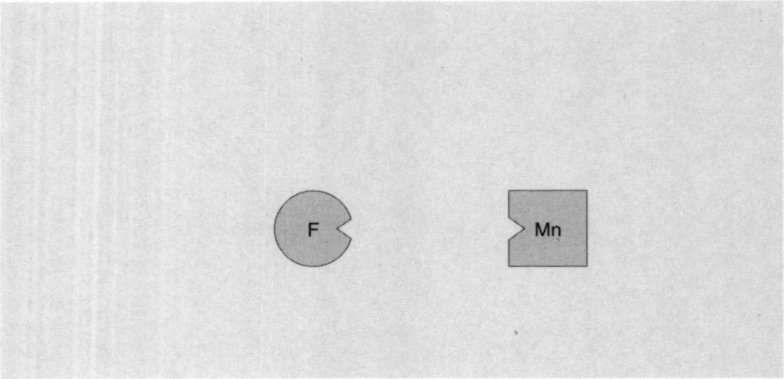

HELLINGER *zur Frau* Bist du gefährlich?

Die Frau zögert und schüttelt dann den Kopf. Der Mann nickt leicht. Seine beiden Hände zittern heftig.

HELLINGER *zur Frau* Schau ihn an. – Hast du schon daran gedacht, ihn umzubringen?

Die Frau nickt.

HELLINGER *zur Frau* Du bist gefährlich.

Der Mann und die Frau sehen sich weiter an. Seine Hände zittern immer noch stark.

HELLINGER Sind eure Kinder Mädchen oder Jungen?
FRAU Zwei Mädchen und ein Junge.
HELLINGER Ist der Junge der Älteste?
FRAU Ja.

Hellinger wählt Stellvertreter für die Kinder und stellt sie der Mutter in den Blick. Den Vater stellt er daneben.

BILD 3

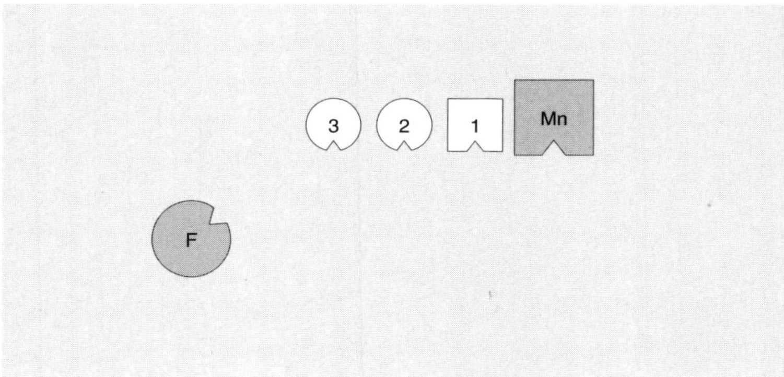

1 Erstes Kind, Sohn
2 Zweites Kind, Tochter
3 Drittes Kind, Tochter

Die Frau wendet sich den Kindern zu.

HELLINGER *zur Frau* Sag ihnen: »Ich bin gefährlich.«
FRAU Ich bin gefährlich.
HELLINGER »Ich lasse euch bei eurem Vater.«
FRAU Ich lasse euch bei eurem Vater.

Sie beginnt zu schluchzen.

HELLINGER »Und ich ziehe mich zurück.«
FRAU *schluchzend zu den Kindern* Und ich ziehe mich zurück.

Sie beginnt zu weinen und geht nach rechts, näher zu den Kindern hin. Hellinger stellt die drei Kinder nebeneinander dem Vater gegenüber. Die Mutter lässt er sich zurückziehen.

BILD 4

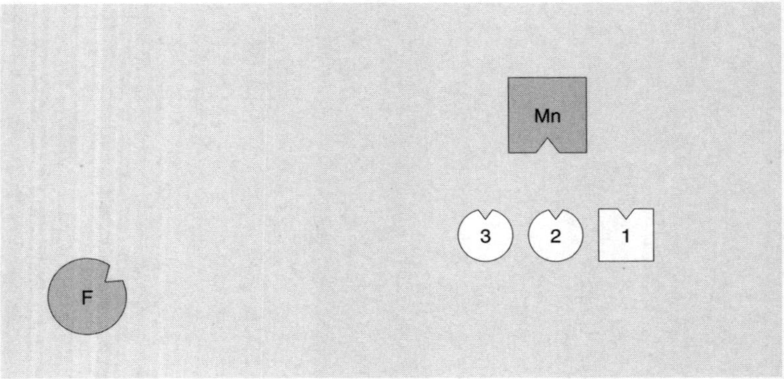

HELLINGER *zum Vater* Wie geht es dir?
VATER Es fühlt sich gut an.
HELLINGER *zur jüngeren Tochter* Bei dir?
DRITTES KIND Gut.
HELLINGER *zur älteren Tochter* Bei dir?
ZWEITES KIND Gut.
HELLINGER *zum Sohn* Bei dir?
ERSTES KIND Ich habe Angst.
HELLINGER Hier haben wir die gleiche Energie wie bei seiner Mutter. Er hat Angst davor, selbst gefährlich zu sein.
zu den Stellvertretern Danke euch allen.

zur Frau Sollen wir da nachforschen?
FRAU Ja. *Sie weint.*
HELLINGER Wenn so etwas geschieht, muss etwas Gefährli-

ches in deiner Familie passiert sein. Um das zu lösen, müssen wir auf deine Familie schauen. – Was ist passiert?

FRAU Ich weiß, dass meine Mutter nicht glücklich war. Sie wollte nicht leben.

HELLINGER Was ist geschehen?

als die Frau zögert Gibt es Mörder in der Familie?

FRAU Selbstmord ja, aber Mord?

HELLINGER Wer hat sich umgebracht?

FRAU Der Vater meiner Großmutter – nein, ihr Bruder. Er hat sich, glaube ich, aufgehängt.

HELLINGER Wenn jemand sich aufhängt, ist das eine Hinrichtung. Aber meist nicht wegen der eigenen Schuld, sondern wegen der Schuld eines anderen.

Was noch? Etwas, das näher liegt.

FRAU Ich hatte eine Fehlgeburt. Aber Mord? Muss es auf meiner Seite der Familie sein? Vielleicht war etwas bei meinem Mann?

HELLINGER Nein, es muss in deiner Familie liegen.

zur Gruppe Es wäre sehr komisch, wenn der Mann das an ihrer Stelle übernimmt. Es gibt natürlich Fälle, in denen die Frau sich umbringen will und der Mann es an ihrer Stelle macht. Das ist nicht so selten – und umgekehrt. Aber meistens macht es der Mann für seine Frau.

zur Frau, als ihr nichts einfällt Ich lasse es hier. Wir bekommen im Augenblick nicht die Information, die wir brauchen. – Wenn dir später noch etwas einfällt, können wir die Arbeit wieder aufnehmen.

zur Gruppe Es ist schon erstaunlich, wie nah die Stellvertreter an die Wahrheit kommen.

Ich möchte etwas über diese Art von Arbeit sagen. Man darf diese Arbeit niemals tun, wenn man nur neugierig ist. Es geht dabei fast immer um Leben und Tod. Und lasst euch nicht in oberflächliche Arbeit hineinziehen. Wenn jemand sagt: »Ach, ich will doch nur herausfinden, was in meiner

Familie war« – macht das nicht! Ihr fügt euch selbst Schaden zu, wenn ihr das macht. Ihr missbraucht etwas, das sehr kraftvoll ist.

Etwas später

HELLINGER Wir nehmen diesen Fall wieder auf.
zur Frau Was ist jetzt die wichtige Information?
FRAU Mein Vater hat beim Test der Atombombe mitgemacht. Sowohl in Nevada als auch in Japan. – Und mein Mann ist Japaner. Ich weiß nicht, ob das von Bedeutung ist. Das andere, was wichtig sein könnte ...
HELLINGER Das andere?
FRAU Mein Vater war auch im Korea- und Vietnamkrieg.
HELLINGER In welcher Funktion? War er Offizier?
FRAU Im Vietnamkrieg war er Offizier, ich weiß nicht, was er im anderen Krieg war. – Und was auch noch war auf Seiten meiner Mutter: Sie hat unter ihrem Vater gelitten, seit sie sehr jung war. Irgendwo in der Familiengeschichte gibt es einen Offizier. Er war Major in der Konföderierten-Armee und er hatte vier Sklaven.
HELLINGER Fühl mal, wo die Energie liegt. – Es ist klar, hier liegt sie eher in Vietnam. Alles andere liegt zu weit zurück.
zur Gruppe Wenn es mehrere Ereignisse in einer Familie gibt, dann ist eines am herausragendsten. Die anderen sind nicht so wichtig. Es reicht, wenn man mit dem Hauptereignis arbeitet. Hier scheint es Vietnam zu sein.
zur Frau Okay?

Hellinger wählt einen Stellvertreter für den Vater und sechs Stellvertreter für vietnamesische Opfer.

BILD 1

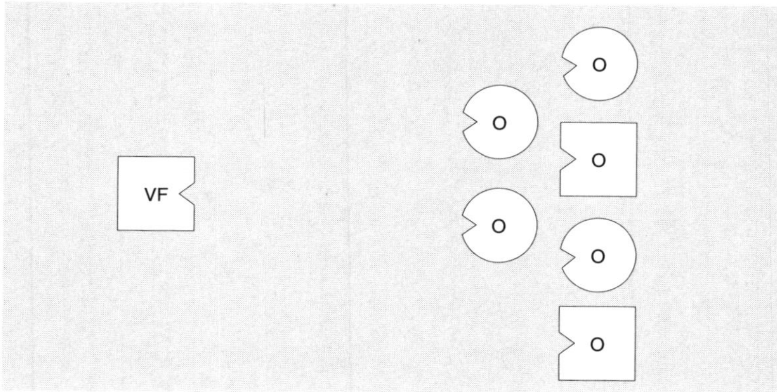

VF Vater der Frau

O Vietnamesen, Opfer des Vietnamkrieges, Frauen und Männer

HELLINGER *zum Vater* Das sind vietnamesische Opfer.

Der Vater beginnt zu schwanken und dreht sich weg, erst nur zur Seite; dann dreht er sich langsam um, bis er mit dem Rücken zu den Vietnamesen steht.

BILD 2

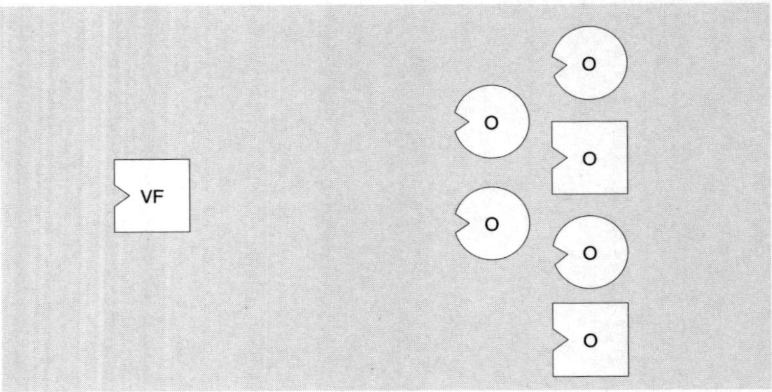

Einige der Opfer werden unruhig. Hellinger stellt jetzt die Frau vor die vietnamesischen Opfer.

BILD 3

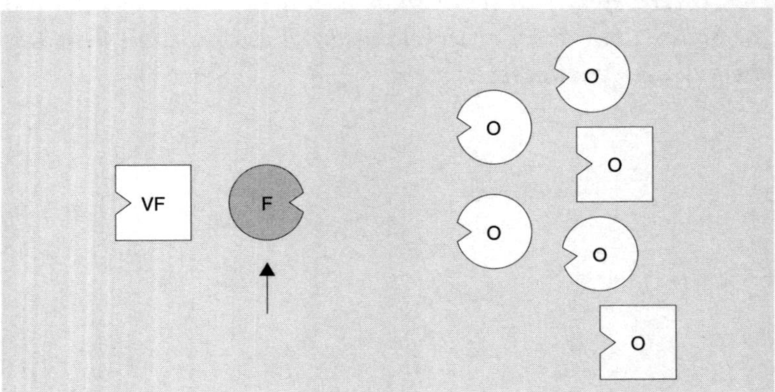

F **Frau**

Sie sieht die Opfer an, bleibt lange Zeit unbewegt und senkt dann den Kopf. Die Opfer werden immer unruhiger, die männlichen Opfer stellen sich hinter die weiblichen Opfer. Schließlich wendet sich die Frau langsam ab. Die Opfer gehen weiter auseinander. Hellinger wählt einen Stellvertreter für die Atombombe.

BILD 4

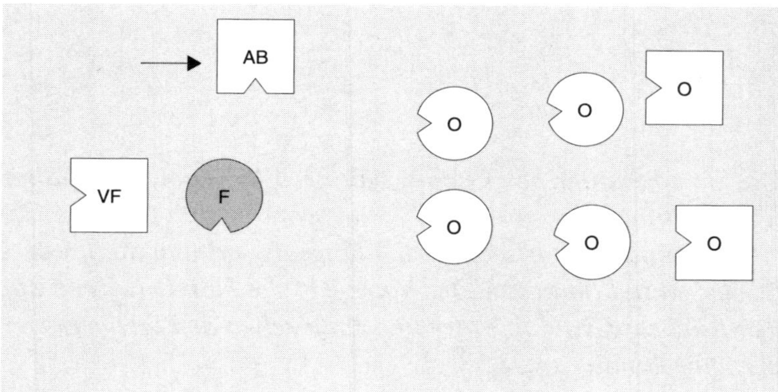

AB Atombombe

Jetzt dreht sich der Vater um. Die Frau versucht sich ihm zuzuwenden, schafft es aber zunächst nicht. Der Vater geht auf sie zu. Dann dreht sie sich zu ihm. Beide sehen sich lange an.

Der Stellvertreter der Atombombe steht unbewegt und mit sehr bösem Gesichtsausdruck. Diesen Ausdruck behält er die ganze Aufstellung über bei.

BILD 5

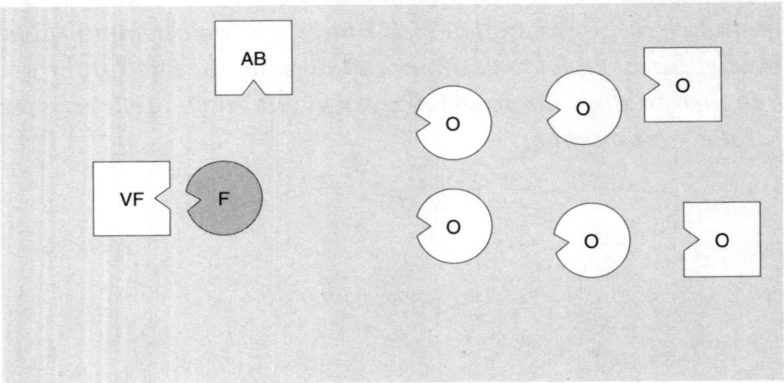

Die Unruhe unter den Opfern hält an. Ein männliches Opfer legt sich hin.

Vater und Frau bewegen sich langsam auf den Stellvertreter der Atombombe zu. Der Vater legt die Hand stützend auf den Rücken der Frau. Vater und Frau sehen den Stellvertreter der Atombombe an.

BILD 6

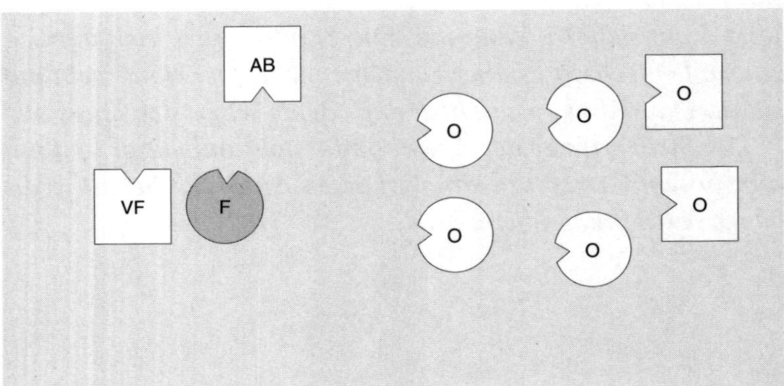

Die Frau geht etwas nach links, sodass sie ein wenig vor dem Vater steht, der immer noch die Hand auf ihrem Rücken hat. Der Vater versucht sich seiner Tochter zuzuwenden, doch diese sieht nur auf den Stellvertreter der Atombombe.

BILD 7

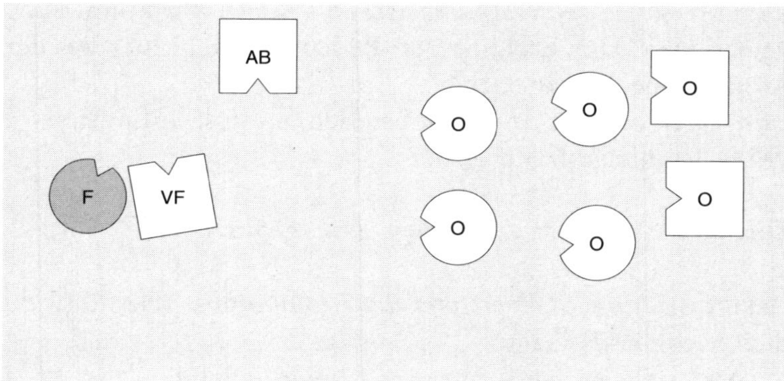

Hellinger stellt die Frau jetzt neben den Stellvertreter der Atombombe.

BILD 8

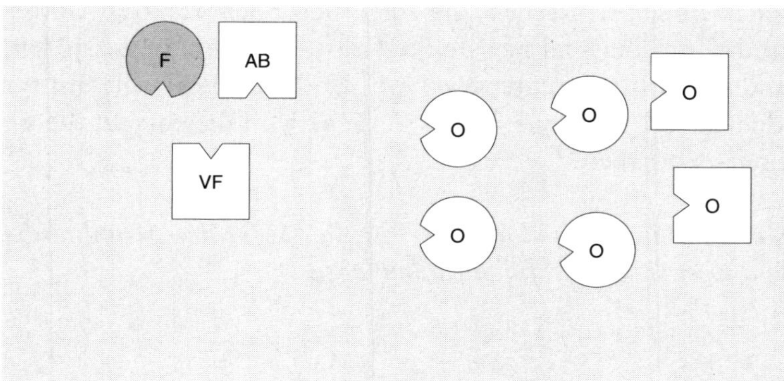

HELLINGER *zur Frau* Wie ist das?
FRAU *flüsternd* Das ist besser.
HELLINGER *zur Gruppe* Sie ist identifiziert mit der Atombombe. Deswegen zittert ihr japanischer Ehemann vor ihr.

Die Frau nickt und lächelt.

HELLINGER *zu den vietnamesischen Opfern* Ihr könnt euch jetzt setzen. Das Ereignis von Bedeutung liegt hier bei der Atombombe. Danke euch.
zum Vater Sag der Atombombe: »Ich bin stolz auf dich.«
VATER Ich bin stolz auf dich.

Die Frau sieht ihren Vater lange Zeit skeptisch an.

HELLINGER *zum Stellvertreter der Atombombe* Wie fühlst du dich, wenn er das sagt?
ATOMBOMBE Er anerkennt, was ich wirklich bin.
HELLINGER *zum Vater* Sag der Atombombe: »Ich bin stolz auf den Tod.«
VATER Ich bin stolz auf den Tod.
HELLINGER *zur Gruppe* Ich erzähle etwas über den Atomkrieg. Ein deutscher Philosoph hat ein Buch über die Atombombe geschrieben. Er sagt, der Atombombe werden Eigenschaften zugeschrieben, die eigentlich Eigenschaften Gottes sind. Zum Beispiel hat sie die Kraft, die Welt zu zerstören, und sie wird gefürchtet wie Gott. Und diejenigen, die mit ihr identifiziert sind, wie fühlen sie sich? Und diejenigen, die sie eingesetzt haben?

Hellinger wählt Stellvertreter für die Opfer der Atombombe und lässt sie sich auf den Boden legen.

BILD 9

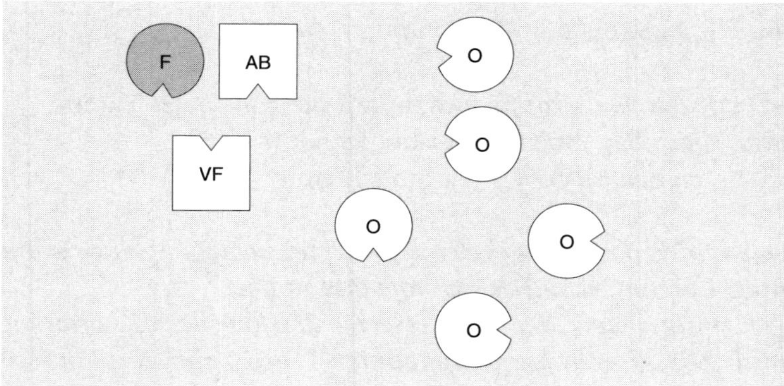

O Opfer der Atombombe

Der Vater und die Frau schauen auf die Opfer und gehen dann auf sie zu.

BILD 10

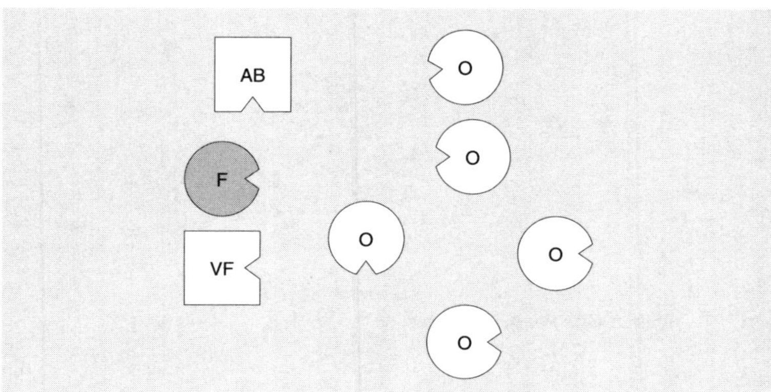

Die Frau ist sehr ergriffen und kann den Blick nicht von den Opfern lösen. Der Vater hat einen gleichgültigen Gesichtsausdruck. Dann ballt er die Hände zur Faust.

HELLINGER *zur Gruppe* Schaut auf die Fäuste des Vaters.
zum Vater Sag ihnen: »Hier bin ich Gott.«
VATER *zu den Opfern* Hier bin ich Gott.

Das Opfer, das am nächsten beim Vater liegt, zappelt jetzt am Boden herum, schüttelt sich und stöhnt laut.

Hellinger stellt den Stellvertreter des Mannes der Frau ins Bild. Dieser geht zum zappelnden Opfer, nimmt es in den Arm, fasst es am Kopf, versucht, es zu beruhigen, was erst nach längerer Zeit halbwegs gelingt.

BILD 11

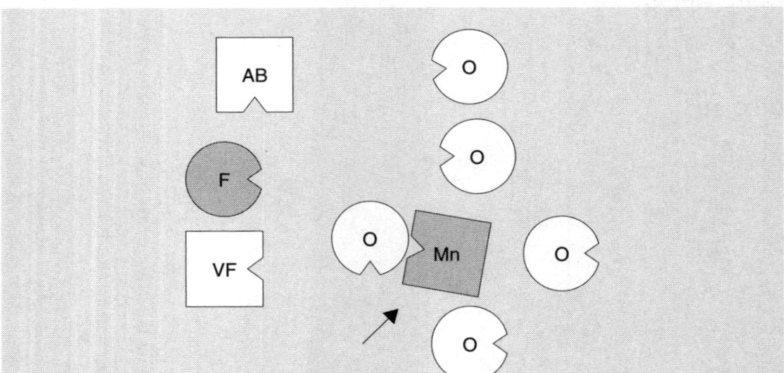

Mn **Mann der Frau, Japaner**

Die Frau geht vor diesem Opfer in die Knie, senkt den Kopf, bis er fast den Boden berührt. Die Hände hat sie dabei gefal-

tet. Das Opfer hat sich in den Armen des Ehemanns inzwischen beruhigt. Es legt die Hand auf die Schulter des Mannes.

Der Vater der Frau hat die Faust geballt und wendet sich dem Stellvertreter der Atombombe zu. Dann dreht er sich wieder zu den Opfern, sieht sie aber nicht an.

BILD 12

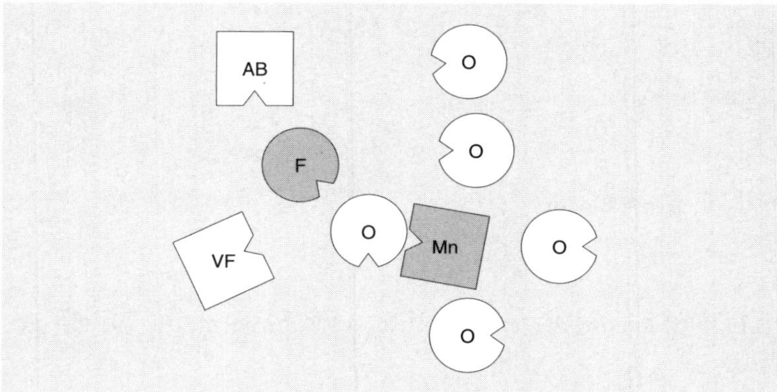

HELLINGER *zur Gruppe* Hier *er zeigt auf das Opfer und den japanischen Ehemann* sehen wir die Lösung. Und hier *er deutet auf den Vater* kann nichts mehr für ihn getan werden. Nichts kann ihn erreichen. Stellt euch vor, er stirbt! Wie lange wird sein Weg sein? Wie lange?

Hellinger wählt einen Stellvertreter für den obersten Befehlshaber des Vaters und lässt den Vater sich zu ihm drehen.

BILD 13

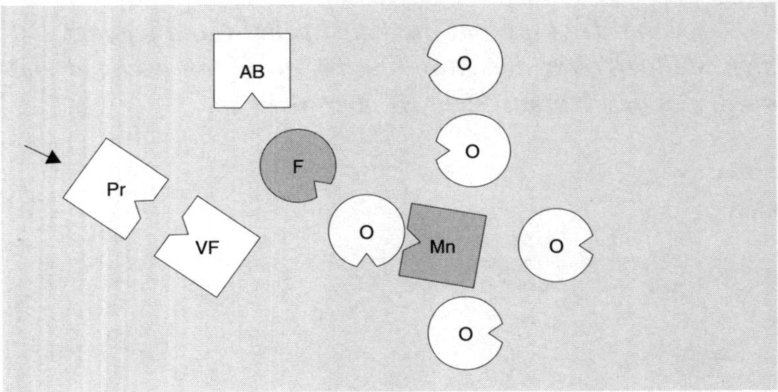

Pr Der Präsident

HELLINGER *zum Vater* Sag ihm: »Ich habe meine Pflicht getan.«
VATER Ich habe meine Pflicht getan.

Beide sehen sich lange an. Der Vater entspannt sich.

HELLINGER *zur Gruppe* Wisst ihr, wie diese Leute sind, die ihre Pflicht tun? Sie sind wie Kinder. – Ich glaube, ich kann es hier lassen.
zu den Stellvertretern Danke euch allen.
zum Stellvertreter des Vater Du musst aus dieser schwierigen Rolle raus. Stell dir den wirklichen Vater vor, den du vertreten hast, und verneige dich vor ihm. Dann drehst du dich um und bist wieder du selbst.
zur Gruppe Ich kenne diese Dinge aus einem anderen Zusammenhang.
zur Frau Wie geht es dir jetzt?
FRAU Besser.

HELLINGER Natürlich. Schließ die Augen. Stell dir vor, dein Mann steht dort.

Die Frau schließt die Augen.

HELLINGER Sag ihm: »Jetzt sehe ich dich.«
FRAU Jetzt sehe ich dich.
HELLINGER »Und du darfst mich sehen.«
FRAU Und du darfst mich sehen.
HELLINGER Okay?

Die Frau nickt.

ANHANG:

Die andere Liebe – Was über uns hinausführt*

Wenn wir »andere« Liebe hören, dann fragen wir uns: Was ist dann die »eine« Liebe oder die grundlegende Liebe, von der alles ausgeht?

DIE EINE LIEBE

Die eine Liebe erfahren wir zuerst als Kinder, die Liebe zu unseren Eltern. Wenn wir kleine Kinder anschauen, mit welcher Andacht sie hinaufblicken zu ihren Eltern, das ist tiefe Liebe. Später vergessen sie das vielleicht und meinen, sie müssten sich von ihren Eltern emanzipieren. Dann verlieren sie den Kontakt zu dieser tiefen ursprünglichen Liebe des Kindes zu seinen Eltern.

Später, wenn das Kind erwachsen ist, sucht es eine Paarbeziehung mit einem Mann, mit einer Frau, je nachdem. Dann wird die Liebe in besonders schöner und tiefer Weise erfahren. Die Paarbeziehung ist die intensivste Liebesbeziehung, die uns Menschen möglich ist. Wenn ein Paar dann Kinder hat, kommt noch eine andere Art der Liebe zum Zuge: die Liebe von Eltern zu ihren Kindern.

---

* Vortrag in Freiburg im Oktober 2002. Dieser Vortrag ist dokumentiert im Video *Bert Hellinger: Die andere Liebe – Was über uns hinausführt.* Erhältlich bei Steinhardt Film und Verlag, Pfinztalstr. 12, D-76227 Karlsruhe.

Diese Weisen der Liebe sind menschlich, ursprünglich. Ohne diese Erfahrung von Liebe kann niemand leben und glücklich sein. Sie erfüllt unsere tiefsten Bedürfnisse. Diesen Weisen der Liebe ist etwas gemeinsam. Diese Liebe bindet. Das Kind ist durch seine Liebe für immer an seine Eltern gebunden. Und ein Paar, das sich gefunden hat, bleibt ein Leben lang aneinander gebunden.

Das mag einigen seltsam vorkommen, wenn man die heutige Situation betrachtet. Durch das Familien-Stellen wurde aber klar erfahrbar, dass eine Bindung, die einmal zwischen einem Mann und einer Frau eingegangen wurde, ein Leben lang erhalten bleibt. Selbst wenn sich dieses Paar später trennt, wenn sie spüren, es geht nicht mehr weiter, und sie sich mit einem anderen Partner verbinden, bleibt diese frühere Bindung bestehen. Man kann das ablesen an den Gefühlen, die das auslöst. Der Schmerz bei einer Trennung und die Gefühle der Schuld und des Versagens zeigen deutlich, wie tief diese Bindung reicht. Was man noch sehen kann: Wenn solche Partner eine neue Beziehung eingehen und sie in der neuen Beziehung Kinder haben, dann vertritt eines der Kinder den früheren Partner, ohne dass es jemandem auffällt. Plötzlich wird eine Tochter wütend auf ihren Vater, obwohl er immer liebevoll mit ihr umgegangen ist. In einer Aufstellung kommt dann ans Licht, dass seine erste Frau sich verletzt fühlt und auf ihn wütend ist und dass diese Tochter die Gefühle der früheren Frau übernimmt.

Ebenso ist klar, wenn jemand Kinder hat, ist er für immer an diese Kinder gebunden. Also, diese ursprünglichen Weisen der Liebe vom Kind zu den Eltern, vom Mann zur Frau und von der Frau zum Mann und von Eltern zu ihren Kindern sind immer verbunden mit einer Bindung. Bindung heißt: Sie dauert ein Leben lang.

Manche nun, wenn sie erwachsen werden und in bestimmten Kreisen vielleicht neue Illusionen hegen, neue Lebensentwürfe ausprobieren, meinen, sie könnten sich trennen. Sie könnten sich trennen von ihren Eltern, sie könnten sich trennen von einem Partner, sie könnten sich sogar trennen von einem Kind. Das Ergebnis ist tiefer Schmerz, tiefe Schuld und das Gefühl von Leere. So wird man innerlich leer.

Nun, das wäre die eine, die grundlegende Liebe. Sie zeigt die Bezüge, in die wir hineingeboren sind und die sich fortsetzen in vielerlei Weise. Sie entspricht einem tiefen menschlichen Bedürfnis. Niemand kann sich dem entziehen ohne großen Verlust.

DIE ANDERE LIEBE

Aber mein Thema heißt ja: *Die andere Liebe*. Was ist jetzt die andere Liebe? Wenn wir eingebunden sind in unsere Familie, in eine Partnerschaft, in neues Weitergeben von Leben, dann wollen wir vielleicht diese Beziehungen nach Mustern gestalten, wie wir sie von unserer Familie her kennen. Dort wissen wir, was zu tun ist, damit wir dazugehören. Dort wissen wir, was wir vermeiden müssen, damit wir die Zugehörigkeit nicht verlieren. Gleichzeitig grenzen wir uns aber ab gegen anderes und Neues. Damit bleiben wir begrenzt. Es gibt nämlich einen inneren Trieb, der uns wahrnehmen lässt, was wir tun müssen, damit wir zu unserer Familie gehören, und was wir meiden müssen, damit wir diese Zugehörigkeit nicht verlieren. Dieser Trieb ist das Gewissen. Die grundlegende Funktion des Gewissens ist, dass es uns an unsere Familie bindet. Doch was bewirkt das noch zugleich? Es trennt uns von anderen Familien und von anderen Gruppen. Das Gewissen ist der Spaltpilz menschlicher Gemeinschaften. Daher müssen wir, damit wir uns entwickeln können, über diese Grenzen hinauswachsen, hin zu einer anderen Liebe.

Was heißt das jetzt? Ich fange beim Vordergründigen an. Ein Mann begegnet einer Frau und die Frau begegnet einem Mann. Sie schauen sich in die Augen und sind verliebt. Aber, wie allgemein bekannt ist, die Verliebten sind blind. Was lieben sie wirklich? Sehen sie den anderen überhaupt, oder sehen sie nur ein Idealbild, einen Traum, von dem sie hoffen, dass er sich erfüllt hat und ein Leben lang dauert? Nun, sehr bald erkennen sie, dass der andere anders ist, als sie sich das vorgestellt haben. Auf einmal muss jeder von den beiden über seine eigenen Grenzen hinausgehen und etwas anerkennen, das von ihm grundlegend verschieden ist. Und er muss es anerkennen als gleichwertig.

Der Mann ist von der Frau grundlegend verschieden und natürlich die Frau vom Mann. Wenn die beiden sich anschauen und sich voll erkennen, um den schönen biblischen Begriff zu gebrauchen, dann merkt der Mann, dass er nur eine halbe Portion ist, und die Frau merkt auch, sie ist nur eine halbe Portion. Beide repräsentieren nur einen Teil des Menschlichen. Beide spüren einen Mangel, dass ihnen etwas fehlt, was der andere hat, und dass sie etwas schenken können, was dem anderen fehlt. Jetzt muss der Mann das Weibliche, etwas, das ihm ja fremd ist, in sich hineinnehmen als ebenbürtig und gleichwertig, und er muss etwas von dem, was er hat, aufgeben. Und natürlich umgekehrt. Wenn ihnen das gelingt, sind sie beide am Ende reicher und menschlicher.

Man kann ja sehen, dass Männer und Frauen, die in einer festen Paarbeziehung sind, sich grundlegend unterscheiden von den so genannten Singles. Ihr braucht euch das nur vorzustellen. Sie sind reicher, runder, vollkommener, weil sie etwas anderes, das von ihnen verschieden ist, in sich hineingenommen und als ebenbürtig anerkannt haben. Wo das gelingt, ist es eine Leistung.

Nun schaut euch mal Paare an, wo der Mann die Frau zum Mann machen will und, was noch viel häufiger ist, die Frau den Mann zur Frau machen will. Das passiert unter der Vorstellung, dass die Frauen die richtigen Menschen sind und dass man die Männer dazu bringen muss, Frauen zu werden, damit auch sie richtig werden. Ich übertreibe das natürlich. Das Gleiche passiert auch von Seiten des Mannes. Was fehlt da? Es fehlt die Bereitschaft, bisherige Grenzen zu überschreiten, hin auf Neues und Größeres und Reicheres zu. Das verlangt den Verzicht auf Enge. In dieser Bewegung wird jemand weit.

DIE UNTERSCHIEDLICHEN FAMILIEN

Das ist die einfache Seite. Das Schwierige kommt noch. Beide, der Mann und die Frau, kommen aus verschiedenen Familien. In jeder Familie gelten bestimmte Werte und bestimmte Verhaltensweisen als richtig. Wer diesen Regeln und diesen Verhaltensweisen folgt, der fühlt sich unschuldig und gut. Nun sind aber die beiden Familien verschieden. Beide, der Mann und die Frau, haben ein gutes Gewissen, wenn sie den Partner dazu bringen, dass er von seiner Familie gleichsam abfällt und sich den Regeln und Verhaltensweisen der eigenen Familie unterwirft.

Wer das fordert, der verweigert persönliches Wachstum. Er bleibt in seiner Familie gefangen. Das heißt im Grunde, er bleibt ein Kind.

Wenn es den ersten Ehestreit gibt mit Bezug auf die Herkunftsfamilie, ist die Lösung, dass jeder der Partner anerkennt, dass die Familie des anderen ebenbürtig ist, obwohl verschieden, und dass er damit von seiner eigenen Familie in gewisser Weise Abschied nimmt, verbunden mit einem Schuldgefühl, das dabei unausweichlich ist, und dass sie auf einer höheren Ebene beide etwas in ihr Herz hereinnehmen, das sie vorher abgelehnt haben oder das ausgeschlossen war. Dann wachsen sie und werden reicher.

Hier merkt ihr schon, was »andere Liebe« bedeutet. Es bedeutet, dass ich zunehmend immer mehr anderes, das mir vorher vielleicht fremd war, in meine Seele hineinnehme, es achte, ihm einen Platz gebe, mich damit von etwas Früherem und etwas Engerem löse und in etwas Weiteres eingehe.

Ich habe vor vielen Jahren ein kleines Gedicht geschrieben, das verdeutlicht, was hier ansteht. Das Gedicht heißt:

DER WEG

Zum alten Vater fand der Sohn und bat:
»Vater segne mich, bevor du gehst!«
Der Vater sprach: »Mein Segen sei,
dass ich dich auf dem Weg des Wissens
zu Beginn ein Stück begleite.«

Am nächsten Morgen traten sie ins Freie,
und aus der Enge ihres Tales
stiegen sie auf einen Berg.
Der Tag ging schon gekrümmt, als sie zur Höhe kamen,
doch nun lag das Land nach allen Seiten
bis an den Horizont
im Licht.

Die Sonne sank,
und mit ihr sank die pralle Pracht:
Es wurde Nacht.
Doch als es dunkel war,
leuchteten die Sterne.

VERSTRICKUNGEN

Bis jetzt waren wir noch am Anfang des Weges. Nun geht es noch sehr viel weiter. Sehr bald erfahren die Partner, dass jeder von ihnen eingebunden ist in Schicksale aus seiner Familie, und das auf eine Weise, die er nicht steuern und bewältigen kann. Beim Familien-Stellen kommt das ans Licht. Wenn in einer Familie etwas Besonderes passiert ist, zum Beispiel, dass sich jemand umgebracht hat oder dass eine Frau im Kindbett starb, oder wenn es in einer Familie Verbrechen gegeben hat, dann wirkt das in den späteren Generationen nach. Plötzlich wird jemand hineingebunden in ein früheres Schicksal, ohne dass er darum weiß.

Ich bringe ein Beispiel. Vor einigen Monaten hatte ich einen Paarkurs in Taiwan. Eine Frau beschwerte sich über ihren Mann, dass er keinerlei Kraft zeige. Als ich ihn fragte, was in seiner Familie passiert sei, sagte er: »Meine Mutter ist schizophren.« Nun habe ich seine Mutter aufgestellt und ihr gegenüber seine vier Töchter. Es zeigte sich dabei, dass eine seiner Töchter schizophren wird wie seine Mutter. Nun weiß ich, dass es bei einer Schizophrenie in einer Familie oft einen verheimlichten Mord gab. Sehr oft ist ein Schizophrener nur deshalb verwirrt, weil er zugleich einen Täter und ein Opfer vertreten muss. Ich habe den Mann gefragt: »Gab es da etwas?«, »Nein«, sagte er, »ich erinnere nichts.« Nach einer Pause kam er zu mir und sagte: »Ja, da war etwas: Der Bruder des Urgroßvaters hat den Urgroßvater ermordet.« Daraufhin habe ich Stellvertreter aufgestellt für den Urgroßvater und seinen Bruder. Dabei verhielt sich der Bruder ganz seltsam, nicht nur als Täter, sondern auch als Opfer. Dann habe ich die Frau des Urgroßvaters dazugestellt, also die Urgroßmutter, und aus der Aufstellung wurde plötzlich klar, dass sie die Täterin war. Sie hatte das angestiftet. Der erste Schizophrene in dieser Familie war also der Bruder des Urgroßvaters. Er spürte sowohl die Täterenergie wie auch die Opferenergie in sich und konnte das nicht verbinden. Das

Schizophrene in dieser Familie begann bereits dort. Dann habe ich ihn sich an die Urgroßmutter und an seinen Bruder anlehnen lassen, also an die eigentliche Täterin und das Opfer, sodass er beide Energien, die des Täters und des Opfers, in sich verbinden konnte. Auf einmal war er klar.

Nachdem es dort gelöst war, konnten auch die Schizophrenen in den nächsten Generationen, die, weil es vorher nicht gelöst war, in die Schicksale beider, der Täterin und des Opfers, verstrickt waren, sich aus der Verwirrung befreien und wurden klar. Das ging bis zu seiner Mutter. Auch sie war auf einmal klar. Aber seine Tochter war nicht zu retten. Was sollte ich da machen? Ich habe sie zur Urgroßmutter gestellt, also zu der ursprünglichen Mörderin. Diese hat sie in den Arm genommen. Von ihr kam die Kraft, dass sich diese Tochter befreien konnte. Sie hat aufgeatmet und war auf einmal nur ein Kind.

Das sind Verstrickungen. Was sollte da die Frau machen mit ihrem Mann? Was konnte sie machen, wenn es nicht klar war, welche Verstrickungen in seiner Familie wirken?

Wenn eine Beziehung lange Zeit gedauert hat, werden im Lauf der Zeit die Verstrickungen aus der Vergangenheit spürbar. Darunter leidet die Beziehung oder sie bricht sogar auseinander. Doch keiner ist schuldig. Beide sind verstrickt. Was dann angeführt wird an Gründen, hat keine Bedeutung. Das ist völlig vordergründig.

Wenn der Mann spürt, dass seine Frau verstrickt ist, dass sie vielleicht gehen will, ohne dass er Einfluss nehmen kann, und umgekehrt, wenn die Frau spürt, dass ihr Mann verstrickt ist und dass er in Schicksale eingebunden ist, denen er nicht entrinnen kann, dann ist die andere Liebe gefordert.

DIE REINIGUNG

Was heißt das jetzt: die andere Liebe. Es heißt, dass jeder der Partner dem anderen sagt: »Ich liebe dich, und ich liebe das, was mich und dich führt.« Auf einmal sind sie in etwas viel Größeres eingebunden. Sie anerkennen, dass sie eingebunden sind. Was immer zwischen diesem Paar dann abläuft, die Liebe bleibt erhalten, weil jeder sagt: »Ich liebe dich, und ich liebe das, was dich und mich führt.«

Dann kommt ans Licht, dass jeder in seiner Entscheidungsfreiheit eingeengt ist. Die Spielräume, die wir haben, sind sehr eng. Wenn wir anerkennen, dass wir unausweichlich eingebunden sind in die Schicksale unserer Familie und dass der andere unausweichlich eingebunden ist in die Schicksale seiner Familie, dann werden beide sehr bescheiden und milde. Dann hören die frühen Träume auf und die Wirklichkeit, wie sie ist, wird wirksam. Sie wird wirksam in einer guten Weise, wenn wir uns nicht mehr gegen sie stemmen, sondern uns vor ihr verneigen und sagen: »Ja, so ist es, ich stimme dem zu.« Dann gibt es in der Seele eine Reinigung. Was dann passiert, was dann erlebt wird im Prozess dieser Reinigung, das geht weit über das hinaus, was jemand durch Übungen, und seien sie noch so hehrer Art, erreichen kann. Das Schicksal hat ihn eingeholt. Er fügt sich ihm und gewinnt dadurch eine besondere Kraft.

WAS ÜBER UNS HINAUSFÜHRT

Ich möchte noch etwas sagen zur anderen Liebe und über das, was über uns hinausführt. Wenn wir anderen begegnen, die aus einer anderen Kultur kommen, die einer anderen Religion angehören und die in vieler Hinsicht anders sind als wir, dann müssen wir anerkennen, dass diese Menschen, obwohl völlig von uns verschieden, uns gleich sind. Dass es keine besseren Menschen gibt und keine besseren Kulturen, keine besseren Religionen, keine besseren Rassen, keine besseren Völker.

Dann können wir uns öffnen für das Fremde, ohne jeden Widerstand. Dann kommen wir zu der anderen Liebe, die verbindet, was vorher getrennt war.

Von Jesus gibt es das Wort »Liebet eure Feinde«. Er hat erläutert, was das heißt. Anders, wie wir das vielleicht meinen. Wenn da einer auf seinen Feind zugeht und sagt: »Ich liebe dich«, dann gibt der ihm eine Ohrfeige. Mit Recht. Das ist aufdringlich und ohne Achtung und voller Überheblichkeit. Jesus erzählt, was das wirklich beinhaltet, und er nimmt als Beispiel den himmlischen Vater. Er sagt: »Liebet und seid barmherzig wie mein himmlischer Vater. Er lässt die Sonne scheinen über Gute und Böse, und er lässt regnen über Gerechte und Ungerechte.« Wenn wir uns da einfühlen und auf einmal unsere Sonne scheinen lassen über jeden Menschen, und sei er noch so verschieden, und regnen lassen über jeden Menschen, und sei er noch so anders, dann anerkennen wir, dass jeder andere uns vor etwas Größerem gleicht. Das ist die Liebe, die zutiefst verbindet. Wenn wir uns dem anvertrauen und hingeben, welche Wirkung hat das im alltäglichen Leben, zum Beispiel in unserer Familie und in unserer Paarbeziehung?

Noch etwas ist durch das Familien-Stellen ans Licht gekommen, das uns zur Besinnung bringt und uns zeigt, wo wir Wege gehen können und müssen, die unser bisheriges Verständnis bei weitem übersteigen. Man kann nämlich sehen, dass in einer Familie von Opfern, zum Beispiel in einer Familie, in der viele umgekommen sind im Holocaust, Kinder die Täter innerlich anerkennen. Sie haben plötzlich die gleiche Energie wie die Täter. Sie haben eine Täterenergie. Und wieso? Weil in dieser Familie die Täter ausgeschlossen sind. Was immer wir ausschließen, gewinnt über uns Macht.

Und umgekehrt, in den Familien der Täter vertreten Kinder die Opfer. Wieso? Weil in dieser Familie die Opfer nicht anerkannt werden, weil man nicht um sie getrauert hat.

Ich bringe ein Beispiel, nur zum Einfühlen. Was würde geschehen, wenn wir hier in Deutschland Hitler und seinen Gefolgsleuten einen Platz in unserem Herzen geben? Wenn wir sie anerkennen als Menschen wie wir, die ihrem Gewissen gefolgt sind, die gefangen waren in ihrem Gewissen und im Dienste ihres Gewissens ihre schrecklichen Taten vollbracht haben? Und wenn wir zugleich auf ihre Opfer blicken, gleichsam jeden Einzelnen von ihnen anschauen und spüren, das war sein Schicksal? Und wenn wir es ehren und mit ihm trauern? Und wenn wir in gleicher Weise auch mit den Tätern trauern? Was würde passieren in unserer Seele? Das ist die andere Liebe. Dann hört alle Gerechtigkeit auf. Alle Überheblichkeit ist dann zu Ende.

Jetzt bin ich in eine spirituelle Dimension gegangen, sozusagen. Im Grunde ist sie aber nur die letztmenschliche. Hier kann ich, glaube ich, meinen Vortrag beschließen.

Veröffentlichungen von und mit Bert Hellinger

Weitere ausführliche Informationen über Bert Hellinger und seine Arbeit, Adressen von Aufstellern, Informationen über Aus- und Weiterbildung etc. finden Sie im Internet unter: www.hellinger.com

ORDNUNGEN DER LIEBE

Die Veröffentlichungen unter dieser Überschrift führen in das Familien-Stellen ein, fassen Hellingers Einsichten zusammen und wenden sich an ein breiteres Publikum.

Zweierlei Glück. Die systemische Psychotherapie Bert Hellingers
Herausgegeben von Gunthard Weber 1993
14., überarb. Auflage 2001. 338 Seiten. ISBN 3-89670-197-5. Carl-Auer-Systeme Verlag
In lebendigem Wechsel von Vorträgen, Fallbeispielen und Geschichten führt Gunthard Weber umfassend in die Denk- und Vorgehensweisen Bert Hellingers ein. Das übersichtlich gegliederte Buch beschäftigt sich ausführlich mit den verschiedenen Aspekten von Beziehungen, mit den »Bedingungen für das Gelingen«, dem »Gewissen als Gleichgewichtssinn in Beziehungen«, den »Beziehungen zwischen Eltern und Kindern« sowie den Paarbeziehungen, den systemischen Verstrickungen und ihren Lösungen und abschließend mit der Praxis systembezogener Psychotherapie.

Ordnungen der Liebe. Ein Kursbuch *1994*
7., korr. Auflage 2001. 516 Seiten. ISBN 3-89670-215-7. Carl-Auer-Systeme Verlag
Dies ist ein Kursbuch in mehrfachem Sinn. Erstens werden ausgewählte therapeutische Kurse wortgetreu wiedergegeben. So kann der

Leser am Ringen um Lösungen teilnehmen, als wäre er selbst mit dabei. Zweitens werden Hellingers therapeutische Vorgehensweisen ausführlich dargestellt und erläutert, vor allem seine besondere Art, Familien zu stellen. Drittens nimmt Hellinger den Leser auf den Erkenntnisweg mit, der zum Erfassen der hier beschriebenen Ordnungen führt. Abschließend erläutert Hellinger in einem längeren Interview seine Einsichten und Vorgehensweisen.
(Dieses Buch ist als Taschenbuch erschienen im Knaur Verlag: ISBN 3-426-77563-8.)

Die Quelle braucht nicht nach dem Weg zu fragen. Ein Nachlesebuch *2001*
2. Auflage 2002. 388 Seiten. ISBN 3-89670-277-7. Carl-Auer-Systeme Verlag
Die in diesem Buch gesammelten Aussagen wurden ursprünglich in Kursen über das Familien-Stellen als Einleitungen gesprochen oder als Zwischenerklärungen oder als Zusammenfassungen zu dem, was vorangegangen war, oder auch als Antworten auf Fragen und einige als Interviews. Alle diese Aussagen haben ein Umfeld. Der Kontext färbt auf sie ab und macht sie lebendig. Sie behandeln ein Thema nicht vollständig, sondern bringen es auf den Punkt, der es dem Leser ermöglicht, entsprechend zu handeln. In diesem Buch wurden sie übersichtlich nach Themen geordnet.

Entlassen werden wir vollendet. Späte Texte *2001*
2. Auflage 2002. 220 Seiten. ISBN 3-466-30558-6. Kösel-Verlag
»Erst wenn die reife Frucht zur Erde fällt, entlässt sie, was der Zukunft dient.« Mit diesen Worten führt Bert Hellinger in diese Texte ein. Sie enthalten Antworten auf wesentliche Fragen und Einsichten in mögliches und fälliges menschliches Tun. Dazwischen stehen hintersinnige Aphorismen.
Dies ist ein Weisheitsbuch und ein Vermächtnis, das um die Themen Abschied und Versöhnung kreist und oft an Letztes rührt.

Anerkennen, was ist. Gespräche über Verstrickung und Lösung
Zusammen mit Gabriele ten Hövel 1996
12. Auflage 2002. 220 Seiten. ISBN 3-466-30400-8. Kösel-Verlag
In dichten Gesprächen mit der Journalistin Gabriele ten Hövel gibt Hellinger Einblick in die Hintergründe seines Denkens und Tuns. Und er zeigt, wie über die Anerkennung der Wirklichkeit auch in schwierigen Fragen die Verständigung gefunden und ein Ausgleich erreicht

werden kann. Ein Glossar macht den Inhalt über zahlreiche Stichworte zugänglich.

Mit der Seele gehen
Herausgegeben von Bertold Ulsamer und Harald Hohnen
1. Auflage 2001. 187 Seiten. ISBN 3-451-27579-1. Herder Verlag
Im Gespräch mit Ulsamer und Hohnen erzählt Hellinger von seiner Methode. Er macht deutlich: Es gibt Ordnungen, die man nicht verletzen darf, die aber wieder ins Gleichgewicht kommen können, wenn man sie erkennt. Ein Buch, das einführt in die größeren Zusammenhänge seines Denkens, in seine »Philosophie« und in seine spirituellen Grundeinsichten. Die Einführung für Neugierige – aber auch für diejenigen, die wissen wollen, was hinter dem Familien-Stellen steckt.

Die Mitte fühlt sich leicht an. Vorträge und Geschichten *1996*
9., erw. Auflage 2003. 264 Seiten. ISBN 3-466-30460-1. Kösel-Verlag
Hellingers grundlegende Vorträge und Geschichten sind hier gesammelt vorgestellt. Sie kreisen um die gleiche Mitte, eine verborgene Ordnung, nach der Beziehungen gelingen oder scheitern.

Die Mitte fühlt sich leicht an. Vorträge und Geschichten
(Begleitende Ausgabe auf Video/Audio-CD)
Die unter oben stehendem Titel zusammengefassten Vorträge und Geschichten sind auch auf CD und Video erhältlich, ebenso wie die folgenden Videos, CDs und Audiokassetten.

Bezugsadresse:
Carl-Auer-Systeme Verlag, Weberstr. 2, 69120 Heidelberg
Fax: 06221/64 38 22, E-Mail: info@carl-auer.de

CD-Paket 1 (2 CDs) bzw. Video 1
Schuld und Unschuld in Beziehungen *(Vortrag)*
Geschichten, die zu denken geben
141 Minuten. ISBN 3-931574-48-2 (CD). ISBN 3-931574-54-7 (Video)

CD-Paket 2 (2 CDs) bzw. Video 2
Die Grenzen des Gewissens *(Vortrag)*
Geschichten, die wenden
135 Minuten. ISBN 3-931574-49-0 (CD). ISBN 3-931574-55-5 (Video)

CD-Paket 3 (3 CDs) bzw. Video 3
Ordnungen der Liebe *(Vortrag)*
Geschichten vom Glück
206 Minuten. ISBN 3-931574-50-4 (CD). ISBN 3-931574-56-3 (Video)

CD-Paket 4 (2 CDs) bzw. Video 4
Leib und Seele, Leben und Tod *(Vortrag)*
Psychotherapie und Religion *(Vortrag)*
120 Minuten. ISBN 3-89670-066-9 (CD). ISBN 3-89670-067-7 (Video)

CD 5 bzw. Video 5
Das Judentum in unserer Seele *(Vortrag)*
50 Minuten. ISBN 3-89670-217-3 (CD). ISBN 3-89670-216-5 (Video)
In NTSC-Format erhältlich bei:
Zeig, Tucker & Co., 1935 E. Aurelius Ave., Phoenix, Arizona 85020-5543, USA

Finden, was wirkt. Therapeutische Briefe *1993*
Erweit. Neuauflage. 11. Auflage 2003. 232 Seiten. ISBN 3-466-30389-3. Kösel-Verlag
Diese Briefe geben knapp und verdichtet – meist unter 20 Zeilen! – Antwort auf Fragen von Menschen in Not und zeigen, oft überraschend und einfach, die heilende Lösung. Sie lesen sich wie kleine Geschichten, denn jeder Brief erzählt verschlüsselt ein Schicksal. Es geht um die Themen »Mann und Frau«, »Eltern und Kinder«, »Leib und Seele«, den »tragenden Grund« und »Abschied und Ende«.

Religion – Psychotherapie – Seelsorge. Gesammelte Texte *2000*
2. Auflage 2001. 240 Seiten. ISBN 3-466-30526-8. Kösel-Verlag
Dass eine Familie durch eine gemeinsame Seele verbunden, aber auch gesteuert wird, hat Bert Hellinger schon in vielen Publikationen dokumentiert. Seine Methode des Familien-Stellens hat gezeigt, dass wir in größere Zusammenhänge eingebunden sind, die unser Leben unabhängig von unseren Ängsten und Wünschen beeinflussen. Die tief greifenden Auswirkungen des Holocaust in den nachfolgenden Generationen sind nur ein Beleg dafür. Diese Erfahrungen gehen weit über unsere traditionellen Gottesbilder und religiösen Haltungen hinaus. Auch die bisherige Seelsorge wird solchen Erkenntnissen nicht mehr

gerecht. Bert Hellinger nähert sich diesen religiösen Fragen deshalb auf eine neue Weise.

Verdichtetes. Sinnsprüche – Kleine Geschichten – Sätze der Kraft *1995*
5. Auflage 2000. 109 Seiten. ISBN 3-89670-001-4. Carl-Auer-Systeme Verlag
Die hier gesammelten Sprüche und kleinen Geschichten sind während der therapeutischen Arbeit entstanden. Sie sind nach Themen geordnet: »Wahrnehmen, was ist«, »Die größere Kraft«, »Gut und Böse«, »Mann und Frau«, »Helfen und Heilen«, »Leben und Tod«. Ihr ursprünglicher Anlass scheint manchmal noch durch, doch reichen sie weit darüber hinaus. Gewohntes Denken wird erschüttert, verborgene Ordnungen kommen ans Licht. In den Sätzen der Kraft verdichtet sich heilendes Sagen und Tun. Sie bringen eine Lösung in Gang, wenn jemand in ein fremdes Schicksal verstrickt ist oder in persönliche Schuld, und machen für Kommendes frei.

Einsicht durch Verzicht. Der phänomenologische Erkenntnisweg in der Psychotherapie am Beispiel des Familien-Stellens *(Vortrag)*
Audio-Kassette 1999. 57 Minuten. ISBN 3-89670-164-9. Carl-Auer-Systeme Verlag
Auf dem phänomenologischen Erkenntnisweg setzt man sich der Vielfalt von Erscheinungen aus, ohne zwischen ihnen zu wählen oder zu werten. Die Aufmerksamkeit ist dabei zugleich gerichtet und ungerichtet, gesammelt und leer. Auf diese Weise gewinnt der Therapeut beim Familien-Stellen die Einsichten über das bisher Verborgene und findet die Wege, die aus Verstrickungen lösen. Worauf er dabei zu achten hat, zeigt dieser Vortrag.

Vom Himmel, der krank macht, und der Erde, die heilt *(Vortrag)*
Leiden ist leichter als lösen *(Vortrag)*
2 Audio-Kassetten. 1995/1993. Je 60 Minuten. ISBN 3-89670-047-2. Carl-Auer-Systeme Verlag
»Vom Himmel, der krank macht, und der Erde, die heilt« beschreibt die grundlegenden Dynamiken, die in Familien zu schweren Krankheiten führen oder zu Unfällen und Selbstmord, und zeigt, was solche Schicksale manchmal noch wendet (ähnlich dem Vortrag »Ordnung und Krankheit«). Auch im Buch »Ordnungen der Liebe«.
»Leiden ist leichter als lösen« ist ein Radiointerview mit Gabriele ten Hövel. Der Text findet sich auch im Buch »Anerkennen, was ist«.

Re-Viewing Assumptions. Eine Debatte mit Anne Ancelin Schützenberger, Bert Hellinger und Rupert Sheldrake über Phänomene, die unsere Weltsicht in Frage stellen

1 VHS-Kassette. 70 Minuten. 2000. ISBN 3-89670-161-4. Carl-Auer-Systeme Verlag

In NTSC-Format bei Zeig, Tucker & Theisen, Inc. (1935 East Aurelius Avenue, Phoenix, Arizona 85020-5543, USA)

Dieses Video dokumentiert den Aufbruch in neue, viel versprechende Felder des therapeutischen, philosophischen und spirituellen Dialogs. (Englisch mit beiliegender schriftlicher Übersetzung ins Deutsche.)

KURZTHERAPIEN

Mitte und Maß. Kurztherapien *1999*

2. Auflage 2001. 262 Seiten. ISBN 3-89670-196-7. Carl-Auer-Systeme Verlag

Den in diesem Buch erstmals dokumentierten 63 Kurztherapien ist gemeinsam, dass sich die Lösungen unmittelbar aus dem Geschehen ergeben und daher jedes Mal anders und einmalig sind. Dazwischen gibt Hellinger weiterführende Hinweise, zum Beispiel über die Trauer, die Toten, die Hintergründe von schwerer Krankheit oder von Selbstmord, und er beschreibt den Erkenntnisweg, der zur Vielfalt der hier dokumentierten Lösungen führt.

Man kann diese Kurztherapien lesen wie Kurzgeschichten, manchmal aufwühlend, manchmal erheiternd, manchmal voller Dramatik und dann wieder besinnlich und still.

PAARTHERAPIE

Liebe und Schicksal. Was Paare aneinander wachsen lässt

1. Auflage 2003. 280 Seiten. ISBN 3-466-30620-5. Kösel-Verlag

Die Liebe eines Paares, die erst »nur« durch Sehnsucht, Hoffnung, Innigkeit und Lust entsteht, wird bald von etwas Höherem getragen: dem Schicksal. Dieses Schicksal, das durch die Verstrickung des einen oder beider Partner in Ereignisse aus der Herkunftsfamilie in die bestehende Partnerschaft hineinwirkt, kann durch das Familien-Stellen ans Licht gebracht werden. Bert Hellinger zeigt am Beispiel eines Kurses in Rom, wie diese Verstrickungen sichtbar, anerkannt und gelöst werden können.

Liebe auf den zweiten Blick. Lösungen für Paare
1. Auflage 2002. 256 Seiten. ISBN 3-451-27798-0. Herder Verlag
Liebe auf den ersten Blick ist etwas Wunderbares. Es braucht den »zweiten Blick«, damit die Liebe trägt. Dadurch entdecken sich Paare auf eine ganz neue, tiefere Weise. Sie können sich einordnen in die Geschichte ihrer jeweiligen Familie – und lernen damit auch den Partner auf neue Weise kennen und achten.

Wie Liebe gelingt. Die Paartherapie Bert Hellingers
Herausgegeben von Johannes Neuhauser 1999
3. Auflage 2002. 348 Seiten. ISBN 3-89670-298-X. Carl-Auer-Systeme Verlag
Dieses Buch dokumentiert Bert Hellingers zwanzigjährige Erfahrung in der Arbeit mit Paaren. Die vielen Beispiele aus Hellingers Gruppen- bzw. Rundenarbeit und seinen Paar- bzw. Familienaufstellungen sind lebensnah und lösungsorientiert. Im Zentrum der ausführlichen Erläuterungen und der Gespräche mit Hellinger steht der Lebenszyklus in Paarbeziehungen: das erste Verliebtsein, die Bindung, gemeinsame Elternschaft oder Kinderlosigkeit, schmerzhafte Paarkrisen, das Scheitern der Beziehung und die klare Trennung, das gemeinsame Altwerden und der Tod. Der Herausgeber Johannes Neuhauser hat für dieses Buch seit 1995 Hunderte von Paartherapien Hellingers aufgezeichnet und ausgewertet.

Wie Liebe gelingt. Die Paartherapie Bert Hellingers
5 VHS-Kassetten. 1999. 12 1/2 Stunden. ISBN 3-89670-087-1. Carl-Auer-Systeme Verlag
Dieses Video dokumentiert Bert Hellingers Rundenarbeit und das Familien-Stellen mit 15 Paaren in einer Kleingruppe. Es zeigt zum ersten Mal, wie Bert Hellinger vor und nach dem Familien-Stellen mit den Paaren arbeitet, zum ersten Mal kann man ihm sozusagen über die Schulter schauen und die vielschichtigen Interventionen beobachten.

Wir gehen nach vorne. Ein Kurs für Paare in Krisen *2000*
2., korr. Auflage 2002. 273 Seiten. ISBN 3-89670-230-0. Carl-Auer-Systeme Verlag
Wenn Partner in ihrer Beziehung leiden, obwohl sie einander lieben, dann bleiben ihre Appelle an den gegenseitigen guten Willen und ihre Anstrengungen oft vergebens. Denn Krisen in Paarbeziehungen haben oft mit Verstrickungen in der Herkunftsfamilie zu tun. Dieses

Buch zeigt, wie man die eigentlichen Hintergründe ans Licht bringt und wie überraschend leicht die Lösungen fallen, wenn sie bewusst sind.

Wir gehen nach vorne. Ein Kurs für Paare in Krisen
Video-Edition. 3 Videos. 8 1/4 Stunden. ISBN 3-89670-175-4. Carl-Auer-Systeme Verlag
(Das Video zum gleichnamigen Buch.)

ELTERN UND LEHRER

Wenn ihr wüsstet, wie ich euch liebe. Wie schwierigen Kindern durch Familien-Stellen und Festhalten geholfen werden kann
Von Jirina Prekop und Bert Hellinger 1998
3. Auflage 2002. 280 Seiten. ISBN 3-466-30470-9. Kösel-Verlag
Manche Kinder fordern ihre Umwelt in besonderem Maße heraus. Jirina Prekop und Bert Hellinger erkannten, dass die Gründe oftmals im Verborgenen liegen und Ergebnis einer gestörten Ordnung des familiären Systems sind. Anhand von neun Fallgeschichten zeigen sie, wie Betroffene ihre Familien aufgestellt haben, um mögliche systemische Verstrickungen aufzudecken, und wie die Festhaltetherapie ermöglichte, das Erlebte emotional nachzuvollziehen. Eindrucksvoll erfährt der Leser, wie beide Methoden helfen, die Liebe zwischen Eltern und Kindern zu erneuern.

Kindliche Not und kindliche Liebe. Familien-Stellen und systemische Lösungen in Schule und Familie
Von Sylvia Gòmez-Pedra (Hrsg.) unter Mitwirkung von Bert Hellinger 2000
2., korr. u. überarb. Auflage 2002. 208 Seiten. ISBN 3-89670-280-7. Carl-Auer-Systeme Verlag
Gestörtes und auffälliges Verhalten von Kindern bringt Eltern und andere erwachsene Begleiter oft an den Rand ihrer Kräfte, löst Aggressionen und Unverständnis aus und endet nicht selten in einem Ausschluss des schwierigen Kindes aus dem normalen Umfeld. Dieses Buch bietet hier konkrete Hilfe an. Die Autoren bringen ihre vielfältigen Erfahrungen als Therapeuten, Lehrer und Eltern ein, um zusammen mit den Betroffenen hinter Verhaltensstörungen und Krankheiten bei Kindern zu schauen. Werden einmal jene Beweggründe erkannt, die Kinder tatsächlich in auffälliges Verhalten treiben, so las-

sen sich auch die Kraftquellen in der Familie erschließen, aus denen ihnen Ruhe und Sicherheit zukommen.

ADOPTION UND BEHINDERTE

Haltet mich, dass ich am Leben bleibe. Lösungen für Adoptierte
1998
2. Auflage 2001. 216 Seiten. ISBN 3-89670-218-1. Carl-Auer-Systeme Verlag
Der hier dokumentierte Kurs für erwachsene Adoptierte zeigt, wie die Bindung des Kindes an seine leiblichen Eltern weiterwirkt. Er zeigt aber auch, wie diese Bindung auf eine Weise gelöst werden kann, die es dem Adoptivkind ermöglicht, sich seinen neuen Eltern zuzuwenden und von ihnen den Halt und die Liebe zu nehmen, die sie ihm schenken.

Haltet mich, daß ich am Leben bleibe. Lösungen für Adoptierte
2 VHS-Kassetten. 1997. 7 Stunden. ISBN 3-89679-061-8. Carl-Auer-Systeme Verlag
(Das Video zum gleichnamigen Buch.)

In der Seele an die Liebe rühren. Familien-Stellen mit Eltern und Pflegeeltern von behinderten Kindern
1. Auflage 1998. 120 Seiten. ISBN 3-89670-093-6. Carl-Auer-Systeme Verlag
Eltern, die ein behindertes Kind haben, und Pflegeeltern, die ein solches Kind aufnehmen, werden vom Schicksal dieser Kinder auf eine besondere Weise in Dienst genommen. Wie ihre Liebe an diesem Schicksal und dieser Aufgabe wächst, wird uns in diesem Buch bewegend vor Augen geführt.

In der Seele an die Liebe rühren. Familien-Stellen mit Eltern und Pflegeeltern behinderter Kinder
1 VHS-Kassette. 1998. 2 1/2 Stunden. ISBN 3-89670-064-2. Carl-Auer-Systeme Verlag
(Das Video zum gleichnamigen Buch.)

WAS IN FAMILIEN KRANK MACHT UND HEILT

Was in Familien krank macht und heilt. Ein Kurs für Betroffene *2000*
2. Auflage 2001. 288 Seiten. ISBN 3-89670-123-1. Carl-Auer-Systeme Verlag
Dieses Buch führt die bereits veröffentlichten Dokumentationen über das Familien-Stellen mit Kranken in wesentlichen Punkten weiter. Es vermittelt vertiefte Einsichten in die familiengeschichtlichen Hintergründe von schwerer Krankheit und Selbstmordgefährdung und dokumentiert das Familien-Stellen in neuen Zusammenhängen wie Sucht, religiöser Verstrickung, Trauma und tragischen Schicksalsschlägen.

Wo Schicksal wirkt und Demut heilt. Ein Kurs für Kranke *1998*
2., korr. Auflage 2001. 322 Seiten. ISBN 3-89670-195-9. Carl-Auer-Systeme Verlag
Dieses Buch dokumentiert das Familien-Stellen mit Kranken und die familiengeschichtlichen Hintergründe von schwerer Krankheit, von Unfällen und Selbstmord. Bert Hellinger erklärt ausführlich die einzelnen Schritte und vermittelt dadurch auch eine umfassende Einführung in das Familien-Stellen. Darüber hinaus enthält dieses Buch zahlreiche Beispiele von Kurztherapien.

Wo Schicksal wirkt und Demut heilt. Familien-Stellen mit Kranken
3 VHS-Kassetten. 1998. 9 1/2 Stunden. ISBN 3-89670-060-X. Carl-Auer-Systeme Verlag
(Das Video zum gleichnamigen Buch.)

Schicksalsbindungen bei Krebs. Ein Kurs für Betroffene, ihre Angehörigen und Therapeuten *1997*
3. Auflage 2001. 202 Seiten. ISBN 3-89670-008-1. Carl-Auer-Systeme Verlag
Dieses Buch dokumentiert am Beispiel von Krebs, wie Schicksalsbindungen in der Familie schwere Krankheiten mitbedingen und aufrechterhalten. Und es zeigt, wie die Liebe, die krank macht, sich löst in Liebe, die heilt.

Bert Hellinger arbeitet mit Krebskranken. Ein Kurs für Betroffene, ihre Angehörigen und Therapeuten
2 VHS-Kassetten. 7 1/2 Stunden. ISBN 3-89670-007-3. Carl-Auer-Systeme Verlag
(Das Video zum Buch »Schickalsbindungen bei Krebs«.)

Die größere Kraft. Bewegungen der Seele bei Krebs
Herausgegeben von Michaela Kaden
1. Auflage 2001. 194 Seiten. ISBN 3-89670-181-9. Carl-Auer-Systeme Verlag
Dieses Buch dokumentiert einen Kurs für Krebskranke in Salzburg. Es führt die Einsichten über die familiengeschichtlichen Hintergründe bei Krebs weiter. Es achtet noch genauer auf die Bewegungen der Seele, die auf der einen Seite die Krankheit aufrechterhalten und auf der anderen Seite die Hinwendung zum Leben ermöglichen.

Liebe am Abgrund. Ein Kurs für Psychose-Patienten
Herausgegeben von Michaela Kaden
1. Auflage 2001. 230 Seiten. ISBN 3-89670-205-X. Carl-Auer-Systeme Verlag
Grundlage dieses Buches ist ein Kurs Bert Hellingers über die »Familiendynamik bei Psychosen«. Neu und in Ergänzung zum Familien-Stellen finden vor allem Aufstellungen mit der freien Bewegung der Stellvertreter Anwendung. Bert Hellinger nennt dieses Vorgehen »Arbeit mit den Bewegungen der Seele«. Besonderes Augenmerk liegt hier auf der schuldhaften Verstrickung von Vorfahren im Kontext des Dritten Reiches, aber auch im Rahmen persönlicher Schuld bei abgetriebenen oder verleugneten toten Kindern. Viele dieser Ereignisse gelten in der Familie als Geheimnis; in der Aufstellung kommen sie manchmal ans Licht. Dabei fließen vor allem die Erfahrungen Hellingers zur Dynamik zwischen Opfern und Tätern ein, die er während der beiden letzten Jahre sammeln konnte. Sie ermöglichen Lösungen, die auf dieser Ebene durch das Familien-Stellen alleine bisher noch nicht sichtbar werden konnten.

Liebe am Abgrund. Ein Kurs für Psychose-Patienten
3 VHS-Kassetten. 2001. 10 Stunden. ISBN 3-809670-178-9. Carl-Auer-Systeme Verlag
(Das Video zum gleichnamigen Buch.)

Familienstellen mit Psychosekranken. Ein Kurs mit Bert Hellinger
Herausgegeben von Robert Langlotz
1. Auflage 1998. 232 Seiten. ISBN 3-89670-101-0. Carl-Auer-Systeme Verlag
Dieses Buch dokumentiert Bert Hellingers therapeutische Arbeit – vor allem das Familien-Stellen – in einem Kurs mit 25 Psychosekranken. Robert Langlotz hat viele Patienten nachbefragt und die Ergebnisse kommentiert in diesen Band aufgenommen. Er fasst die Verstrickungen, Verwirrungen und Loyalitätskonflikte zusammen, die durch die Aufstellungen der Psychosekranken sichtbar werden. Dieser erste Erfahrungsbericht lässt neue Sichtweisen, psychotisches Verhalten zu verstehen, aufleuchten und macht Mut, das Familien-Stellen als diagnostisches und therapeutisches Instrument in der stationären und ambulanten Psychotherapie anzuwenden.

Leiden ist leichter als lösen. Ein Praxiskurs mit Bert Hellinger. Familienaufstellungen mit Suchtkranken
Herausgegeben von Heribert Döring-Meijer
1. Auflage 2000. 229 Seiten. ISBN 3-87387-444-X. Junfermann Verlag
Dieses Buch dokumentiert das Familien-Stellen mit Suchtkranken. Es zeigt, dass die Sucht in vielfältiger Weise mit Verstrickungen in die Geschichte und Schicksale der Herkunftsfamilie zusammenhängt. Abgesehen von jenen Fällen, in denen die Sucht auch als Sühne für persönliche Schuld gesehen werden muss, ist es meistens das Kind in den Süchtigen, das mit der Sucht etwas Gutes für andere erreichen will. Diese Einsicht ermöglicht es den Helfern, die Süchtigen zu achten und vor allem für das Kind in ihnen die Lösung zu suchen.

Ordnung und Krankheit. Vortrag und therapeutisches Werkstattgespräch *1994 (Video)*
130 Minuten. ISBN 3-931574-74-1. Carl-Auer-Systeme Verlag
Der Vortrag »Ordnung und Krankheit« beschreibt, was in Familien zu schweren Krankheiten, Unfällen und Selbstmord führt und was solche Schicksale wendet. Im therapeutischen Werkstattgespräch erläutert Hellinger anhand von dreißig Fragen seine Psychotherapie und erzählt aus der Praxis seiner Arbeit. Die Fragen stellt Johannes Neuhauser.

TRAUMA

Wo Ohnmacht Frieden stiftet. Familien-Stellen mit Opfern von Trauma, Schicksal und Schuld
1. Auflage 2000. 255 Seiten. ISBN 3-89670-111-8. Carl-Auer-Systeme Verlag
In diesem Buch wird an vielen Beispielen beschrieben, wie Opfern von Trauma, Schicksal und Schuld geholfen werden kann, sich ihrem Schicksal zu stellen und aus der Zustimmung zu ihren Grenzen ihre Würde zu wahren und Frieden zu finden. Dabei werden auch Vorgehensweisen dokumentiert, die über die bisherigen Methoden des Familien-Stellens hinausführen.

Wo Ohnmacht Frieden stiftet. Familien-Stellen mit Opfern von Trauma und Schicksal
3 VHS-Kassetten. 2000. 6 1/2 Stunden. ISBN 3-89670-082-0. Carl-Auer-Systeme Verlag
(Das Video zum gleichnamigen Buch.)

HOLOCAUST

Der Abschied. Nachkommen von Tätern und Opfern stellen ihre Familie *1998*
2., erweiterte Auflage 2001. 370 Seiten. ISBN 3-89670-202-5. Carl-Auer-Systeme Verlag
Wie Schuld und Schicksal von Tätern und Opfern des Nationalsozialismus auf deren Nachkommen wirken, dem ist Hellinger seit Jahren in seinen Kursen für Kranke begegnet. Mit den Kranken musste er sich den Tätern und Opfern in ihren Familien stellen und versuchen, im Einklang mit ihnen das Leid für ihre Nachkommen zu mildern und vielleicht zu beenden. Dieses Buch dokumentiert diese Versuche. Dabei kommen sowohl die Überlebenden und die Nachkommen zu Wort als auch die Schuldigen und die Toten. Wenn sie geachtet sind, ziehen sie sich still zurück, und die Lebenden ziehen frei über die Grenze, die sie von den Toten noch trennt.

Das Überleben überleben. Nachkommen von Überlebenden des Holocaust stellen ihre Familie
VHS-Kassette. 1998. 2 1/4 Stunden. ISBN 3-89670-074-X. Carl-Auer-Systeme Verlag

Bert Hellinger begegnete in seiner psychotherapeutischen Arbeit mit Kranken oft den Folgen von Schicksal und Schuld im Leben der Nachkommen von Opfern aus der Zeit des Nationalsozialismus. Mit ihnen musste er sich den Tätern und Opfern stellen und versuchen, das Leid für ihre Nachkommen zu mildern und zu beenden. Dieses Video dokumentiert diese Versuche. Dabei kommen sowohl die Überlebenden zu Wort als auch die Toten. Denn diese Begegnungen werden hier nicht nur erzählt, sondern sie werden durch das Familien-Stellen wie in einem Drama auch dargestellt.

Die Toten. Was Opfer und Täter versöhnt
1 VHS-Kassette. 1999. 60 Minuten. ISBN 3-89670-163-0. Carl-Auer-Systeme Verlag
Dieses Video dokumentiert die wohl bewegendste Aufstellung Bert Hellingers mit einem Überlebenden des Holocaust. Sie bringt auf erschütternde Weise ans Licht, dass die Opfer und ihre Mörder ihr Sterben erst vollenden, wenn sie beide einander als Tote begegnen. Und wenn sich beide im Zustand, der alle Unterschiede aufhebt, einem gemeinsamen übermächtigen Schicksal ausgeliefert erfahren, das jenseits aller menschlicher Unschuld und Schuld über sie verfügt und sie jetzt im Tod geläutert in Liebe eint und versöhnt.

FRIEDEN UND VERSÖHNUNG

Der Friede beginnt in den Seelen. Das Familien-Stellen im Dienst der Versöhnung
1. Auflage 2003. 230 Seiten. ISBN 3-89670-411-7. Carl-Auer-Systeme Verlag
Was den Frieden in den Seelen vorbereitet, wird von Bert Hellinger in diesem Buch an zahlreichen Beispielen dokumentiert. Dabei geht es einmal um den Frieden zwischen Völkern, zum Beispiel den Griechen und den Deutschen im Zusammenhang mit dem Zweiten Weltkrieg, den Frieden zwischen den Armeniern und den Türken nach den Massakern der Türken an ihnen, um den Frieden zwischen Russland und Deutschland, zwischen Japan und den USA sowie zwischen Israel und seinen Nachbarn. Es geht aber auch um die Versöhnung zwischen den Religionen, zum Beispiel zwischen Christentum und Islam, um die Versöhnung zwischen den Eroberern und den Unterworfenen in Südamerika, um die Versöhnung im Bürgerkrieg in Kolumbien und die

Versöhnung zwischen Herren und Sklaven in Brasilien und den USA. Oft liegen diese Konflikte weit zurück, wirken aber in den Seelen der Nachkommen noch nach. Mit Hilfe des Familien-Stellens gelingt es, die ursprünglich Beteiligten einander gegenüberzustellen. Dann schauen sie sich vielleicht zum ersten Mal in die Augen, sehen sich als Menschen, die einander gleich sind, mit gleichem Recht und gleicher Würde, begreifen, was sie anderen angetan und was diese durch sie erlitten haben, beginnen gemeinsam um das Verlorene zu trauern, versöhnen sich und finden Frieden.

Bewegungen der Seele
3 VHS-Kassetten. 2001. 9 1/2 Stunden. ISBN 3-89670-179-7. Carl-Auer-Systeme Verlag
Die Arbeit mit den Bewegungen der Seele verlangt hohe, gesammelte Aufmerksamkeit, den Abschied von gewohnten Vorstellungen, den Verzicht auf Steuerung von außen, die Bereitschaft, sich von dem im Augenblick Sichtbaren leiten zu lassen und sich Unbekanntem anzuvertrauen. Das heißt, vom Therapeuten und von den Stellvertretern wird eine noch viel größere Zurückhaltung verlangt als beim Familien-Stellen.
Das Achten auf die Bewegungen der Seele und das Sich-ihnen-Anvertrauen hat sich im Lauf der Zeit aus dem Familien-Stellen entwickelt. Das Familien-Stellen wurde durch sie verdichtet und vertieft. Beide, das Familien-Stellen und die Bewegungen der Seele, ergänzen und bedingen einander.

Bewegungen auf Frieden hin. Lösungsperspektiven durch das Familien-Stellen bei ethnischen Konflikten
Movements Towards Peace. Perspectives of Resolution to Ethnic Conflict using Family Constellations
Deutsch mit englischer Übersetzung
2 VHS-Kassetten. 2001. 4 1/2 Stunden. ISBN: PAL 3-89670-222-X. NTSC 3-89670-221-1. Carl-Auer-Systeme Verlag
Dieses Video dokumentiert den ersten Tag der Internationalen Arbeitstagung »Konfliktfelder – Wissende Felder« in Würzburg. Bert Hellinger, begleitet von Hunter Beaumont, demonstrierte vor 1600 Teilnehmern, wie die ungelösten Konflikte zwischen Völkern und Gruppen die Beziehungen in Familien beeinflussen. Zugleich wurde dabei deutlich, wie im engeren Bereich der Familie sich Bewegungen zeigen, die auch ein Licht auf die Beziehungen zwischen diesen Völkern und Gruppen werfen, und welche Bewegungen der Seele dem

Frieden und der Versöhnung zwischen Völkern und Gruppen dienen können.
This video documents the first day of the International Congress »Fields of Conflict-Fields of Wisdom« held in Würzburg, Germany, 2001. Bert Hellinger, accompanied by Hunter Beaumont, demonstrates to 1600 congress participants how unresolved conflicts between people and ethnic groups influence relationships in families. The work also reveals movements of the soul emerging in these families which may serve peace between people and ethnic groups when they are allowed to move to completion within the inner circle families.

ORGANISATIONEN

Organisationsberatung und Organisationsaufstellungen. Werkstattgespräch über die Beratung von (Familien-)Unternehmen, Institutionen und Organisationen. 26 Fragen an Bert Hellinger
Interview: Johannes Neuhauser
VHS-Kassette. 1998. 35 Minuten. ISBN 3-89670-077-4. Carl-Auer-Systeme Verlag

FORTBILDUNGEN

Der Austausch. Fortbildung für Familien-Steller
1. Auflage 2002. 227 Seiten. ISBN 3-89670-394-3. Carl-Auer-Systeme Verlag
Dieses Buch dokumentiert Fortbildungsgruppen für Familien-Steller aus der letzten Zeit. Dadurch kann sich der Leser ein Bild machen, welchen Weg das Familien-Stellen von seinen Anfängen bis heute zurückgelegt hat. Es ist der Weg über das Gewissen zur Seele. Auf diesem Weg hat sich das Familien-Stellen sowohl verdichtet als auch erweitert. Oft bringt es sogar ohne Interventionen von außen lang Verborgenes ans Licht und ermöglicht Lösungen, die vorher nicht vorstellbar waren.

RILKE

Rainer Maria Rilke: Duineser Elegien
Eingeführt und gelesen von Bert Hellinger
Doppel-CD. 2000. 135 Minuten. ISBN 3-89670-169-X. Carl-Auer-Systeme Verlag
Rilkes »Duineser Elegien« und seine »Sonette an Orpheus« haben Bert Hellinger lange begleitet. Hellinger führt die Hörer in diese Dichtungen ein und liest Rilkes Werke einfühlsam und gesammelt, so dass ihr Sinn sich der Seele erschließt. Die »Duineser Elegien« sind Klagelieder, und zwar von jener seltsamen Art, die den Verlust, den sie beklagen, am Ende als Fortschritt und Vollendung erscheinen lassen. In den »Duineser Elegien« stellt sich Rilke den letzten Wirklichkeiten: dem Tod, der Verwandlung und dem Sinn – und fügt sich ihnen; doch so, dass er dennoch das uns verbleibende Hiesige feiert und preist.

Rainer Maria Rilke: Sonette an Orpheus
Eingeführt und gelesen von Bert Hellinger
Doppel-CD. 2000. 90 Minuten. ISBN 3-89670-168-1. Carl-Auer-Systeme Verlag
Die »Sonette an Orpheus« atmen die gelöste Klarheit der Vollendung. Was Rilke in den »Duineser Elegien« erst nach langem inneren Ringen gelang, wird hier ohne Bedauern bejaht und gefeiert: das Ganze des Daseins, wie es sich wandelt im Entstehen wie im Vergehen und Lebende wie Tote gleichermaßen umfasst. Als Sinnbild für dieses Ganze dient Rilke die Figur Orpheus. In ihm verdichten sich beide Bereiche zu Musik und Gesang.

Der späte Rilke. Der Weg zu den Elegien und Sonetten
Von Dieter Bassermann. Mit einem Vorwort von Bert Hellinger
1. Auflage 2000. 268 Seiten. ISBN 3-89670-134-7. Carl-Auer-Systeme Verlag
Die großartigen Visionen in Rilkes »Duineser Elegien« und den »Sonetten an Orpheus« haben sich in der intensiven Begegnung mit menschlichen Schicksalen als wegweisend und hilfreich erwiesen. Vielen gewagten Schritten, die Hellinger beim Familien-Stellen geht, liegen Einsichten zugrunde, die sich ihm aus diesem Buch eröffneten. Sie lösten am Ende in den Beteiligten Erfahrungen aus, die weit über den unmittelbaren Anlass und die nahe liegende Lösung hinauswiesen. Andererseits hat das Familien-Stellen viele der gewagten Aussagen Rilkes als gültige Erfahrungen und Einsichten bestätigt.

ZEITSCHRIFT

Praxis der Systemaufstellung. Beiträge zu Lösungen in Familien und Organisationen
Diese Zeitschrift erscheint zweimal im Jahr (Juni und Dezember), der Jahresbezugspreis beträgt für Deutschland EUR 24,40, für alle anderen europäischen Länder EUR 28,– und für außereuropäische Länder EUR 32,–.

Abonnement, Versand und Information:
Internationale Arbeitsgemeinschaft Systemische Lösungen nach Bert Hellinger e.V., Germaniastr. 12, D-80802 München

Anschrift der Redaktion:
RAG, c/o W. De Philipp, Ainmillerstr. 37, D-80801 München
Tel.: (089) 34 78 20, Fax: (089) 34 78 68

BOOKS AND OTHER MEDIA IN ENGLISH

Love's Hidden Symmetry. What Makes Love Work in Relationships
Bert Hellinger / Gunthard Weber / Hunter Beaumont 1998
352 pages. ISBN 1-891944-00-2
Carl-Auer-Systeme Verlag and Zeig, Tucker & Theisen, Inc.
Bert Hellinger, Gunthard Weber and Hunter Beaumont have collaborated to present a beautiful collage of poetry, healing stories, transcripts of psychotherapeutic work and moving explanations of the hidden dynamics and symmetry love follows in intimate relationships. Original and provocative enough to change how you think about familiar themes.

Love's Own Truths. Bonding and Balancing in Close Relationships
464 pages. ISBN 1-891944-48-7
Zeig, Tucker & Theisen, Inc., also available through Carl-Auer-Systeme Verlag
»Love's Own Truths« represents another important milestone in the search toward an even greater understanding of the intricacies of relationship and resolution. Bert Hellinger describes »Love's Own Truths« as a fundamental statement of his approach.

Touching Love. Bert Hellinger at Work with Family Systems. Documentation of a Three-Day-Course for Psychotherapists and their Clients *1997*

186 pages. ISBN 3-89670-022-7. Carl-Auer-Systeme Verlag

Bert Hellinger demonstrates the Hidden Symmetry of Love operating unseen in the lives of persons suffering with serious illness and difficult life circumstances. This book is a full documentation of a workshop for professionals held near London in February, 1996.

Touching Love (Volume 2). A Teaching Seminar with Bert Hellinger and Hunter Baumont *1999*

256 pages. ISBN 3-89670-122-3. Carl-Auer-Systeme Verlag and Zeig, Tucker & Theisen, Inc.

This book contains the written documentation of a three-day-course for psychotherapists and their clients. It offers mental health professionals and interested non-professional readers a look in slow-motion at Bert Hellinger and Hunter Beaumont at work.

Acknowledging What Is. Conversations with Bert Hellinger *1999*

162 pages. ISBN 1-891944-32-0. Zeig, Tucker & Theisen, Inc.

Deepen your understanding of Hellinger's transformative ideas on the »Natural Orders of Love« with his latest work – a moving dialogue between the tough-minded journalist and the »Caretaker of the Soul«.

Supporting Love. How Love Works in Couple Relationships. Bert Hellinger's Work with Couples *2001*

Edited by Johannes Neuhauser

280 pages. ISBN 1-891944-49-5. Zeig, Tucker & Theisen, Inc.

In this expertly edited book, Johannes Neuhauser brings an artist's eye to Bert Hellinger's unique approach, and shows that beneath the surface of his often-startling work there is a gentle tenderness that calls – softly und steadily – to the truths that lay resting in our hearts. It is refreshing in this era of psychotherapeutic relativism to come across the work of a therapist who takes a quiet and clear-sighted stand for the centrality of love in human life. The power of the work that has emerged from Hellinger's unwavering focus on the flow of love in relationships is remarkable; it will touch any who come into contact with it – professional and lay reader alike. (Arthur Robert, MA, Editor and Co-Director, The GestaltPress)

On Life & Other Paradoxes. Aphorisms and Little Stories
81 pages. ISBN 1-891944-89-4. Zeig, Tucker & Theisen, Inc.
A good poem can hold the universe in a few words. This collection of Bert Hellinger's aphorisms and stories shows what happens when a healer's mind works with a poet's pen. Single truths become manifold. Small affirmations take on great power. Soothing stories carry tough messages. And sometimes reality get turned absolutely upside down and though we may squirm in our seats, we understand something more then we did before.
(The English edition of »Verdichtetes«.)

Farewell. Family Constellations with Descendants of Victims and Perpetrators *2002*
252 pages. ISBN 3-89670-395-1. Carl-Auer-Systeme Verlag
In his years of experience with patients, Hellinger has witnessed the concequences of the guilt of persecutors and the fate of victims of National Socialism for subsequent generations. This book documents the attempt to help these patients confront the victims and persecutors in their own families and thereby lessen and even heal their suffering. In doing so, all participants are allowed to speak: survivors, children, even the guilty and the dead. When these voices are recognized, they withdraw and allow the living to transcend that boundary which still separates them from death.
(The English edition of »Der Abschied«.)

To the Heart of the Matter. Brief Therapies *2002*
252 pages. ISBN 3-89670-396-X. Carl-Auer-Systeme Verlag
In his courses and seminars Bert Hellinger works with patients to map out family constellations in a highly concentrated form. This book documents for the first time these highly intensive short-term therapies. These sessions provide insights into the hidden realities and broken relationships revealing new perspectives.
(The English edition of »Mitte und Maß«.)

Insights. Lectures and Stories *2002*
138 pages. ISBN 3-89670-281-5. Carl-Auer-Systeme Verlag
In this book Bert Hellinger allows us to confront without fear the deep issues of guilt and conscience and brings to light the hidden orders through which love within and between people and groups succeeds. This is a book of wisdom: exciting, moving and profound.
(The English edition of »Die Mitte fühlt sich leicht an«.)

The following videos documenting Bert Hellinger's work are available in English as single editions:

Holding Love. A Teaching Seminar on Love's Hidden Symmetry
3 Volumes. Length 7 hours.
in PAL (European) format: Carl-Auer-Systeme Verlag. ISBN 3-89670-173-8
in NTSC (American) format: Zeig, Tucker & Theisen, Inc. ISBN 1-891944-75-4
(1935 East Aurelius Avenue, Phoenix, AZ 85020-5543, Fax ++1 602 944-8118)
The professional Reference Series documents Bert Hellinger's resolution-oriented approach to working with intimate relationship systems. The series is intended primarily for practitioners who wish to learn this approach. »Holding Love« was recorded in San Francisco (1999). The participants are mental health professionals and their clients, and the work covers a wide range of issues.

Healing Love. A Teaching Seminar on Love's Hidden Symmetry
3 Volumes. Length 7 hours.
in PAL format: Carl-Auer-Systeme Verlag. ISBN 3-89670-174-6
in NTSC format: Zeig, Tucker & Theisen, Inc.
»Healing Love« was recorded in Washington (1999). Like »Holding Love« it is intended primarily for practitioners who wish to learn this approach.The participants are mental health professionals and their clients, and the work covers a wide range of issues.

The following six English-language videos documenting Bert Hellinger's work are available in the series »Love's Hidden Symmetry« (Volume 1 to 6):
in PAL from Carl-Auer-Systeme Verlag
in NTSC from Zeig, Tucker & Theisen, Inc.

Adoption (Volume 1)
1 VHS-Cassette. 90 minutes. ISBN 3-89670-072-3. NTSC: ISBN 1-891944-01-0
Hellinger demonstrates how »love's hidden symmetry« can guide families in distress. In this case, workshop participants who are dealing with problems related to adoption discover ways to support hopeful alternatives in their lives.

Honoring the Dead and Facing Death (Volume 2)
1 VHS-Cassette. 80 minutes. ISBN 3-89670-154-1. NTSC: ISBN 1-891944-27-4
Three different family constellations are presented to reveal the depth and power of this approach as family members struggle to deal with the difficult issues of death and dying.

Blind Love – Enlightened Love (Volume 3)
1 VHS-Cassette. 75 minutes. ISBN 3-89670-155-X. NTSC: ISBN 1-891944-28-2
This presentation shows how children's blind love for their parents perpetuates family dysfunction. In three family constellations Hellinger demonstrates how this love can be transformed into the enlightened love that supports well-being.

Grieving for Children (Volume 4)
1 VHS-Cassette. 70 minutes. ISBN 3-89670-156-8. NTSC: ISBN 1-891944-29-0
In this powerful video, four different family systems move toward resolution in the wake of the loss of a child.

Trans-Generational Systemic Effects (Volume 5)
1 VHS-Cassette. 70 minutes. ISBN 3-89670-157-6. NTSC: ISBN 1-891944-30-4
Hellinger guides participants toward restoration of the flow of love that nurtures growth when entanglements across generations have disrupted it.

Hidden Family Dynamics (Volume 6)
1 VHS-Cassette. 70 minutes. ISBN 3-89670-158-4. NTSC: ISBN 1-891944-31-2
Four family constellations show the harmful identifications that children sometimes have with parents and grandparents. Hellinger works with participants to acknowledge hidden dynamics and to discover healthy ways to recover compassion and love.

BOOKS AND OTHER MEDIA IN MORE LANGUAGES

Les liens qui libèrent. La thérapie familiale systémique selon Bert Hellinger
Gunthard Weber (ed.) 1999
Edition Jacques Grancher, Paris. ISBN 2-7339-0607-0
The French edition of »Zweierlei Glück«.

Constellations familiales: comprendre les mécanismes des pathologies familiales
Bert Hellinger / Gabriele ten Hövel
Le Souffle d'Or, BP 3, 05300 Barret sur Méouge. ISBN 2-84059-198-1
The French edition of »Anerkennen, was ist«.

La maturité dans les rélations humaines
Bert Hellinger
Le Souffle d'Or, BP 3, 05300 Barret sur Méouge. ISBN 2-84059-206-6
The French edition of »Die Mitte fühlt sich leicht an«.

Constellations familiales: guérir le transgénérationnel
Constanze Potschka-Lang
Le Souffle d'Or, BP 3, 05300 Barret sur Méouge. ISBN 2-84059-199-X

Riconoscere ciò che è. La forza rivelatrice delle costellazioni familiari
Urra Apogeo, Milano. ISBN 88-7303-725-9
The Italian edition of »Anerkennen, was ist«.
Urra Apogeo, V. le Paputiano 36, I-20123 Milano

Senza radici non si vola. La terapia sistemica di Bert Hellinger
Bertold Ulsamer
Edizioni Crisalide. ISBN 88-7183-110-1
The Italian edition of »Ohne Wurzeln keine Flügel«.

Felicidad Dual. Bert Hellinger y su psicoterapia sistémica
Gunthard Weber (ed.) 1999
Empresa Editorial Herder, S.A. ISBN 84-254-2108-X
The Spanish edition of »Zweierlei Glück«.

Recononocer lo que es. Conversaciones sobre implicaciones y desenlaces logrados
Bert Hellinger / Gabriele ten Hövel 2000
Empresa Editorial Herder, S.A. ISBN 84-254-2138-1
The Spanish edition of »Anerkennen, was ist«.

Lograr el Amor en la Pareja. El trabajo terapéutico de Bert Hellinger con parejas
Johannes Neuhauser (ed.) 2001
Empresa Editorial Herder, S.A. ISBN 84-254-2170-5
The Spanish edition of »Wie Liebe gelingt«.

Ordenes del amor
Bert Hellinger
Empresa Editorial Herder, S.A.
The Spanish edition of »Ordnungen der Liebe«.

A Simetria Oculta do Amor. Por que o amor faz os relationamentos darem certo
Bert Hellinger / Gunthard Weber / Hunter Beaumont 1999
Editoria Cultrix Sao Paolo. ISBN 85-316-0603-9
The Portuguese edition of »Love's Hidden Symmetry«.

Constelacoes Familiares. O reconhecimento das Ordens do Amor. Conversas sobre Emaranhamentos e Solucoes
Bert Hellinger / Gabriele ten Hövel 2001
Editoria Cultrix Sao Paolo. ISBN 85-316-0673-X
The Portuguese edition of »Anerkennen, was ist«.

Love's Hidden Symmetry in Greek language
In Greek language a translation of »Love's Hidden Symmetry« is available from:
Dimitris Stavropoulos, Georgoula 14, GR-11524 Athen
Tel.: 0030-1-692 54 24, Fax: 0030-1-699 85 36, E-Mail: dstav@tee.gr

De verborgen dynamiek van familiebanden
Bert Hellinger / Gunthard Weber / Hunter Beaumont 2001
Altamira-Becht-Haarlem. ISBN 90-6963-475-9 / NUGI 713
The Dutch edition of »Love's Hidden Symmetry«.

Familjen – boja eller kraft? Samtal om insnärjdhet och befrielse
Bert Hellinger / Gabriele ten Hövel
Wahlström & Widstrand. ISBN 91-46-18117-2
The Swedish edition of »Anerkennen, was ist«.

Books in Russian language
In Russia, translations of »Zweierlei Glück« and »Ordnungen der Liebe« are available from:
Michail Burnjashev, The Institute of Psychotherapy, Tajegnaya 1, Moscow 129336, Russia
E-Mail: dkgelena@cityline.ru

Love's Hidden Symmetry in Chinese language
In Taiwan a Chinese translation of »Love's Hidden Symmetry« is availabe from:
Chou Ting-Wen (Netra), 3F 48-1 Lane 212 Hulin Street, Taipei, Taiwan
E-Mail: netra@tpts5.seed.net.tw

VERÖFFENTLICHUNGEN ANDERER AUTOREN

CARL-AUER-SYSTEME VERLAG

Derselbe Wind lässt viele Drachen steigen. Systemische Lösungen im Einklang
Herausgegeben von Gunthard Weber
1. Auflage 2001. 432 Seiten. ISBN 3-89670-124-X
Dieser Band enthält alle wichtigen Beiträge der 2. Arbeitstagung Systemische Lösungen nach Bert Hellinger im April 1999 in Wiesloch. Er dokumentiert einerseits das Tagungsmotto »Derselbe Wind lässt viele Drachen steigen«, zeigt aber auch, wie sich die Aufstellungsarbeit auf wesentliche Themen menschlicher Schicksale und menschlicher Existenz verdichtet.

Praxis der Organisationsaufstellungen. Grundlagen, Prinzipien, Anwendungsbereiche
Herausgegeben von Gunthard Weber 2000
2., korr. Auflage 2002. 339 Seiten. ISBN 3-89670-229-7

Dies ist das erste Buch, das sich mit der Übertragung der Aufstellungsarbeit Bert Hellingers auf unterschiedlichste Aspekte von Organisationen befasst. Es ist faszinierend zu erfahren, wie in Organisationsaufstellungen – ähnlich wie beim Familien-Stellen – mit Hilfe der Stellvertreter zentrale Dynamiken der aufgestellten Organisationen ans Licht treten und anschließend durch die Entwicklung von Lösungsaufstellungen wichtige und oft lang anhaltende Veränderungsanstöße gegeben werden können.

Systemdynamische Organisationsberatung. Handlungsanleitung für Unternehmensberater und Trainer
Von Klaus Grochowiak und Joachim Castella 2001
2., korr. Auflage 2001. 259 Seiten. ISBN 3-89670-180-0
Dieses Buch stellt eine völlig neue Form der Organisations- und Unternehmensberatung vor. Die Autoren übertragen die systemisch-phänomenologische Methode Bert Hellingers aus dem Kontext der Familientherapie auf Bereiche der Unternehmens- und Organisationsberatung. Die systemdynamische Organisationsberatung wird dabei erstmals in Theorie und Praxis vorgeführt.

Die Heilung kommt von außerhalb. Schamanismus und Familien-Stellen
Von Daan van Kampenhout. Mit einem Nachwort von Bert Hellinger
1. Auflage 2001. 195 Seiten. ISBN 3-89670-213-0
Dieses Buch entstand aus der gemeinsamen Auseinandersetzung des Autors und Bert Hellingers über die Beziehung zwischen Schamanismus und Familien-Stellen. Es beschreibt die Dynamik und Wirkungsweise der systemischen Arbeit Bert Hellingers aus dem Blickwinkel des traditionellen Schamanismus.

»Du gehörst zu uns«. Systemische Einblicke und Lösungen für Lehrer, Schüler und Eltern. Mit einem Vorwort von Bert Hellinger
Von Marianne Franke-Gricksch
1. Auflage 2001. 187 Seiten. ISBN 3-89670-184-3
In ihrem fesselnden Erfahrungsbericht beschreibt die Autorin, wie systemische Ideen grundlegend neues und effektives Lernen ermöglichen und die kreative Zusammenarbeit von Schülern, Lehrern und Eltern fördern.
»Dies ist ein besonderes Buch, reich an Erfahrung, nah am Alltag, voller beeindruckender Beispiele, die Hoffnung machen und zur Nachahmung anregen. Zugleich ist es eine klare und praktische An-

leitung für Eltern und Lehrer, auch schwierige oder sogar aussichtslos erscheinende Situationen zum Guten zu wenden.« (Bert Hellinger in seinem Vorwort)

Ach wie gut, dass ich es weiß. Märchen und andere Geschichten in der systemisch-phänomenologischen Therapie
Von Jakob Robert Schneider und Brigitte Gross 2000
2. Auflage 2001. 144 Seiten. ISBN 3-89670-220-3
Die Autoren stellen zunächst die Grundlagen der phänomenologisch-systemischen Psychotherapie dar, wie sie von Bert Hellinger praktiziert wird, und fassen die Prozesse zusammen, die sich aus den Bindungen und Verstrickungen in Familien ergeben. Im zweiten und dritten Teil des Buches beschreiben sie die Vorgehensweise der Geschichten-Arbeit und illustrieren an Fallbeispielen die systemische Bedeutung einiger Märchen sowie die Wirksamkeit ihrer Aufdeckung.

Trotz und Treue. Zweierlei Wirklichkeit in der Familie
Von Eva Madelung
1. Auflage 1998. 169 Seiten. ISBN 3-89670-106-1
Trotz als »Auflehnung um den Preis der Selbstzerstörung« ist ein spezifisch menschliches Verhalten, das sich nicht auf die ersten Lebensjahre beschränkt. Anhand von literarischen Beispielen und kurzen Fallbeschreibungen aus dem Alltag stellt Eva Madelung die destruktiven Seiten des Verhaltens, aber auch die kreativen Möglichkeiten einer neuen Lebensgestaltung dar.

Praxis des Familien-Stellens. Beiträge zu systemischen Lösungen nach Bert Hellinger
Herausgegeben von Gunthard Weber 1998
3. Auflage 2000. 538 Seiten. ISBN 3-89670-090-1
Dieser Band gibt den Stand der Entwicklung des Familien-Stellens im deutschsprachigen Raum wieder. Er umfasst 58 überarbeitete Beiträge der ersten Arbeitstagung »Praxis des Familien-Stellens« vom April 1997 in Wiesloch: grundlegende Vorträge und Berichte über die Übertragung dieses Ansatzes auf unterschiedliche Settings, Klientengruppen und Anwendungsbereiche (etwa auch auf Organisationen).

GOLDMANN VERLAG

Ohne Wurzeln keine Flügel. Die systemische Therapie von Bert Hellinger
Von Bertold Ulsamer 1999
4. Auflage 2001. 254 Seiten. ISBN 3-442-14166-4
Dieses aktuelle und anschauliche Einführungsbuch von einem erfahrenen Therapeuten fasst die wesentlichen Aspekte des Familien-Stellens und der durch sie ans Licht gebrachten Ordnungen zusammen und vertieft sie durch eigene Erfahrungen, zum Beispiel in Gefängnissen und in anderen Kulturen.

Das Handwerk des Familienstellens. Eine Einführung in die Praxis der systemischen Hellinger-Therapie
Von Bertold Ulsamer
1. Auflage 2001. 255 Seiten. ISBN 3-442-14197-4
Ein praktisches Lehrbuch über das Familien-Stellen nach Bert Hellinger. Ausgehend von eigenen Erfahrungen und unterlegt mit zahlreichen Fallbeispielen, macht Bertold Ulsamer den Leser mit dem therapeutischen Handwerk vertraut. Entstanden ist ein praktisches Lehrbuch für Therapeuten und alle, die tiefer in die Arbeit des Familien-Stellens eindringen wollen.

HERDER VERLAG

Spielregeln des Familienlebens. Anregungen nach dem Ansatz von Bert Hellinger
Von Gabriele und Bertold Ulsamer
1. Auflage 2000. 155 Seiten. ISBN 3-451-04809-4
Die Leitsätze des Begründers der »Familienaufstellung« konkret angewandt im Blick auf die positive Gestaltung des aktuellen Familienlebens. Ein Erziehungs- und Familienratgeber für Eltern, der die tradierten Handlungsmuster hinterfragt und konsequent den »Ordnungen der Liebe« Raum gibt.

JUNFERMANN VERLAG

NLP und das Familien-Stellen. Ein praxisorientierter Handlungsleitfaden. Zur Komplementarität zweier Therapieansätze
Von Katharina Stresius, Joachim Castella und Klaus Grochowiak
1. Auflage 2001. 278 Seiten. ISBN 3-87387-450-4

Die Autoren stellen in diesem Buch den Versuch vor, die beiden so grundverschiedenen Ansätze von NLP und Bert Hellinger zu einem schlüssigen Gesamtkonzept zu verbinden. Das Kriterium, das diesen Versuch in allererster Linie legitimiert, lautet: Es funktioniert, wie Richard Bandler und John Grinder – die Väter des NLP – im NLP-Jargon des Pragmatismus erklären würden. Oder wie Bert Hellinger den ablesbaren Effizienzgrad vermutlich formulieren würde: Es wirkt. Die Praxis des Therapiealltags erwies die strikte Trennung – NLP hier und Hellinger da – im Hinblick auf die therapeutischen Anforderungen, im Hinblick also auf das Wohlergehen der Klienten, als überaus unfruchtbar. Mögen sich andernorts die ideologischen Grabenkämpfe noch lange fortsetzen, die Autoren haben in ihrer Praxis immer wieder davon profitiert, dass sich beide Ansätze so gut miteinander verschränken lassen.

Die entdeckte Wirklichkeit. Die systemisch-phänomenologische Arbeit nach Bert Hellinger
Herausgegeben von Heribert Döring-Meijer
1. Auflage 2000. 325 Seiten. ISBN 3-87387-446-6
Das Buch zeigt verschiedene Impulse, die von der systemisch-phänomenologischen Aufstellungsarbeit nach Bert Hellinger ausgegangen sind und in andere, auch nicht therapeutische Bereiche ausgestrahlt haben.

KÖSEL-VERLAG

Der Mann, der tausend Jahre alt werden wollte. Märchen über Leben und Tod aus Sicht der Systemischen Psychotherapie Bert Hellingers
Von Thomas Schäfer
1. Auflage 1999. 160 Seiten. ISBN 3-466-30500-4
Thomas Schäfer zeigt in diesem Buch die verblüffende Parallele zwischen Märchen und der Systemischen Psychotherapie Bert Hellingers. Es stärkt die Lebenskraft, wenn man die Toten achtet und sich liebevoll an sie erinnert.
(Auch erhältlich als Taschenbuch im Knaur Verlag. ISBN 3-426-87153-X)

Wenn Kinder Schicksal tragen. Kindliches Verhalten aus systemischer Sicht verstehen
Von Ingrid Dykstra. Mit einem Vorwort von Bert Hellinger
1. Auflage 2002. 176 Seiten. ISBN 3-466-30575-6

Mit Liebe für alle Beteiligten, für das Kind sowohl wie für die Eltern, und mit profundem Wissen und dem Schatz reicher Erfahrung gelingt es Ingrid Dykstra, das Kind und seine Eltern auf Wege zu führen, die sie aus den Fesseln früherer Schicksale in der Familie befreien.

KNAUR VERLAG

Was die Seele krank macht und was sie heilt. Die psychotherapeutische Arbeit Bert Hellingers
Von Thomas Schäfer 1998
2. Auflage 1999. 272 Seiten. ISBN 3-426-87029-0
Dieses Buch wendet sich an eine breitere Öffentlichkeit. Es fasst zusammen, was Hellinger lehrt, und erläutert an vielen Beispielen seine wichtigsten Vorgehensweisen.

Wenn Dornröschen nicht mehr aufwacht. Bekannte Märchen aus Sicht von Bert Hellingers Familienaufstellungen
Von Thomas Schäfer
1. Auflage 2001. 246 Seiten. ISBN 3-426-87104-1
In der Betrachtungsweise der Familienaufstellungen nach Bert Hellinger spiegeln die klassischen Märchen Familien- und Lebensskripte wider, die dem Einzelnen in der Regel nicht bewusst sind. Thomas Schäfer zeigt in seinem Buch, welche Lebenshintergründe mit bestimmten Märchen verknüpft sind, und sucht in Verbindung mit Familienaufstellungen nach Lösungen und Hilfen bei psychischen Problemen.

PROFIL VERLAG

Systemische Familienaufstellung
Von Ursula Franke 1996
4. Auflage 2001. 183 Seiten. ISBN 3-89019-524-5
Dieses Buch handelt von der Theorie und Praxis der Familienaufstellungen. Es gibt einen fundierten Überblick, welche Therapieformen den geschichtlichen Hintergrund für diese Methode bilden, und würdigt hierbei insbesondere die Arbeit von Bert Hellinger.